Andrea Kästle · München leuchtete nicht für jeden

Allitera Verlag

ANDREA KÄSTLE ist Journalistin und Historikerin. Sie lebt seit Ende der Schulzeit vom Schreiben, manchmal auch fürs Schreiben, inzwischen arbeitet sie frei für verschiedene Redaktionen. 1993 wurde sie für zwei Reportagen, die in der Wiener Stadtzeitung »Falter« erschienen, mit dem Joseph Roth-Preis für Publizistik ausgezeichnet. Sie lebt bei München, geboren wurde sie aber in der Stadt – und zwar in Untersendling, einem Viertel mit genau einer einzigen Gedenkplatte (gewidmet dem SPD-Stadtrat Hans Preißinger).

ANDREA KÄSTLE

München leuchtete nicht für jeden

Was Gedenktafeln der Stadt verschweigen

Allitera Verlag

Für meine Familie

Originalauflage März 2024
Allitera Verlag
Ein Verlag der Buch&media GmbH, München

Lektorat: Dietlind Pedarnig
Layout, Satz und Umschlaggestaltung: Johanna Conrad
Gesetzt aus der Adobe Garamond Pro
Umschlagvorderseite: Gedenktafel für Gottfried Keller, Neuhauser Straße 35
© Andrea Kästle
Alle Fotografien im Innenteil © Andrea Kästle
Printed in Europe · ISBN 978-3-96233-389-8

Allitera Verlag
Merianstraße 24 · 80637 München
Fon 089 13 92 90 46 · Fax 089 13 92 90 65

Weitere Publikationen aus unserem Programm finden Sie auf www.allitera.de
Kontakt und Bestellungen unter info@allitera.de

Inhalt

Vorwort

Es gibt in München über den Daumen gepeilt – man weiß es gar nicht so genau – etwa 150 Gedenkplatten. Auf denen wird an bekannte Münchnerinnen und Münchner erinnert, die hier eine Weile oder immer zuhause waren und die Stadt in irgendeiner Form geprägt haben. Weil sie Künstler waren, Musiker oder Schriftsteller. Naturwissenschaftler. Pazifisten, Widerstandskämpfer. Oder auch der Papst.

In der Regel hängen die Plaketten an den Häusern, in denen die Protagonisten und Protagonistinnen gewohnt haben. Die einen länger, die anderen nicht so lang — manchmal nur ein paar Tage. Und eine Tafel erinnert auch an einem Baum an jemanden – an einen Maler nämlich, der gern unter dem Baum saß und die Landschaft rundherum malte. Manchmal saß er auch vor dem Baum und malte den Baum. Der Maler hieß Philipp Röth – und der Baum ist in München jetzt die »Röthlinde«.

Manche Gedenkplatten sind in Stein gemeißelt, andere bestehen aus Plexiglas oder aus Bronze, wieder andere sind aus Marmor. Viele Tafeln wurden bildhauerisch oder grafisch schön gestaltet, nicht selten mit einem Halbrelief, das die Berühmtheit abbildet, an die erinnert werden soll. So verschieden die Platten auch sind – eins ist ihnen allen gemeinsam: Auf ihnen ist Platz Mangelware. Weshalb auf allen Platten der Text sehr knapp gehalten ist. Wenig draufsteht. Und damit viel, auch viel Wesentliches, unter den Tisch fällt. Manchmal sind das einfach nur nette Details aus dem Leben des oder der Betreffenden, manchmal auch Informationen, die München sogar schmeicheln würden. Dass etwa König Ludwig I., ohnehin kunstaffin, der erste war, der dem damals sehr armen Maler Arnold Böcklin ein Gemälde abkaufte. Das noch nicht einmal fertig war.

Aber vielfach erscheint in dem, was auf den Tafeln eben nicht steht, München, das ja so gern von sich sagt, es würde leuchten, in weniger gutem Licht. Es gibt so viele Geschichten von Künstlerinnen und Künstlern, die hier gern länger geblieben wären, die aber einfach nicht verstanden wurden. Die keiner versuchte, zu halten. Es ist so: Das Zeitfenster, in dem München wirklich »frei« war, wie der Schriftsteller Hans Carossa das formulierte, ist letztlich nicht sehr groß.

So kommt es, dass Albert Einstein etwa, der bekannteste Physiker der Welt, sein Leben lang mit Schrecken an die Schulzeit in München zurückdachte. Weil die Lehrer ihn klein hielten, sie seien »Feldwebel« gewesen, meinte er später. Er machte sich viele Gedanken über den Zusammenhang zwischen Erziehung und Demokratie. Und der Schriftsteller Lion Feuchtwanger, der so toll schrieb und so gerne feierte, verließ die Stadt schon 1925, weil ihm hier zu viele »Voll-Antisemiten« (122963) über den Weg gelaufen waren, zu viele »unternormal Veranlagte« (537284) und zu wenig »Begabte« (nämlich nur 137).

Dieses Buch will genau das: die Geschichten nachreichen, für die auf den Gedenktafeln der Platz gefehlt hat. Die natürlich hauptsächlich von den Protagonisten, den Protagonistinnen handeln. Die am Ende aber auch ein Stück Stadtgeschichte erzählen.

Sehr viele der Künstler, Wissenschaftler, Geistlichen, der Widerstandskämpfer und Revolutionäre, auf die hingewiesen wird auf Münchner Fassaden, sind mir im Lauf der Arbeit an diesem Buch unheimlich ans Herz gewachsen. Weil sie so mutig waren wie Hermann Frieb, der sich den Nationalsozialisten widersetzte, weil sie unabhängig sein wollten wie die Schriftstellerin Fanny zu Reventlow, die sich nie auf faule Kompromisse eingelassen hätte. Weil sie gewitzt waren wie der schon erwähnte Maler Böcklin, der so gern das Fliegen erlernt hätte. Weil sie Träume hatten. Und weil sie München liebten, die allermeisten haben diese Stadt geliebt und sind aber auch oft an dieser Liebe verzweifelt, siehe oben. Der Autor Karl Wolfskehl, ein Leute-Verbinder, emigrierte 1933 so weit weg wie möglich, er konnte es nicht fassen, dass hier an der Isar kein Platz mehr für ihn war. Irgendwann kam er in Neuseeland an – und sehnte sich nur nach dem verlorenen Leben hier zurück. Thomas Mann wiederum ist es, jedenfalls wirkt das so, was er im Tagebuch notierte, gelungen, abzuschließen mit München. Er war im Februar 1933 ins Exil gegangen, hatte noch versucht, die Münchner aufzurütteln in Vorträgen. Jetzt, in seinem Haus im kalifornischen Pacific Palisades, hörte er von den verheerenden Bombenangriffen auf die Stadt. Er notierte: »Der alberne Platz hat es geschichtlich verdient.«

Dieses Buch will auch eine Ermunterung sein, sich München auf neuen Wegen zu erschließen – auf den Lebenswegen der hier vorgestellten Persönlichkeiten. Hinweise, wo man in München eventuell noch auf Spuren der Betreffenden stößt, finden sich in den einzelnen Kapiteln.

Noch eine Anmerkung: Von den etwa 150 Gedenktafeln, die es in München gibt, befassen sich gerade mal gezählte zwölf Stück mit Frauen. Auch wenn die Stadt sich bis auf Weiteres auf das Anbringen von Erinnerungszeichen für NS-Opfer konzentriert, was natürlich hochwichtig und überfällig ist, sollte man in dem Punkt irgendwann nachlegen. Und, nur neben vielen anderen, Therese Giehse und Anita Augspurg, Grete Weil, Ricarda Huch, Helene Mayer, Käthe Kollwitz, Liesl Karlstadt oder Zenzl Mühsam im öffentlichen Raum würdigen, dort, wo sie mal zuhause waren.

Promenadenplatz
FÜNF HÖFE
Promenadeplatz 13/15
Theatinerstraße 9
Windenmacherstraße
FRAUENKIRCHE
Neuhauser Straße 35
Frauenplatz 10
Herzogspitalstraße 12
Thiereckstraße 3
MARIENPLA
Hofstatt/Ecke Färbergraben
Hackenstraße 7
Sebastiansplatz
Reichenbachstraße 13

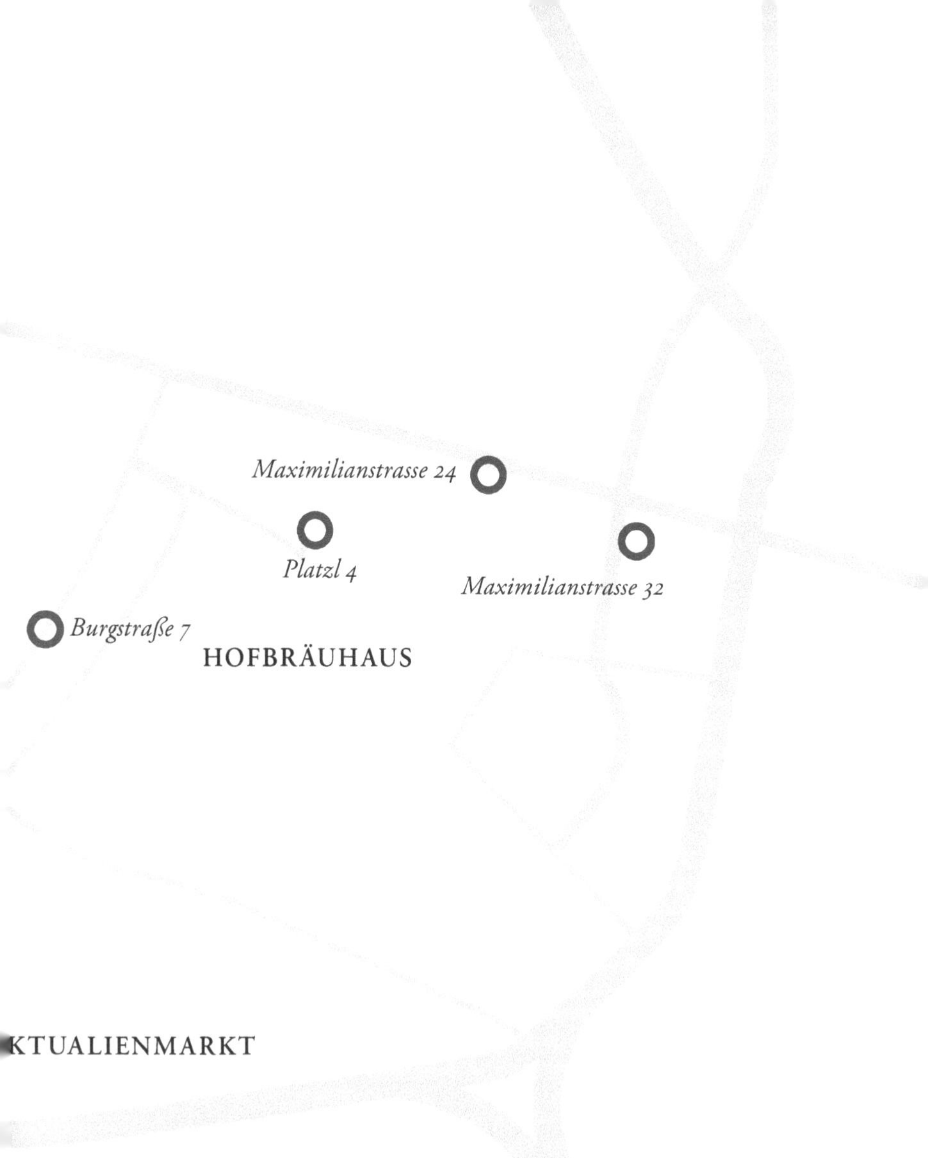
Maximilianstrasse 24
Platzl 4
Maximilianstrasse 32
Burgstraße 7
HOFBRÄUHAUS
KTUALIENMARKT

Altstadt

Joseph Anton von Destouches

»Man findet kaum eine Stadt von dem Range«

Joseph Anton von Destouches war Münchner, in München geboren, in München gestorben, allerdings zwischendurch mal länger nicht in der Stadt präsent, da im Studium. Er war Dramatiker und Staatsbeamter, hat ein Dutzend Bühnenstücke geschrieben und auch ein umfangreiches Sachbuch über die »Haupt- und Residenz-Stadt München und ihre Umgebungen«, das gedacht war als »Wegweiser für Freunde und Einheimische« und 1827 erschienen ist.

In Auszügen steht das auch so auf dem Schild, das für ihn angebracht worden ist am Nachfolgebau des Hauses in der Windenmacherstraße, in dem Destouches mit 65 Jahren starb. Was nicht auf der Plakette nachzulesen ist, ist, dass er in seinem Buch über München quasi voraussah, wohin die Stadt München sich entwickeln würde. Schon damals mahnte er vorsichtig, dass sich die vielen teuren Palais, die sich die Oberschicht irgendwohin ins Stadtgebiet würfelte, nicht jedermann leisten können würde. Er schrieb: Mit den »Palästen«, die dort, wo Baurecht bestehe, aus dem Münchner Boden schießen würden, sei freilich

»der Mittelklasse der Einwohner Münchens, die sich kleinere Wohnungen für geringere Miethen wünscht, nicht gedient«. Dann fügte er an, was inzwischen längst eingetreten ist: »Finden sich für all diese Häuser auch Käufer und Miether, so ist München wirklich eine der wohlhabensten und mit den vermöglichsten Familien bevölkerten Städte von Deutschland.«

Destouches war 1767 geboren worden, als ältester Sohn eines bayerischen Hofkammerrats. Er studierte, wie man das damals gern machte, Jura an der Universität Ingolstadt. Dann machte er Karriere in der Verwaltung des Kurfürstentums, das Bayern damals noch war, später des Königreichs, das es 1806 wurde. Was er nicht alles gewesen ist: Rentkammerrat in Amberg, Hofkammerrat, Kammerfiskal, Landesdirektionsrat, Kreisrat des Naabkreises, Kronfiskal, schließlich Regierungsrat in München, ab 1818, Mitarbeiter des Reichsarchivs, des heutigen Bayerischen Hauptstaatsarchivs also. Seit 1810 war er zudem korrespondierendes Mitglied der Königlichen Akademie der Wissenschaften. Nebenher, wie gesagt, schrieb er. Seine Dramen greifen vor allem historische Stoffe auf und gehen über Marie von Burgund, Friedrich IV., Kurfürst von der Pfalz, Alix, die Gräfin von Toulouse.

»Von Jugend an«, schreibt Destouches, sei er an ein »thätiges Leben [...] gewöhnt« gewesen; entsprechend habe er sich der Aufgabe, die an ihn herangetragen worden war, nämlich eine Chronik der Stadt zu verfassen, in seiner Freizeit gern gewidmet. Es ging ihm auch darum, festzuhalten, wie schnell und wie sehr München sich verändert hatte allein in der Zeit, die er seine Vaterstadt kannte, und er rechnete damit, dass manches, was er recherchiert hatte, schon nicht mehr aktuell sein würde, wenn das Ganze erscheint.

Sein Buch über die Geschichte der Stadt beginnt sehr schön, nämlich so: »Bevor die Ortschaft München, welcher Name sich schon vor der Zeit, ehe dieselbe sich zu einer Stadt erhob, in alten Urkunden findet, zu einer Stadt gebildet wurde, bestund sie aus einzelnen Hütten und Häusern, welche größtentheils von Fischern und Floßleuten bewohnt wurden [...].« Damals war noch nicht die Rede von Palais und Palästen, aber die Entwicklung, die die Ortschaft nahm, war rasant. Schon unter Maximilian III. Joseph und seinem Nachfolger, dem ungeliebten Pfälzer Karl II. Theodor, habe sich München, schreibt Destouches, »zu einer der schönsten und gewerbsamsten Städte von Deutschland erhoben«. Und: »Der Bürger erhob sich zum Wohlstand.« Damit war gewissermaßen die Richtung, die man nehmen wollte und würde, eingeschlagen.

Zu erwähnen wäre noch, dass Destouches, obwohl er den Eindruck von Akribie erweckt, allein dadurch, dass er etwa die Größe der öffentlichen Parks (Englischer Garten: 695 bayerische Tagwerk) und bestimmter Gebäude exakt angibt, durchaus kein neutraler Berichterstatter war. François de Cuvilliés jedenfalls schien er nicht gemocht zu haben – er erwähnt ihn, den genialen Rokoko-Architekten des nach ihm benannten Hoftheaters in der Residenz sowie der Amalienburg im Nymphenburger Schlosspark, mit keinem Wort. Obwohl sowohl die Theater als auch die Schlösser im aufstrebenden München natürlich jeweils eigene Kapitel in seinem Buch bekommen haben. Das Hoftheater in der Residenz – also das Cuvilliés-Theater – sei »mit Vergoldungen und Verzierungen reich, fast überladen«.

Ansonsten seine Erkenntnisse: Der Hofgarten »wird von den Münchnern täglich, besonders an Feiertagen zur gewöhnlichen Paradezeit zwischen 11 und 12 Uhr besucht«. Vom Chinesischen Turm aus, auf der vierten Etage, genieße man »den erquickensten Überblick über die ganze östliche und nördliche Gegend bis nach Freising«. Und, ganz allgemein lobt er: »Man findet kaum eine Stadt von dem Range […] mit so vielen Gasthöfen, Wein- und Kaffeehäusern besetzt, als München. In den meisten derselben herrscht Reinlichkeit, […] und allenthalben wird man gut, wohl auch« – und auch das hat sich geändert – »billig bedient«.

Joseph Anton von Destouches (1767–1832) war gebürtiger Münchner. Auch sein Sohn Ulrich, städtischer Bibliothekar, schrieb eine Stadtchronik, die dann dessen Sohn Ernst fortsetzte. Ernst von Destouches, nach dem eine Straße in Schwabing benannt ist, ist außerdem Gründer des Stadtmuseums.

Rainer Werner Fassbinder

Leben, lieben, leiden

In der »Deutschen Eiche«, einem Lokal in der Münchner Innenstadt, hat der Regisseur, Drehbuchautor und Schauspieler Rainer Werner Fassbinder zwar nicht gewohnt. Aber er war hier trotzdem zuhause. Kam praktisch allabendlich her, um in der Reichenbachstraße 13 zu essen, zu saufen, zu feiern, bekanntlich fand er: »Schlafen kann ich, wenn ich tot bin.«

Die Plakette, die an dem Lokal hängt, hat gleich mehrere Inhalte. Unter anderem weist sie hin auf die Institution, die die »Eiche« früher gewesen ist. Und sie handelt von Fassbinder, dem wichtigsten Vertreter des Neuen Deutschen Films, der die »Deutsche Eiche« zur Institution gemacht hat.

Nicht erwähnt wird in dem Text, der auf dem Schild steht, dass die Gaststätte nicht immer ein Künstlerlokal gewesen ist. In den 1920er-Jahren war sie unter anderem ein Partei-Lokal – und wurde gern frequentiert von den Nationalsozialisten, die in der nahen Corneliusstraße 12 ihre Parteizentrale hatten. Entsprechend gingen dort auch SA-Männer ein und aus und auch Adolf Hitler selbst war Stammgast, wie die spätere Wirtin Ella Reichenbach nie zu verheimlichen versucht hat. Das Essen damals war günstig in der »Eiche«, und der spätere Diktator saß meist an einem Tisch, der mit Vogelkäfigen vollgestellt war – dem Vogerltisch.

Ebenso wenig steht auf der Plakette, dass Fassbinder im Ausland bald wahrgenommen und gefeiert worden ist, etwa für seine BRD-Trilogie über Frauen der Nachkriegszeit (»Die Ehe der Maria Braun«, »Lola«, »Die Sehnsucht der Veronika Voss«). Während er in Deutschland angegriffen wurde wegen der Themen, die er behandelte: NS-Vergangenheit, Wirtschaftswunder, RAF-Terror.

Die »Eiche« hatte er, für den Leben ein Synonym gewesen ist für Leiden, 1974 für sich entdeckt. Er war damals auf dem Höhepunkt seiner Bekanntheit, arbeitete intensiv mit dem WDR zusammen, hatte in Volker Schlöndorffs »Baal« die Hauptrolle gespielt, »Katzelmacher« gedreht, in dem Jahr entstand das Melodram »Angst essen Seele auf«. Er war hergekommen, um in der Reichenbachstraße mit Kurt Raab zu Abend zu essen. Inzwischen war die Wirtschaft Treffpunkt für die Tänzerinnen und Tänzer des nahen Gärtnerplatztheaters, also mehr Künstlerlokal. Außerdem bekannt für ihre legendären Faschingsfeiern. Wirtin Reichenbach hatte eine liberale Einstellung dem Privatleben ihrer Gäste gegenüber, es interessierte sie einfach nicht, wer wen warum wie liebte. Einmal bekam sie eine Anzeige wegen Kuppelei, und den Vorwurf, ein Schwulentreff zu sein, parierte sie lässig: »So ein Schmarrn, was die da schreiben. Bei uns verkehren zu 90 Prozent Künstler und zu 10 Prozent von Frauen enttäuschte Männer.« Wenn sie Kokain entdeckte im Sicherungskasten in der Toreinfahrt, spülte sie das allerdings lieber ins Klo.

In der »Eiche« feierte Fassbinder jetzt alle seine Filmpremieren, und er drehte in seinem zweiten Wohnzimmer auch die eine oder andere Szene, etwa für »Lola« oder »Satansbraten«. Bald fühlte sich auch seine Entourage hier wie zuhause, von Hanna Schygulla und Elisabeth Volkmann über Ingrid Caven und Barbara Valentin bis zu Günther Kaufmann und Kameramann Michael Ballhaus. Barbara Valentin brachte eines abends Freddy Mercury mit, den Leadsänger von »Queen«.

In der »Eiche« hatte Fassbinder irgendwann den Schankkellner Armin Meier kennen und lieben gelernt. Auch Lieben hieß bei ihm Leiden. Vier Jahre waren die beiden ein Paar, dann beendete Fassbinder die Liaison. Und Meier, der gegenüber der »Eiche« wohnte, nahm sich gegenüber der »Eiche« das Leben. Am Geburtstag von Fassbinder. Der bekam jetzt Hausverbot von Ella Reichenbach, irgendwann durfte er wieder kommen. Seinen 37. Geburtstag, vier Jahre nach dem Tod von Meier, feierte er noch im Lokal, zehn Tage später ist auch er gestorben. An einer Überdosis Leben, also Leiden. Gewohnt hat er in der Clemensstraße 78 in Schwabing, auch dort hing mal eine Plakette, die an ihn erinnerte. Sie wurde mittlerweile aber wieder entfernt.

Rainer Werner Fassbinder, geboren 1945 in Bad Wörishofen, wuchs in München auf. Die Eltern trennten sich, als er sechs war, er blieb bei der Mutter, mit der ihn eine Hassliebe verband. Er drehte und schrieb über 40 Spielfilme, zwei Fernsehserien, drei Kurzfilme, 24 Theaterstücke. 1982 ist er, von dem es hieß »Achtung, der Hexer kommt«, wenn er am Drehort erschien, gestorben. Im Treppenhaus der »Deutschen Eiche« wurde eine kleine Ausstellung über Fassbinder zusammengestellt. Seit 2004 gibt es im Arnulfpark einen Rainer-Werner-Fassbinder-Platz mit einem Bodenkunstwerk. Die Plakette, die an ihn erinnert, ist eine der Gebäudetafeln, die sich München zum 850. Stadtgeburtstag geleistet hat und die in erster Linie Häuser erklären. Auf ihr steht, das ist ein weiterer Inhalt, dass die »Deutsche Eiche« 1999 das Klenze-Denkmal am Gärtnerplatz gestiftet hat.

Joseph von Fraunhofer

Bei Einsturz dieses Hauses im Jahre 1801 wurde der / Glaserlehrling + später so berühmte Mechaniker + / Optiker Fraunhofer verschüttet + wunderbar gerettet

20 Jahre Pech, 19 Jahre Glück

Die Gedenktafel, die an Joseph von Fraunhofer, den genialen Physiker, Optiker, Glastechniker und Astronomen, erinnert, erwähnt zwar und zeigt das auch in einem Relief, dass 1801 das Haus über ihm, der damals Lehrling war in München, einstürzte. Es war das Haus seines Lehrherrn. Fraunhofer war 14, er befand sich in der Werkstatt. Er war der Einzige der Verschütteten, der überlebte. Die Frau seines Lehrherrn überlebte nicht.

Was aber nicht auf der Plakette nachzulesen ist, ist die Tatsache, dass dieses Drama, ein weiteres Drama in dem an Dramen bis dahin wirklich nicht armen Leben von Fraunhofer, für ihn eine Wendung zum Besseren brachte. Weil Kurfürst Maximilian IV. Joseph zum Unglücksort kam, sich mit ihm unterhielt, ihm 88 Gulden (oder, je nach Überlieferung, 18 Dukaten, 8 Karolinen) schenkte und ihm, wie es in manchen Berichten heißt, »väterliche Protektion« versprach. Denn Fraunhofer war zu der Zeit schon seit ein paar Jahren Vollwaise, seine Mutter war gestorben, als er zehn war, der Vater im Jahr drauf. Von den zehn Geschwistern, die er gehabt hatte, lebten noch drei. Zusätzlich war im Zusammenhang mit dem Unglück auch der Unternehmer Joseph von Utzschneider auf den Jugendlichen aufmerksam geworden, der ebenso auffällig intelligent wie gleichzeitig unterfordert in der Lehre gewesen ist. Utzschneider behielt Fraunhofer im Auge.

»Jetzt war es F. möglich, einen Unterricht zu besuchen und sich durch das Studium von Büchern weiter zu bilden«, heißt es im Eintrag der »Deutschen Biographie« über ihn. Anscheinend versorgte ihn, dem vom Lehrherrn immer das Lesen untersagt worden war, Utzschneider jetzt auch mit mathematischer und optischer Fachliteratur, die er dann teils vor dem Karlstor, teils im Alten Botanischen Garten neben dem Clemensschlössl verschlungen haben soll – »im Janker«.

Vom Geld des späteren ersten bayerischen Königs ließ er sich eine Glasschneidemaschine bauen, und er kaufte sich damit von Philipp Anton Weichselberger, seinem Lehrherrn, frei. Er hatte bereits vier von sechs Jahren Lehrzeit als Spiegelschleifer hinter sich. Machte sich jetzt selbstständig mit einem ganz anderen Handwerk: Er druckte Visitenkarten im Tiefdruckverfahren. Aber er hatte damit nicht den gewünschten Erfolg, er ging in die Lehrwerkstatt zurück und machte doch noch die sechs Jahre Ausbildung voll.

1806, nach dann ganz abgeschlossener Lehre, im selben Jahr, in dem der Kurfürst, sein Gönner, zum König gekrönt wurde (jetzt Maximilian I. Joseph), holte ihn Utzschneider, der zusammen mit dem Erfinder Georg Reichenbach und dem Uhrmacher Joseph Liebherr ein mathematisch-feinmechanisches Institut gegründet hatte, in seinen Betrieb. Dort machte Fraunhofer, der im Wesentlichen Autodidakt gewesen ist, schnell Karriere. Ab 1809 leitete er die inzwischen nach Benediktbeuern verlegte optische Werkstätte, ab 1813 den ganzen Laden. Er entwickelte ein besseres Rührverfahren bei der Glasschmelze, befasste sich mit dem Problem der Dispersion, das dadurch entsteht, dass die verschiedenen Farben eines Gegenstands bei Betrachtung durch eine Linse verschieden scharf wiedergegeben werden, und er schaffte es, Fernrohre in ganz neuer, vorher undenkbarer Qualität zu bauen, indem er berücksichtigte, dass die Wellenlängen der verschiedenen Farben von Licht nicht gleich sind. Und er entdeckte, dass das Licht, gebrochen durch Glas, nicht nur in seine Spektralfarben zerlegt wird, sondern auch schwarze Linien aufweist – die sogenannten Fraunhofer'schen Linien, die wiederum helfen, die Dispersion zu bestimmen. Er machte wesentliche Arbeiten zur Beugung des Lichts, mit dem von ihm entwickelten Beugungsgitter.

1819 wurde der Betrieb, in dem er inzwischen Teilhaber war, nach dem Ausscheiden von Reichenbach, wieder zurückverlegt nach München. Und: Vier Jahre später, 1823, wurde Fraunhofer, obwohl er aus so ärmlichen Verhältnissen kam, obwohl er keine standesgemäße Ausbildung vorweisen konnte, vollwertiges Mitglied der Bayerischen Akademie der Wissenschaften und hielt dort als besoldeter Professor und Konservator des Physikalischen Kabinetts Vorlesungen.

Fraunhofer hatte 20 Jahre Pech gehabt in seinem Leben und 19 Jahre Glück, und nach den 19 glücklichen Jahren kehrte das Pech in sein Leben zurück. Bei einer Floßfahrt auf der Isar 1825 holte er sich eine schlimme Erkältung, die er nicht mehr loswurde. Im Juni im Jahr drauf starb er – nachdem 1824 sein größtes Fernrohr mit einer für damalige Verhältnisse sensationellen Brennweite von 4,3 Metern an die russische Sternwarte Dorpat, heute Estland, geliefert worden war. 17 Tage vor ihm war sein Freund Georg Reichenbach gestorben, was man ihm aber verheimlicht hatte.

Joseph von Fraunhofer (1787–1826) kam 1799 wegen seiner Ausbildung nach München – und blieb in der Stadt, von den Jahren in Benediktbeuern abgesehen. Durch Fraunhofer wurde München Optikmetropole. Drei Jahre nach seinem Tod bekam auch die Berliner Sternwarte ein Fernrohr der Bauart, wie es nach Russland gegangen war. Mit diesem Fernrohr entdeckte 1846 Johann Gottfried Galle den Neptun. Eine Büste von Fraunhofer steht in der Ruhmeshalle in München. In der Maximilianstraße 42 erinnert ein Bronzestandbild an ihn, gegossen von Ferdinand von Miller. Die Gedenkplatte hat er, zum Ritter geadelt und Ehrenbürger Münchens, 1983 bekommen. Über den Einsturz des Hauses im »Tierekgäßchen« am 21. Juli 1801 heißt es im Polizeibericht: Es habe aus den Trümmern erst eine Hand, dann ein Arm herausgeschaut. »Man steckte ihm Schnupftücher zu, die mit Wasser und Essig eingefeuchtet waren, um ihn zu laben, und brachte ihn endlich nach vierstündiger, rastloser, lebensgefährlicher Arbeit, ohne daß etwas an ihm Schaden gelitten hätte, ans Tageslicht.«

Fritz Gerlich

Hofstatt/Ecke Färbergraben

»Für Wahrheit und Recht«

Fritz Gerlich war: Historiker, Archivar, Journalist, Verleger. Und einer der mutigsten, kompromisslosesten Gegner Hitlers. Man ahnt es, es ist ihm nicht gut bekommen. Am 1. Juli 1934 wurde Fritz Gerlich in Dachau erschossen.

Vier Erinnerungstafeln erinnern an den frühen Widerstandskämpfer, der sich ohne Rücksicht auf Verluste eingesetzt hat für die Demokratie. Er wusste ja, wie gefährlich er lebte, schon 1932 war ein Attentat auf ihn verübt worden. Freunde warnten ihn, sie rieten ihm, in die Schweiz zu fliehen. Aber Gerlich blieb in München, er erwarb einen Waffenschein und kaufte sich zwei Pistolen. Nur die Tage um die Reichstagswahl am 5. März 1933, gut einen Monat nach der Übertragung der Regierungsführung an Hitler, verbrachte er vorsichtshalber in Innsbruck mit seiner Frau.

Auf den Schildern, die an ihn erinnern, steht, dass er auch gefoltert worden ist; und eine der Plaketten, 2013 in der Hofstatt angebracht, zitiert zwei Sätze von ihm, die er, als er noch frei war und schreiben konnte, vor der Reichstagswahl am 31. Juli 1932 formuliert hatte: »Nationalsozialismus aber bedeutet: Feindschaft mit den benachbarten Nationen, Gewaltherrschaft im Innern, Bürgerkrieg, Völkerkrieg. Nationalsozialismus heißt: Lüge, Hass, Brudermord und grenzenlose Not.«

Nicht nachlesen kann man hingegen auf den verschiedenen Gedenktafeln, die dort angebracht wurden, wo er wohnte, wo er arbeitete und verhaftet wurde wenige Tage nach der Reichstagswahl 1933, dass sein eigener Lebensweg recht kurvenreich gewesen ist – ganz im Gegensatz zum Titel der Zeitung, die er zuletzt herausgab und die »Der gerade Weg« hieß. Er kam aus der rechten, nationalen Ecke, im Putschjahr 1923 hatte er sich sogar dreimal mit Hitler getroffen, einmal auch in seiner, Gerlichs, Wohnung. Zum Umdenken hat ihn dann der Putsch selbst gebracht, schon zwei Tage nach dem Marsch auf die Feldherrnhalle, der 20 Menschen das Leben kostete, schrieb er gegen die Nationalsozialisten an. Er schrieb in Folge immer schärfer, immer pointierter, mal eher zynisch, mal scharf analysierend, gegen sie an.

Und dann wird auch nicht auf den verschiedenen Plaketten erwähnt, dass für Gerlich, der calvinistisch erzogen worden war in Stettin, wo er aufwuchs als Sohn eines Fischgroßhändlers, der Glaube eine große Rolle spielte. Als er noch Schriftleiter der »Münchner Neuesten Nachrichten« war, die er im Auftrag der neuen Verlegerschaft ab 1920 zu einem »Bollwerk für nationale Erneuerung gegen Sozialismus und republikanische Politik« ausbauen sollte, interviewte er Therese Neumann, eine stigmatisierte Mystikerin in Konnersreuth. Er hatte einen Bericht über sie gelesen, er fuhr zu ihr im Vorhaben, sie zu entlarven, ihrem »Schwindel auf die Spur zu kommen«.

Aber dann war es Gerlich selbst, den die Begegnung im August 1927 grundlegend veränderte. Er konvertierte zum Katholizismus (1931), er schrieb zwei Bücher über »die Resl«. Nachdem er 1928 bei den »Münchner Neuesten Nachrichten« aufgehört hatte, übernahm er, nach einer Zwischenstation als Archivar im Archiv, seinem eigentlichen Beruf, die damals komplett bedeutungslose Wochenschrift »Der Illustrierte Sonntag«, die er umbenannte in »Der gerade Weg«, Untertitel: »Deutsche Zeitung für Wahrheit und Recht« (Januar 1932). Gerlich schaffte es, dem Heft Gewicht zu verleihen, ein breites Publikum versuchte er durch Preisausschreiben zu erreichen. Vor allem aber wurde das Blatt, finanziert von katholischen Kreisen um die Resl, ein Kampfblatt gegen Hitler. Unbeirrbar schrieb Gerlich gegen die »geistige Pest« des Nationalsozialismus an, er bezeichnete die Nationalsozialisten als »Hetzer, Verbrecher und Geistesverwirrte«, im Juli 1932 forderte er, Hindenburg wegen Verfassungsbruchs (nach der Einsetzung eines Reichskommissars in Preußen) abzusetzen durch Volksabstimmung, er schrieb: »Hitler weiß so gut wie nichts [...]. Er besitzt nicht einmal den Grad von Verstand, der ihn befähigen würde, ein schwieriges Problem überhaupt zu übersehen.« Einem Aufmacher über die wahnwitzige Rassenideologie der Nationalsozialisten verpasste er die freche Überschrift: »Hat Hitler Mongolenblut?«

Genau vier Tage nach der Reichstagswahl 1933, am 9. März 1933, stürmten 60 bis 70 SA-Männer seine Redaktion in der Hofstatt. Sie verwüsteten das Inventar. Verhafteten Gerlich. Misshandelten ihn. Auch während der »Schutzhaft« in der Ettstraße wurde er mehrfach gefoltert. In einem Fall sprang ihm ein SA-Mann in Stiefeln auf seine Hände – damit er nie wieder schreiben würde können.

Fritz Gerlich, Jahrgang 1883, geboren in Stettin, war im Winter 1901 nach München gekommen – um zu studieren (Geschichte, Philosophie). Er lebte hier bis zu seiner Ermordung 1934. Es läuft ein Verfahren zu seiner Seligsprechung. An Gerlich erinnern neben der Plakette Ecke Hofstatt/Färbergraben drei weitere Erinnerungstafeln. Eine ist an seinem ehemaligen Wohnhaus, Richard-Wagner-Straße 27, angebracht, eine befindet sich seit 1994 in der Mandlstraße 23, heute Katholische Akademie Bayern, unter der Löwenfigur vor dem Eingang. Darauf steht:

> *»›Die Freiheit verteidigen ...‹/Dieser Löwe – 1848 – befand sich einst vor dem Wittelsbacher Palais, der späteren Gestapo Zentrale. Seit 1970 steht der Löwe SWAPO vor der Katholischen Akademie in Bayern. Er soll erinnern an den kath. Publizisten Fritz Gerlich, der am 1. Juli 1934 in Dachau von den Nazis ermordet wurde.«*

Eine weitere Plakette ist dem Widerstandskämpfer im Bayerischen Hauptstaatsarchiv, Abteilung V, gewidmet.

Johann Baptist Gunetzrhainer

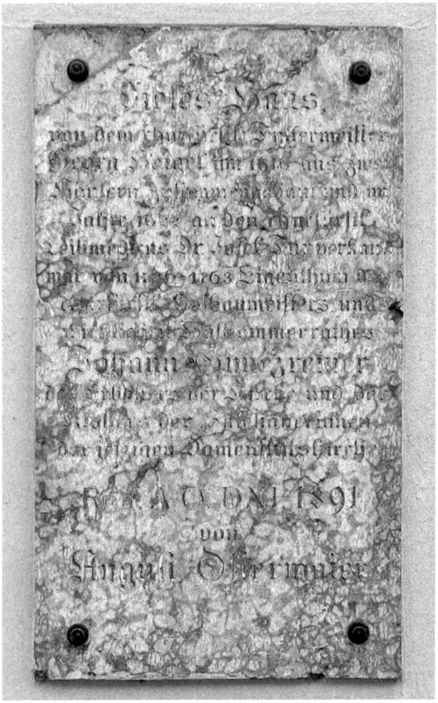

Dieses Haus / von dem Churfürstlichen Futtermeister / Georg Heigelmann 1676 aus zwei / Häusern zusammengebaut und im / Jahre 1722 an den churfürstl. / Leibmedicus Dr. Joseph Rau verkauft, / war von 1726 bis 1768 Eigenthum des / churfürstl. Hofbaumeisters / und wirklichen Hofkammerrathes / Johann Gunetzrhainer, / des Erbauers der Kirche und des / Klosters der Salesianerinnen, / der jetzigen Damenstiftskirche. / Ren. AO. DNI. 1891 / von / August Ostermaier

Der ewige Zweite

Johann Baptist Gunetzrhainer war Architekt, einer der bekanntesten Baumeister des Rokoko. Er war gebürtiger Münchner und als Einheimischer der erste, der im Hofbauamt Oberbaumeister geworden ist. Das Haus, an dem eine Plakette an ihn erinnert, konnte er 1726, mit 34 Jahren, erwerben. Er gestaltete es um nach dem Geschmack der Zeit. Das erwähnt so einigermaßen auch die Tafel, die gleichzeitig noch die Vorbesitzer des Gunetzrhainer-Hauses, als das man es heute kennt, aufzählt. Was nicht Berücksichtigung findet in dem Text, ist die Tatsache, dass Gunetzrhainer zwar im Bauamt ganz oben angekommen war und also eine tolle Karriere gemacht hatte. Dass er aber trotzdem die ganzen 50 Jahre seines Berufslebens im Schatten stand von Cuvilliés dem

Älteren, der ihm künstlerisch einfach überlegen war und der überhaupt nur von der Statur her klein gewesen ist. Er, François de Cuvilliés, hatte bekanntlich angefangen als Hofzwerg im Gefolge von Kurfürst Max Emanuel. Er war außerdem das Kind einer Ledigen, vermutlich mit Max Emanuel als Vater, gewesen.

Gunetzrhainer hatte im Gegensatz zu Cuvilliés, der in Paris studieren durfte, keine Auslandserfahrung machen können. Er war Sohn eines Stadtmaurermeisters, außer ihm waren noch sein Bruder und auch der Schwager Baumeister. Der Berühmteste in seiner Familie ist aber er.

1692 ist er geboren, sein Vater Martin starb, als er noch nicht einmal sieben war, die Mutter heiratete wieder, erneut einen Stadtmaurermeister, bei dem Johann Baptist dann seine Ausbildung machte. 1715 fing er an im Hofbauamt, unter Joseph Effner, betreute die Schlossanlagen in Fürstenried, Nymphenburg, später Schleißheim; bekannt wurde er allerdings für seine Sakralbauten, die Kirchen in Schäftlarn, in Landshut-Seligenthal, Reisach gehören zu den Hauptbauwerken des bayerischen Barock. Auch die Damenstiftskirche, steht ja auf dem Schild, hat er errichtet, außerdem Gotteshäuser in Sandizell und Ruhpolding. 1745, nach dem Tod von Effner, erfuhr er dann die Beförderung zum Oberhofbaumeister, fünf Jahre später wurde Gunetzrhainer auch noch Hofkammerrat und Inspektor der kurfürstlichen Hof- und Lustgärten.

Aber trotzdem war es eben so, dass es 1750 Cuvilliés war, der mit dem Bau des »Opera-Haußes« beauftragt worden ist, das noch heute nach ihm heißt. Dass die Neugestaltung der »Kurfürstenzimmer« in der Residenz, die Gunetzrhainer verantwortet hatte, zu dessen Lebzeiten noch einmal von Cuvilliés eine Überarbeitung erfuhren. Und die Kirche in Schäftlarn, für die Gunetzrhainer ja verantwortlich zeichnete, hatte ursprünglich auch Cuvilliés entworfen; allerdings ist die Baustelle dann wegen des Österreichischen Erbfolgekriegs, aber auch, weil Cuvilliés einfach zu großzügig geplant hatte, eine Weile stillgelegen. Als man weitermachen wollte, beauftragte man Gunetzrhainer, von dem man wohl hoffte, er würde das ganze Raumprogramm ein wenig abspecken.

Es blieb, was sich teils auch auf dem Gehaltszettel bemerkbar machte, Cuvilliés am Hof der Künstler von Kurfürstens Gnaden. Gunetzrhainer war der, der auf Baustellen als Gutachter nach dem Rechten sah und »im Bauamtsstadel die Werkzeuge inventarisierte«, wie Hanna Dornieden in einem Sammelband über Cuvilliés schreibt.

1763 ist er gestorben, sein Konkurrent Cuvilliés tat ihm nicht mal den Gefallen, vor ihm das Zeitliche zu segnen.

Das Gunetzrhainer-Haus wurde im Zweiten Weltkrieg stark beschädigt, und als die Deutsche Bank, die das Anwesen gekauft hatte, in den 1960er-Jahren mit der Renovierung begann, stürzte während der Sicherungsarbeiten die von Gunetzrhainer so aufwendig gestaltete Fassade ein. Die Hausmadonna überlebte, das Original steht heute im Bayerischen Nationalmuseum. In die Nische zwischen zwei Fenster, wo sie hingehörte, setzte man vorsorglich eine Bronzekopie.

Johann Baptist Gunetzrhainer, Jahrgang 1692, war gebürtiger Münchner. Er besuchte das Jesuitengymnasium. Sein Bruder Ignaz Anton war ebenfalls Baumeister, sein Schwager war der Baumeister Johann Michael Fischer.

Heinrich Heine

»Ein Meer von kleinen Seelen«

Heinrich Heine, einer der größten deutschen Dichter, Begründer des politischen, subjektiven Feuilletons, hat seine Gedenktafel in München 1956 bekommen, 100 Jahre nach seinem Tod und nach dem in Zusammenhang mit Heinrich-Heine-Gedenkmaßnahmen üblichen Hin und Her. Ihr Text ist eher knapp und besteht aus gerade mal vier Wörtern, zwei Jahreszahlen, zwei Satzzeichen: »Hier wohnte Heinrich Heine. 1827–1828«. Damit fällt schon mal unter den Tisch, dass Heine an sich gern länger in München geblieben wäre. Er war von Johann Friedrich Cotta angeheuert worden, die »Neuen Allgemeinen Politischen Annalen« herauszugeben, und der Stuttgarter Verleger hatte ihm viel Geld geboten. Das war das eine. Das andere war, dass er sich berechtigte Hoffnungen auf einen Lehrstuhl an der Münchner Universität machte. Letztlich wurde es mit beidem nichts – und Heine packte nach zehn Monaten an der Isar schon wieder seine »Coffer«. »Ich reise nach München, wo mir viel versprochen worden, und, was noch besser ist, bereits garantiert ist«, hatte er im Vorfeld an Moses Moser geschrieben, er fühlte sich insgesamt eher geschmeichelt: »Ich bin eine von Cottas theuersten Puppen.«

Im November 1827 kam er an. Sein erstes Quartier war in der Promenadestraße (heute Kardinal-Faulhaber-Straße) bei einem Maler, ehe er dann, nach zwei Monaten, ins Palais Rechberg umzog (heute Radspielerhaus), wo die Tafel an ihn erinnert. Allerdings hängt sie so weit oben, dass man sie zufällig eher nicht entdeckt.

Heinrich Heine, in der Romantik sozialisiert, bald der Romantik entlaufen, war damals 30, promovierter Jurist – und ein etablierter Autor. Von seinen »Reisebildern« waren zwei Teile bereits erschienen (lustiger Satz über Göttingen: »Die Stadt selbst ist schön und gefällt einem am besten, wenn man sie mit dem Rücken ansieht.«), die »Loreley«, sein bekanntestes Gedicht, war drei Jahre alt, und auch das »Buch der Lieder«, mit dem er berühmt geworden ist und das noch zu seinen Lebzeiten 13 Auflagen erlebte, gab es schon.

Was Heine seinen Freunden aus München berichtete, klingt mal besser, mal nicht so gut. Im November, kaum hier, meinte er: »Es sieht hier so aus wie ich es erwartete, nemlich herzlich schlecht«, vor allem das Klima machte ihm zu schaffen. Das meteorologische ebenso wie das zwischenmenschliche. Aber einen Monat später fand er, nachdem ihm zu Ohren gekommen war, dass der König »mit Theilnahme« seine Annalen lesen würde: »bin gut bewahrt«. Und: »Der König ein netter Mann«.

Bald nervten ihn allerdings, und das steht freilich erst recht nicht auf der Plakette, auf der sowieso alles fehlt, was es zu Heine und München zu berichten gäbe, die »Kleingeisterey« um ihn herum, das »Meer aus kleinen Seelen«, das ihn umgab, das »seichte kümmerliche Leben« in der Stadt. Nebenbei führte er, wie der Literaturwissenschaftler Georg Lucács schrieb, einen »ständigen Guerillakampf mit der Zensur um die große Öffentlichkeit«.

Immerhin, einen Platz gab es, an dem er sich gern aufhielt – die Terrasse der gerade erst eröffneten Gaststätte »Neuberghausen« in Bogenhausen. Dort genoss er den Blick auf »die schneebedeckten Berge, die, glänzend in der Sonnenbeleuchtung, aus eitel Silber gegossen zu sein schienen«, das Bier fand er »vortrefflich«. Irgendwann besuchte ihn der junge, 17-jährige Robert Schumann, Heine zeigte ihm die Stadt. Schumann: »Er [...] drükte mir freundlich die Hand.«

Aber. Schon im Februar 1828 deutete sich offenbar an, dass die Sache mit dem Lehrstuhl mitnichten in trockenen Tüchern war. »Ich bin jetzt umlagert von Feinden und intriguirenden Pfaffen«, berichtete Heine den Freunden; längst hatten die erzkatholischen Kreise um Joseph Görres gegen ihn mobil gemacht, was auch antisemitisch motiviert gewesen ist. Heine fuhr dann nach Italien Anfang August, um dort die »Reisebilder« weiterzuschreiben, was vielleicht ein Fehler war. Weil in München derweil eine Pressekampagne gegen ihn losgetreten wurde. Zwar hatte auch er seinen Freund Fjodor Tjutschew, ebenso Cotta, der zu allem Überfluss die »Annalen« im Juli schon wieder eingestellt hatte, gebeten, sich für ihn einzusetzen, dem König auch Bücher von ihm zukommen zu lassen. Es half aber nichts. Am 11. Dezember, nachdem er sich zwischendurch doch weiterhin Hoffnungen gemacht hatte, kam Heine zurück – und konnte eigentlich gleich wieder abreisen. Der Lehrstuhl war vergeben.

Im dritten Teil der »Reisebilder«, die 1830 erschienen, kommt dann auch München vor – und gar nicht so schlecht weg wie zu befürchten wäre. Heine beschreibt die »heiteren Kunsttempel und edlen Paläste« an der Isar, »die in kühner Fülle hervorblühen aus dem Geiste Klenzes, des großen Meisters«. Allerdings erhält dann sein Berliner Philister, den er die Stadt erkunden lässt und der zu einer bayerischen Bedienung sagt, er vermisse hier Witz und Ironie, eine Antwort, die doch zu denken gibt. Die Gute meint zu dem Mann nämlich: »Ironie haben wir nicht, aber jedes andre Bier können Sie doch haben.«

1831 verließ Heinrich Heine, revolutionärer Publizist von europäischem Format, Deutschland und siedelte nach Paris. Lernte dort Marx und Engels kennen und freundete sich mit dem Sozialismus an. Zog oft um, heiratete. Wurde schlimm krank. Die letzten acht Jahre seines Lebens verbrachte er, unfähig sich zu rühren, in seiner »Matratzengruft«.

Heinrich Heine, geboren 1797 in Düsseldorf, lebte von November 1827 bis Juli 1828 in München. Er starb 1856. In München ist ihm ein Brunnen im Finanzgarten hinterm Odeonsplatz gewidmet, darauf steht: »Der Verkennung Heines in Deutschland stand seine europäische und weltweite Wirkung gegenüber.« Heine ist außerdem einer der Reiter, die auf den Gemälden im Hofgarten zu sehen sind beim Sturm auf den Godesberg 1583. 1835 wurden seine Werke in allen Mitgliedstaaten des Deutschen Bundes verboten. Die Nationalsozialisten verunglimpften ihn als »Literaturjuden« und bezeichneten die »Loreley« in den Lesebüchern als Werk eines »unbekannten Dichters«. Der Münchner Lehrstuhl ging damals an Hans Ferdinand Maßmann, Germanist und Propagandist der Turnbewegung.

Johann Paulus Hirn

Der erste seiner Art

Von Johann Paulus Hirn, dem ersten Brillenmacher in München, steht eigentlich das Allermeiste, was man über ihn weiß beziehungsweise was sich über ihn herausfinden lässt, auf der Tafel, die an ihn erinnert. Und zwar an dem Haus, in dem sein Nachfolger und Neffe Franz Xaver Buchner sein Geschäft gehabt hat.

Hirn war im Gefolge des von den Münchnern nicht gerade geliebten Kurfürsten Karl II. Theodor von Mannheim an die Isar gekommen. Er war damals schon Perspektiv- und Brillenmacher. Auf dem Schild steht, er sei 1775 angekommen, tatsächlich dürfte er aber erst 1778 zusammen mit seinem Landesherrn hier eingetroffen sein.

Was die Plakette nicht erwähnt, ist, was das für München bedeutet

Johann Paulus Hirn, Jahrgang 1719, kam wahrscheinlich 1778 nach München. Er starb 1799. Nach seinem Tod führte seine Witwe Maria Theresia mit dem Neffen Franz Xaver Buchner und einem zweiten Gehilfen das Geschäft weiter. Sie starb am 13. Oktober 1801. Im Juni 1802 machte Buchner, offenbar ähnlich geschäftstüchtig wie sein Onkel, in der Weinstraße, nahe dem Kloster der Englischen Fräulein, ein »Lädl« auf, mit dem er in Folge öfters umziehen sollte, zuletzt an den Frauenplatz 10, den sein Sohn und Nachfolger Nicolaus Buchner dann kaufen konnte. Nach dessen Tod 1879 ging der Betrieb an die Tochter und ihren Mann, Franz Xaver Brantl, der auch Optiker war. Er war es dann, der die Chronik zum 100. Firmenjubiläum verfasst hat. Zu seinen Kunden gehörten Kurz- und Weitsichtige aller Schichten, aber auch Prinzregent Luitpold. Franz Xaver Buchner hat an der Seeriederstraße in Haidhausen, gegenüber vom Friedhof, eine Grabkapelle mit zwei Marmortafeln errichten lassen, für Johann Hirn und seine Frau, die »Hiernin«.

hat. Die Residenzstadt war damit nämlich eine der ersten deutschen Städte überhaupt, in denen es Brillen gab, die nach optischen Gesetzen gefertigt worden sind. Was ebenfalls nicht auf der Tafel steht, ist, dass Hirn eine allerbeste Ausbildung bekommen hatte. Kein Geringerer als Karl Theodor, der eben kurzsichtig und auf einen »Prillenmacher« angewiesen war, hatte dafür gesorgt, dass Hirn für mehrere Jahre zur Ausbildung in die französische Hauptstadt gehen konnte. Gezahlt wurde das aus der »kurfürstlichen Privat-Chatulle«, wie der Chronik zu entnehmen ist, die Hirns Nach-Nach-Nachfolger zum 100. Firmenbestehen verfasste.

Hirn, Jahrgang 1719, kam, steht auch in der Chronik, mit »gründlichen Kenntnissen« aus Paris zurück und betrieb dann in Mannheim nicht nur die Werkstatt, die ihm Karl Theodor am Hof einrichtete, sondern machte noch eine zweite auf – in der er Normalsterbliche bediente und mit geschliffenen Brillengläsern und Perspektivgläsern versah. Auch in München eröffnete der umtriebige Optiker wieder ein eigenes Geschäft. In einem kleinen Anwesen »ausser dem Isarthor auf dem Gasteig«, später Rosenheimer Straße 5, das er erwerben hatte können, brachte er seine Werkstatt unter. Verkauft hat er seine Perspektive und Brillen dann in einem Ständchen im ehemaligen Pütterichkloster, heute Ecke Perusa-/Residenzstraße. Konkurrenz hatte er praktisch keine, entsprechend groß waren Zulauf und Erfolg. Schon nach wenigen Jahren konnte er sich einen Gesellen leisten – seinen Neffen, einen Verwandten seiner zweiten Frau. Am 29. Oktober 1794 fing Franz Xaver Buchner, damals 14, später der Erbe, bei Hirn an. Fünf Jahre später starb sein Chef, »wohlangesehen« und mit 80 Jahren.

Henrik Ibsen

Weißer Kater

Henrik Ibsen liebte München, und die Münchner liebten ihn auch die meiste Zeit zurück. Elf Jahre hat der norwegische Dichter und Lyriker insgesamt an der Isar gelebt und sich hier »innerlich zuhause« gefühlt, es waren elf Jahre seines insgesamt 27 Jahre währenden »freiwilligen Exils«. Das er 1864 angetreten hatte, weil er sich von den eigenen Landsleuten nicht ausreichend gewürdigt fühlte. Beziehungsweise nachdem ein von ihm geleitetes Theater pleite gegangen war. Er hatte ein Stipendium – und ging auf Reisen.

Das steht in dieser Ausführlichkeit schon nicht mehr auf der Plakette, die für ihn in der Maximilianstraße 32 angebracht worden ist. Wo er fünf Jahre gewohnt hat, im zweiten Teil seiner von ebenfalls fünf Jahren in Italien unterbrochenen München-Zeit. Er wohnte dort mit Frau Susanna und Sohn Sigurd, und zwar wohnten die Ibsens dort die ganze Zeit, worüber sich jeder wunderte, der sie besuchte, in gemieteten Möbeln.

Auch nicht erwähnt wird auf dem Schild Ibsen zu Ehren, dass es München war, wo zum ersten Mal eines seiner Stücke außerhalb Skandinaviens gezeigt worden ist, nämlich »Helden auf Helgeland«, im April

1876, im Hoftheater. Im Anschluss an die Vorstellung richteten Münchens Literaten ein Fest für ihn aus, und der König (Ludwig II.) ließ ihm ein Schreiben zukommen, in dem vermutlich Nettes stand.

Und dann hat ja Ibsen hier einige seiner wichtigsten Stücke geschrieben, er wurde in München zum weltberühmten Autor. »Die Stützen der Gesellschaft«, »Rosmersholm«, »Die Frau am Meer«, außerdem »Nora oder ein Puppenheim« und »Hedda Gabler«: alles hier entstanden, alles hier uraufgeführt, alles hier bestens angekommen, bis auf …

… womit wir beim dritten Punkt wären, der eigentlich auf die Plakette gehört hätte. Denn die »Hedda Gabler« kam bei den Münchnern nicht so gut an. Es ging ihnen dann wohl doch zu weit, dass diese Frau nicht nur wie die elf Jahre vorher entstandene »Nora« Mann und Kinder verlässt, um endlich ihr eigenes Leben zu leben, sondern dass sie, ehe sie ihr eigenes Leben aufnimmt, den Ex noch in den Selbstmord treibt. Es gab einen Skandal, als das Stück im Residenztheater gezeigt wurde, am 31. Januar 1891. Und es war genau dieser Eklat, der den sensiblen Ibsen, der es in Norwegen schon nicht ertragen hatte, wenn er kritisiert wurde, wegtrieb aus München. Ein halbes Jahr später zog er fort und er hinterließ eine leicht verstörte Öffentlichkeit, die gedacht hatte, Ibsen gehöre längst zur Stadt. »Ob er damit zugleich den Entschluß gefaßt überhaupt nicht mehr nach München zurückzukehren, wie Berliner Blätter wissen wollen, ist uns zur Zeit nicht bekannt«, hieß es in einer Zeitung, und den entsprechenden Ausschnitt klebten sie im Stadtarchiv an seinen Meldebogen.

1875 war Ibsen erstmals in die Residenzstadt gekommen, damals nahm er für sich und die Familie Zimmer in Untermiete in der Schönfeldstraße 17. Er war Mitglied in der Künstlergesellschaft »Die Krokodile«, wo er einmal wöchentlich auch mit dem Schriftsteller Paul Heyse zusammentraf. Zwei Jahre später, 1877, wurde umgezogen in die Schellingstraße 30, 1880 ging er erstmal nach Italien. Sehnte sich aber schon irgendwie auch wieder nach München zurück, seinem Freund Markus Grönvold, einem Maler, auch aus Norwegen, der hier studierte, schrieb er aus Rom: »[…] ich fühle schon jetzt, dass ich wieder hinaus muss, und wähle da sicher wieder München, das mir so große Vorteile bietet.« Denn: »Hier läßt man jeden leben, wie er will.«

1885 war er dann wieder da, die »Nora« war fünf Jahre vorher schon aufgeführt worden. Jetzt wohnte er in der Maximilianstraße 32, die er 1888 doch noch mit eigenen Möbeln ausstattete. Ging täglich ins »Café Maximilian« gegenüber der Hofoper, trank dort zwischen 18.30 und 19.30 Uhr ein Bier oder einen Cognac, las die Zeitungen, besonders die Gerichtsberichte in den Zeitungen. Alle kannten ihn mit seinem Backenbart, der Löwenmähne, dem Gehrock, dem Zylinder, und als er mal einem Mädchen half, das mit einem Finger im Briefkastenschlitz steckengeblieben war und dann das Mädchen ein wenig selbstgefällig fragte: »Und weiß sie auch, wer ihr geholfen hat?«, erfuhr er, dass die Kinder ihn »weißer Kater« nannten.

Henrik Ibsen, der unerbittliche Chronist der gesellschaftlichen Wirklichkeit, der in »Ibsen-Clubs« allerorten vor allem von der Jugend gefeiert worden ist, war irgendwann in München eine Kultfigur, ein gewitzter Journalist hatte schon vorgeschlagen, ihn als Sehenswürdigkeit im Baedeker anzupreisen. Auch als er nicht mehr hier wohnte, wurden in den Zeitungen weiter nette Ibsen-Anekdoten kolportiert, wie die, dass er im Café, wo er immer am selben Platz saß, am Fenster, einmal aufsprang, jemanden hereinholte von der Straße – weil er fand, der könnte ein Vorbild sein für eine Figur in einem nächsten Theaterstück. Seine Visitenkarten beschriftete er immer selbst, mit Pinsel und chinesischer Tusche, und in seinem Zylinder war innen ein Spiegel, sodass er jederzeit seinen Bart kämmen konnte.

1888, in dem Jahr, in dem er die Möbel für die Wohnung in der Maximilianstraße anschaffte, meinte er: »Es ist köstlich in München. Es ist so gut hier zu arbeiten. Es ist mir wie eine schöne zweite Heimat. Ich will noch lange hier bleiben.« Drei Jahre später zog er, wie gesagt, doch weg, zurück nach Norwegen. Behielt München trotzdem in guter Erinnerung. Immer, wenn er jemanden traf, der aus München kam oder nach München fahren wollte, trug er ihm Grüße auf an »unsere Stadt«.

Henrik Johan Ibsen, Jahrgang 1828, lebte von 1875 bis 1880 und von 1885 bis 1891 in München. Als er 1906 in Christiania, also Oslo, starb, war auch hier die Trauer groß. Eine Gedenkfeier wurde anberaumt, Max Halbe hielt die Trauerrede. Für die »Nora« wie für die »Hedda« waren reale Münchnerinnen die Vorbilder gewesen.

Gottfried Keller

Strabo

Auch der Schriftsteller Gottfried Keller, geboren und gestorben in Zürich, der mal zweieinhalb Jahre in München wohnte, hat in der Stadt eine Plakette. Sie zeigt ihn im Halbrelief im Profil, mit hoher Stirn, Bart, Zwicker. Darunter steht, er, der Dichter, habe hier, in der Neuhauser Straße 35, im Jahr 1840 gewohnt.

Das stimmt und stimmt nicht. Denn Keller hat in der heutigen Fußgängerzone zwar seine erste Bleibe an der Isar gehabt. Aber er war, als er in München war, noch kein Dichter. Er wollte auch gar kein Dichter sein. Sondern Maler. Aber auch das wurde er hier nicht. Sondern es war so: Gottfried Keller wurde deshalb zum Dichter, weil er in München als Künstler gescheitert war.

Ansonsten fehlt auf der Tafel alles, was man zu Keller und München erzählen könnte, und das ist eine Menge. Denn in Briefen an seine Mutter hat er regelmäßig von seinem Leben an der Isar berichtet, und zudem gibt es auch noch eine frühe Biografie über ihn, die freilich auch die Münchner Zeit berücksichtigt.

Nachlesen kann man darin etwa, wie der schüchterne Keller einmal im Kunstverein den leutseligen König (Ludwig I.) reinkommen hat sehen, wie er sich dann fluchtartig in die hinteren Räume begab. Wo aber der König dann auch noch reinschaute und ihn, der jetzt so tat, als sei er ganz vertieft in die ausgestellte Kunst, auch gleich ansprach: »Auch Künstler?« »Ja, Majestät«, antwortete Keller brav. Am nächsten Tag sollen sich die beiden, ist überliefert, gleich wieder über den Weg gelaufen sein, diesmal auf der Schwanthalerstraße. Anscheinend klopfte jetzt der Monarch dem scheuen Wahlmünchner im Vorbeigehen auf die Schulter und sagte dabei: »Haben uns auch schon gesehen [...].«

Für solche Anekdoten ist auf einer Gedenktafel freilich kein Platz. Unbedingt erwähnen sollen hätte man auf der Plakette aber schon, dass Keller in München bettelarm war. Er krebste die ganze Zeit am Existenzminimum herum, gewöhnte sich irgendwann, einfach, um zu sparen, das Frühstücken ab. Einmal blieb er zwei Tage im Bett, um nicht essen zu müssen.

Seine Mutter lieh sich Geld, um ihn wenigstens ein bisschen unterstützen zu können, während er hier, das wäre auch wichtig gewesen zu vermerken, sein malerisches Hauptwerk, die »Heroische Landschaft«, auf die Leinwand tupfte. Er schickte das Bild dann nach Zürich, wo es ausgestellt werden sollte – aber reichlich demoliert ankam. Keller hatte einfach auch Pech in seinem ersten Künstlerleben – Künstlerpech eben.

Dabei hatte er beste Vorsätze mitgebracht, hier, an der Isar, im von ihm so bezeichneten »gelobten Land«, seinen Platz zu finden. Am dritten Tag nach seiner Ankunft, am 18. Mai 1840, schrieb er der Mutter, er würde schon ein paar Künstler kennen, die alle irgendwie über die Runden kämen. Erster Eindruck ansonsten von den Münchnerinnen: »[...] nur die Weibsbilder von der bürgerlichen Klasse sind ungemein roh. Sie fluchen und schimpfen wie bei uns die Stallknechte und sitzen alle Abend in der Kneipe und saufen Bier. Sogar die nobelsten Damen gehen ins Kaffeehaus und trinken da – nicht Kaffee, sondern so zum Spaß eine Maß Bier bis zwei.«

Gottfried Keller, der meist eine Art schwarzes Cape trug und ein Barett auf dem Kopf, war eher klein und verträumt, aber er war auch ein gewitzter Mensch, der vor Ideen nur so sprühte. Die Schweizer, in deren Kreisen er in München aufgenommen wurde, machten ihn schnell zum Redakteur ihrer Kneipzeitung. Mit einem von ihnen traf er sich täglich. Und irgendwann trat er dann auch aus rein taktischen Überlegungen dem Kunstverein bei. Obwohl er sich den Jahresbeitrag von 12 Gulden, der so hoch war wie drei Monatsmieten, buchstäblich vom Mund absparen musste.

Dann fand die Begegnung mit dem König statt, dann verkohlte ihm ein Bild, das er im Kunstverein hätte zeigen können und das er zum Trocknen an den Ofen gelehnt hatte. Schließlich bekam er auch noch Typhus, und die Medikamente, die er brauchte, fraßen das Ersparte auf. Um an Geld zu kommen, lackierte er mal Fahnenstangen im Akkord für irgendeine Wittelsbacher-Hochzeit, mal brachte er seine Flöte zum Trödler und spielte dem, ehe er die Flöte abtrat, noch eine Arie vor. Seiner Mutter schrieb er trotzig, er wolle lieber »Katzen fressen« als die Zelte in München vorzeitig abzubrechen. Seine Freunde nannten ihn »Strabo«, den Schielenden.

Irgendwann gab er dann doch auf. »Als gegen Herbst 1842 die Not aufs höchste gestiegen war, wurde der stolze Maler mürbe«, schrieb sein Biograf Jakob Baechtold. Um sich überhaupt das Zugticket leisten zu können, musste er jedoch seine »ganze Künstlerhabe« versetzen, seine Skizzen, die Aquarelle.

Noch im selben Winter 1842 mietete er in Zürich ein Atelier. Aber in dem malte er schon nicht mehr, sondern er brauchte Papier, um darauf zu schreiben. Man könnte auch sagen: Gottfried Keller malte jetzt mit Worten, und die Palette, die ihm dabei zur Verfügung stand, enthielt viele warme Farben. Er schrieb über München. Über einen Künstler in München, über einen Künstler, der in München scheitert, er schrieb über sich. Sein Held Heinrich Lee harrt allerdings länger aus in der Stadt als er, nämlich sieben Jahre – und reißt am Ende die Mama mit ins Verderben. Der »Grüne Heinrich«, bestehend aus vier Bänden, ist einer der bedeutendsten Bildungsromane der deutschsprachigen Literatur. Eine der schönsten München-Passagen spielt an Ostern: »Aus Kirchen und mächtigen Schenkhäusern erscholl Musik, Geläute, Glocken- und Harfenspiel; […] schöne und fratzenhafte Künstlergestalten gingen scharenweis vorüber, Studenten in Schnürröcken und silbergestickten Mützen kamen daher […]; alte dicke Weiber verbeugten sich vor dünnen schwarzen Mönchen, welche zahlreich umhergingen; unter offenen Hausfluren saßen wohlgenährte Spießbürger hinter gebratenen Gänsen und mächtigen Krügen und genossen den lauen Frühlingsabend; […]. Es war ein unendliches Gesumme überall.«

Gottfried Keller (1819–1890) ist in Zürich geboren und gestorben. Der »ungezogene Lyriker«, wie er sich selbst bezeichnete, lebte von Mai 1840 bis Herbst 1842 in München. Seine Mutter verkaufte später sogar ihr Haus, um ihm finanziell aushelfen zu können. In der Liebe hatte er notorisch Pech, irgendwann stellte er traurig fest: »Ich bin […] ein kleiner dicker Kerl, der abends 9 Uhr ins Wirtshaus und um Mitternacht zu Bette geht als alter Junggeselle.« Nach München kehrte er nur einmal zurück, 1874, und auch nur, weil der Zug, von Wien kommend, eine Panne hatte. Er blieb eine Nacht. Am »Grünen Heinrich« arbeitete er Jahrzehnte, es gibt eine erste und eine zweite Fassung. Die Plakette ist das Geschenk einer Bank in Zürich, sie wurde 2002 angebracht.

Franz Lachner

Aus Liebe zu den Tonwerken

Franz Lachner war: Schubert-Freund. Wagner-Gegner. Selbst Spross einer Musikerfamilie. Komponist. Am meisten geleistet hat er jedoch als Dirigent, als Hofkapellmeister und Generalmusikdirektor der Münchner Hofoper, der er von 1836 bis 1865 gewesen ist. Fachleute sagen, er habe überhaupt den Ruf der Musikstadt München begründet. Mit dem war es nämlich vor Lachner nicht so weit her.

Der Mann mit den dunklen Haaren und den dunklen Augen und der langen, schmalen Nase wurde im schwäbischen Rain am Lech geboren, 1803 – in eine Familie hinein mit 14 Kindern. Der Vater war Organist der Stadt, nebenher verdiente er Geld mit Uhrmacherarbeiten. Sobald die Kinder fünf Jahre alt waren, wurden sie vom Vater in Musik unterrichtet, »mit unerbittlicher Strenge […] vom Morgen bis zum Abend«, wie Vinzenz Lachner, jüngerer Bruder von Franz, der auch Musiker wurde, berichtete.

Auf der Plakette, die an Franz Lachner erinnert und angebracht ist an dem Haus, in dem er starb in der Graggenau, steht, dass er ein »Meister der Tonkunst« gewesen sei. Und das stimmt ja auch. Was nicht erwähnt wird, ist, dass, wie so vielen Künstlern es auch ihm in München, wohin er 1822 gegangen war nach dem Tod des Vaters, ohne das Gymnasium in Neuburg an der Donau beendet zu haben, zunächst nicht leicht gemacht wurde. Ein gutes Jahr tat er alles, um eine Festanstellung zu bekommen, heuerte beim Isartortheater an als Cellist, Kontrabassist, Geiger und Hornist, wirkte außerdem als Organist in der Dreifaltigkeitskirche. Nichts kam dabei heraus.

Dann? Wechselte er die Wirkungsstätte und ging nach Wien. Wo er mehr oder weniger im Handumdrehen angestellt wurde als Organist der Lutherischen Stadtkirche, nachdem Antonio Salieri und Abbé Stadtler ihn spielen gehört hatten. Zusätzlich wurde er Kapellmeister am Theater am Kärntnertor, und mit dem »Künstlerverein« gründete er einen Vorläufer der Wiener Philharmoniker. Er lernte Beethoven noch kennen, gehörte zum Freundeskreis um Schubert, und auch mit dem Maler Moritz von Schwind freundete er sich an.

1836 ging er über den Umweg Mannheim nach München zurück, man hatte ihm dann doch den Job des Hofkapellmeisters angeboten. Lachner brachte, wie klingt, was man über ihn lesen kann, das 82-köpfige Orchester erstmal auf Vordermann. Probte viel, wenn nicht ständig, holte junge Musiker, beste Solisten, und wenn bislang das Interesse der Münchner an Beethovens »Fidelio« eher mau gewesen war – dann änderte sich das jetzt.

Mit »funkelndem Auge«, wie ihm nachgesagt wurde, und großer Präzision spornte er seine Musiker zu besseren Leistungen an. Bei Beethoven war, heißt es, sein Dirigat besonders lebendig, seine Interpretationen des Wiener Kollegen wurden berühmt. Lachner nahm auch Verdi und Gounod auf in seinen Spielplan, und 1842 führte er im katholischen München erstmals Johann Sebastian Bachs »Matthäuspassion« auf. Wutanfälle, hieß es im Festvortrag anlässlich seines 100. Geburtstags augenzwinkernd, habe er stets ausschließlich »aus Liebe zu den Tonwerken« gehabt.

Derweil hielt er von Wagner weniger. Der streitbare Komponist sei, fand Lachner, ein »aufgeblasener Hansdampf, der keine acht Takte in logischen Zusammenhang bringen kann«. Aber die Münchner Erstaufführung des »Tannhäuser« leitete er dann doch. 1855 war das, und drei Jahre später dirigierte er auch noch den »Lohengrin« und studierte den »Fliegenden Holländer« mit seinen Musikern ein. Auch Wagner hatte ihn schon mal als »vollständigen Esel und Lump« beschimpft, er musste aber seinerseits zugeben: »Von den Erfolgen des hochverdineten Generalmusikdirektors muss ich vorteilhaft denken […].«

Dann war es nicht mehr weit dahin, dass, nachdem die Wiener Philharmoniker das Weiterproben an »Tristan und Isolde« mit der schwierigen Partitur aufgegeben hatten, Lachner das Ganze übernahm. Die Uraufführung der Oper, die für die Wiener unspielbar gewesen war, dirigierte dann aber schon Hans von Bülow.

Als Wagner der Haus- und Hofmusiker von König Ludwig II. wurde, zog sich Lachner zurück – nachdem er 1868, mit 65 Jahren, nochmals »Die Stumme von Portici« von Daniel-François-Esprit Auber aufgeführt hatte. Die 22 Jahre, die ihm noch blieben, verbrachte er damit, zu tun, was er am Zweitbesten konnte: selbst zu komponieren.

Auch im fortgeschrittenen Alter bewahrte sich Lachner, wie Engelbert Humperdinck, einer seiner Schüler, bemerkte, »ungetrübte Heiterkeit«, auch »derbere Späße« schreckten ihn nicht. Er war ein Greis mit blauen Augen und Silberlocken, der auftrat wie ein zweiter Papa Haydn, auch die einfachen Leute mochten ihn. Von Autoritäten ließ er sich weiterhin nicht beeindrucken, vom Dogma der Unfehlbarkeit des Papstes etwa, 1870 formuliert beim Ersten Vatikanischen Konzil, hielt er nichts.

Franz Lachner, Jahrgang 1803, lebte und wirkte von 1822 bis 1823 und ab 1836 bis zu seinem Tod 1890 in München. Er war der erste Musiker, dem die Münchner Ehrenbürgerwürde verliehen wurde – dass er Ehrenbürger war, steht auch auf dem Schild. Obwohl das Komponieren nur sein zweitgrößtes Talent war, hinterließ er Hunderte Werke aller Gattungen. In Rain am Lech gibt es ein Gebrüder-Lachner-Museum, das die ganze Musikerfamilie vorstellt: https://museen.de/gebrueder-lachner-museum-rain-am-lech.html

Orlando di Lasso

Der Musiker, der Gewitter vertreiben konnte

Orlando di Lasso, 1530 oder 1532 geboren im heutigen Belgien als Orlandus Lassus oder Roland beziehungsweise Orlande de Lassus, war der berühmteste Komponist und Kapellmeister der Renaissance. Er war hochgebildet, ein polyglotter Mensch, der irgendwann seinen Namen italianisierte, wurde umworben von den europäischen Fürstenhäusern – und ist doch im kleinen München geblieben, wohin es ihn 1556 fast ein wenig zufällig verschlagen hatte. Ein Glücksfall.

Das steht nun so nicht auf der Plakette, die 400 Jahre nach seinem Tod, also eher spät, von der Theatergemeinde für ihn angebracht wurde an einem der zwei Häuser am Platzl, in die er einen Teil seines beträchtlichen Vermögens investiert hatte. Es fehlt auf der Tafel auch der Hinweis darauf, dass München, das ja als Musikstadt noch keinerlei Bedeutung hatte, für ihn erst mal eine Verlegenheitslösung gewesen ist. Dass er sich immer wieder mit dem Gedanken trug, eines der vielen Angebote, die ihn ständig erreichten, anzunehmen. Und wegzugehen. Was seine Dienstherren auch ständig befürchteten.

Und, auch das hat man lieber nicht vermerkt auf dem Erinnerungsschild zu seinen Ehren: Dass er dann 1594, egal wie gut und wie berühmt er war, in München auf der Liste derer landete, die entlassen werden sollten, der Hof hatte wieder mal überhaupt kein Geld mehr. Dazu kam es dann aber nicht, denn Orlando di Lasso hat es vorgezogen, vorher zu sterben.

Vermittelt hatte den damals schon wegen seiner 1555 in Venedig gedruckten Madrigale hochberühmten Musiker Johann Jakob Fugger, und zwar in Antwerpen. Wo Orlando di Lasso nach bewegten Lehr- und Wanderjahren, die ihn mit 14 (vielleicht auch schon mit 12, sein Geburtsdatum ist nicht gesichert) nach Sizilien und ins Italien der Hochrenaissance geführt hatten und schließlich nach England brachten, irgendwie gestrandet war. Er hätte sich jetzt als freischaffender Künstler durchschlagen müssen – was ein absolutes Novum gewesen wäre. Als dann das Angebot kam, in München als Tenorsänger und Komponist mit festem Gehalt anzufangen, war das natürlich verlockend.

Sieben Jahre später, 1563, wurde Orlando di Lasso hier Hofkapellmeister. Er war im Vorjahr mit Herzog Albrecht, dem Kunstsinnigen, zur Krönung von Maximilian II. zum König von Böhmen nach Prag gereist, außerdem zur Kaiserkrönung nach Aachen. Er komponierte unheimlich viel, und es gibt Berichte, denen zufolge ihm Albrecht nicht erlaubt haben soll zu tun, was er immer schon gemacht hatte: die Kompositionen nämlich auch zu veröffentlichen. Jedenfalls die sieben »Bußpsalmen«, die Orlando di Lasso ihm geschrieben hatte, deren Originale dann von Hofmaler Hans Mielich illustriert worden sind, verwahrte Albrecht in seiner Kunstkammer. Im Schnitt kam dann aber trotzdem zwischen 1555 und 1594 jeden Monat eine Sammlung mit neuen Werken des umtriebigen, geschäftstüchtigen Komponisten heraus.

Orlando di Lasso sprach mehrere Sprachen und war allerbestens vernetzt. Wenn er sich auch nicht abwerben ließ von den Höfen in Frankreich und Wien, so reiste er doch viel umher, auch, um nun seinerseits gute Musiker für die Münchner Arbeitgeber zu entdecken und an die Isar zu locken. Musikalisch war er ohnehin unerreicht, er beherrschte alle zeitgenössischen Gattungen, Messen und Hymnen ebenso wie Madrigale (weltliche Komposition mit italienischem Text) und Motetten (geistliche Komposition, lateinischer Text), und er verstand es, auch die Grenzen zwischen den Gattungen geschickt aufzubrechen.

Orlando di Lasso, 1530 oder 1532 in Mons im niederländischen Hennegau, heute Belgien, geboren, aus einfachen Verhältnissen stammend, traf 1556 am Münchner Hof ein und blieb in der Stadt bis zu seinem Tod 1594. Er schuf in seinem Musikerleben 1350 Werke, deren Herausgabe Generationen von Musikwissenschaftlern beschäftigte. Wikipedia schreibt über ihn den lustigen Satz: »Dem Unverstand seiner bayerischen Dienstherren gegenüber wusste er seine geistige Überlegenheit geschickt einzusetzen.« Ihm ist ein Bronzestandbild am Promenadeplatz gewidmet, gegossen von Ferdinand von Miller.

Sein Zeitgenosse Samuel Quickelberg, der schon 1566, also noch zu seinen Lebzeiten, eine Biografie des Musikers verfasste, schrieb, Orlando di Lasso sei »durch seine lieblichen Kompositionen, freundliche Gebärden, gute Schimpfpossen und vieler Sprachen Erfahrung dem Fürsten sehr lieb gewesen«. In allen Kirchen, an allen Höfen würden »Compositionen und neüwe lieder« zur Aufführung gebracht. Sehr lieb war der Kapellmeister auch dem Sohn von Albrecht, dem späteren Wilhelm V., dem Frommen. Mit dem und für ihn erfand er eine ureigene Mischung aus Französisch, Spanisch und Latein, und einmal ließ er ihm den schon fast Mozart-tauglichen Reim zukommen: »Wenn's mir dann im Gedärme kracht, nehm jeder seine Nas' in Acht.«

In München wurde, was es hier zu feiern gab, durch seine Musik geadelt. Orlando di Lasso untermalte die jeweils aufwendig inszenierten Fronleichnamsprozessionen musikalisch, man sagt ihm sogar nach, es sei ihm einmal gelungen, 1584 nämlich, mit einer seiner Kompositionen ein Unwetter abzuwenden. Und natürlich hatte er auch einige Werke beigesteuert, als am 22. Februar 1568 »sein« Prinz Wilhelm Renata von Lothringen heiratete. Die Feierlichkeiten zogen sich über Wochen hin, enthielten Ritterturniere, Tanz, viel Pomp – und eben auch mehrere, von di Lasso eigens komponierte Fest- und Huldigungsmotetten und auch Madrigalkomödien, Vorformen der Oper.

Das Verhältnis zu Wilhelm, der bis 1597 regierte, blieb weiter bestens. Orlando di Lasso, der selbst im Alter auch zu frömmeln begann, begleitete den Fürsten, für den er früher so lustige Reime gedichtet hatte, 1581 auch auf eine Wallfahrt nach Altötting. Im Gegenzug sorgte dann Wilhelm dafür, dass seine Messen, Offizien, Lesungen, Magnificats in einigen großformatigen Chorbüchern aufgelegt worden sind.

Orlando di Lasso, fleißig und geschäftstüchtig wie er war, hatte in München nicht nur die beiden Häuser am Platzl erworben, sondern auch noch ein ländliches Anwesen in Schöngeising, außerdem Besitz in Putzbrunn.

Hans Mielich

Fleischiger Ligsalz, Hofnarr mit Löwe

Die meisten Gedenkplatten in München erinnern natürlich an Persönlichkeiten, die im 19. und 20. Jahrhundert gewirkt haben. Vier der dermaßen Geehrten haben im 16. Jahrhundert und früher gelebt – neben dem großen Denker William von Occam, dem Baumeister Jörg von Halsbach und dem Musiker Orlando di Lasso ist das der Künstler Hans Mielich. Der, Mielich, wurde 1516 geboren, zu einer Zeit, in der Wilhelm IV., der Standhafte, in Bayern regierte, der sein Herzogtum begriff als Bollwerk gegen die Reformation. 1550, als Mielich 34 Jahre war, übernahm Wilhelms Sohn Albrecht V., der Großmütige, die Regierungsgeschäfte. Mielich wurde sein Hofmaler, den er förderte, und angeblich waren die beiden sogar befreundet.

Auf den ersten Porträts, die Mielich von seinem Brotgeber malte, hat Albrecht noch einen, wie es aussieht, sorgsam gestutzten Bart. Der war dann zwischendurch, wie auf den großen Bildnissen zu sehen ist, die Mielich später anfertigte vom Herzog, ganz schön lang. Und irgendwann hatte der Herrscher dann nur noch einen Dreitagebart.

Auf der Gedenkplatte, die an Mielich seit 2010 erinnert und die an der Theatinerstraße 9 angebracht ist, dem Haus, in dem er bis zu seinem Tod gelebt und gearbeitet hat und das ihm auch gehörte, steht, der Künstler sei in München Stadt- und Hofmaler gewesen. Das ist sicher richtig – allerdings leicht untertrieben. Denn Mielich war zu seiner Zeit der bedeutendste Porträtmaler Münchens und überhaupt auch der herausragendste Künstler im süddeutschen Raum. Seine Gemälde hängen heute in Museen auf der ganzen Welt. Er hat mehrfach die Kreuzigung Christi auf der Leinwand inszeniert und allein vom Licht her sind diese Bilder unheimlich toll.

Komplett unter den Tisch fällt auf der Plakette aber noch etwas, nämlich, dass Mielich, wie soll man sagen, nur mehr oder weniger aus Zufall nicht weltberühmt geworden ist. Das Zeug dazu hätte er gehabt, und auch die entsprechenden Arbeiten – die kostbaren Miniaturen nämlich, mit denen er im Auftrag Herzog Albrechts die »Sieben Bußpsalmen mit der Motette Laudes Domini«, die wiederum Orlando di Lasso für den Hof komponiert hatte, versehen hatte. Blöderweise bekam nur kaum wer die Arbeiten zu sehen, denn kaum fertiggestellt, wurden sie in einer mehrfach verschlossenen Eisenkiste verwahrt, vermutlich, um sie vor Zerstörung unter anderem im Dreißigjährigen Krieg zu schützen. Und irgendwann waren sie dann halt vergessen, aufgetaucht sind sie zufällig wieder, »beim Durchsuchen unbeachteter Gelasse im Schloß«, wie der italienische Gelehrte Giovanni Ludovico Bianconi, der damals in Bayern war und das Ganze mitkriegte, staunend nach Hause schrieb. Zu der Zeit freilich war Mielich schon gut 150 Jahre tot.

Der große Künstler, auch Muelich oder Müelich genannt, dessen Vater Wolfgang »Zentz« Mielich auch schon Maler gewesen war und der auch als erstes beim Vater gelernt hatte, begann seine Karriere in einem Moment, in dem die bislang größten deutschen Kunstschaffenden den Zenit bereits überschritten hatten. Albrecht Dürer, Albrecht Altdorfer, Hans Holbein der Ältere, Barthel Beham – sie alle starben, ehe Mielich 24 war.

Mielich war als junger Erwachsener nach Regensburg gegangen und dort fünf Jahre geblieben. Er lernte Albrecht Altdorfer noch kennen, arbeitete wohl auch bei ihm und dürfte insgesamt dessen Kunst nur so aufgesaugt haben. Mit Aufträgen wurde auch er selbst schnell betraut, in Regensburg etwa damit, den Inneren Rat der Stadt während einer

Sitzung im Rathaus zu malen. Zweimal reiste er in den 1540er- und 1550er-Jahren nach Italien, das erste Mal noch im Auftrag Wilhelms IV., um die frühen italienischen Manieristen zu studieren. Beim zweiten Italienaufenthalt besuchte er auch, das ist verbrieft, das Atelier von Tizian. Ob er den Kollegen, von dem das berühmte Porträt von Karl V. stammt, auch persönlich kennenlernte, ist nicht bekannt. Das Gleiche gilt für Tintoretto, mit dessen Kunst sich Mielich auf jeden Fall befasst hat.

1543, ein Jahr nach dem Tod seines Vaters, dessen Werkstatt er übernahm, war er Meister und wurde in die Münchner Malerzunft aufgenommen. Der stand er 1558 und 1563 auch vor. Mielich wurde auch in München schnell eine Kapazität. Rund 100 Patrizier hat er wohl porträtiert, wobei er seinen Modellen nicht zu schmeicheln versuchte. Bekannt ist etwa sein Bild vom fülligen Sebastian Ligsalz, wie der die fleischige Hand auf seinen Geldgürtel legt. Auch die Frauen der gehobenen Gesellschaft mit ihren Leinenhauben idealisierte er nicht. Aber er bildete nicht nur die Reichen mitsamt ihrem Reichtum ab und manchmal auch flankiert von einem wilden Tier; sondern er malte auch mal den »Hofnarren Mertl Witz« – mit Schmuck behängt, einen Löwen über der Schulter.

Natürlich übersetzte Hans Mielich zahlreiche christliche Motive auf die Leinwand (rund 40 Gemälde), außerdem arbeitete er viel für den Hof. Er porträtierte auch Albrechts Frau Anna von Österreich, malte beide, Albrecht und Anna, zusammen für Annas »Kleinodienbuch« beim Schachspielen, außerdem in Albrechts Auftrag auch den Vater, Wilhelm IV. Außerhalb der Stadt bekam Mielich ebenso Aufträge: Für das Liebfrauenmüster in Ingolstadt entwarf er 90 Einzelbilder für den Hochaltar, ein Hauptwerk seiner späten Schaffenszeit, gleichzeitig auch ein Hauptwerk der Gegenreformation.

Mielich wusste im Übrigen durchaus, was seine Arbeit wert war. Als er 1552 damit betraut wurde, die neue Schreiberei in München auszumalen, was er dann auch aufs Schönste machte mit Löwenköpfen, Porträts und Blumenvasen, Kanephoren und Götterfiguren der Mythologie, verlangte er für den ersten Arbeitsabschnitt 112 Gulden. Das war fast ein Zehntel dessen, was das ganze Gebäude gekostet hatte. Bezahlt wurden ihm dann nur 101 Gulden, wobei »der ain gulden« als »trinckhgelt« gedacht war. Den Rest der Arbeiten erledigte im Auftrag des Magistrats dann Michel Ölgast, der anscheinend weniger verlangte.

An mangelndem Selbstbewusstsein dürfte Mielich also nicht gelitten haben. Was sich auch darin zeigt, dass er sich 1548 selbst in sein Bild »Gastmahl im Freien« hineingesetzt hat, stolz und in höfischer Tracht, mit Barrett und umgeschnalltem Papier. Das Bild, von den Nationalsozialisten beschlagnahmt fürs geplante »Führermuseum« in Linz, 1948 restituiert, hängt in einem Kunstmuseum in Hartfort, Connecticut.

Hans Mielich, 1516 in München geboren, starb auch in der Stadt – 1573. Von 1536 bis 1541 lebte er in Regensburg, anschließend war er zweimal in Italien. Sein Bild des »Hofnarren Mertl« hängt im Bayerischen Nationalmuseum, dort finden sich noch drei weitere Werke des Künstlers. Die illustrierten Bußpsalmen liegen im Tresor der Bayerischen Staatsbibliothek. Mielich ist außerdem mit einigen Gemälden in der Alten Pinakothek vertreten. Arbeiten von ihm hängen auch im Lenbachhaus und im Diözesanmuseum Freising.

Maximilian Joseph Graf von Montgelas

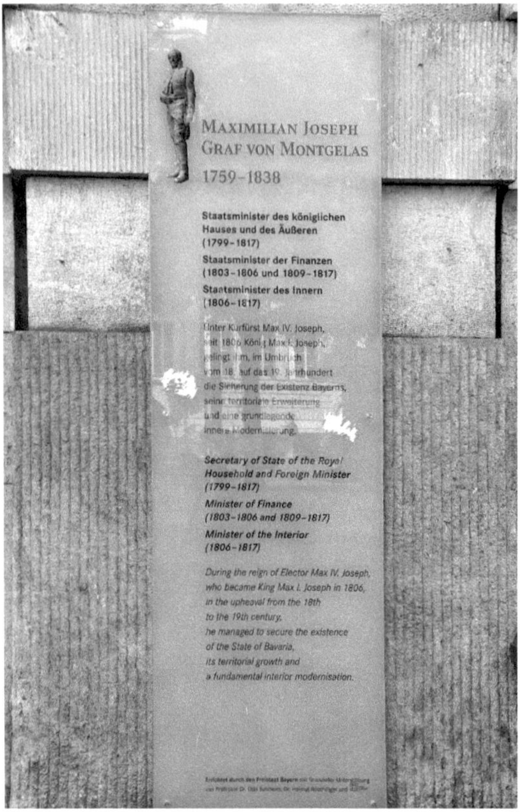

Superminister

Maximilian von Montgelas ist der Begründer des modernen Bayern. 18 Jahre hat er Bayern regiert und er vereinte dabei eine unheimliche Machtfülle auf sich – am Ende hatte er drei Ministerien inne, das Außen-, das Finanz- und auch noch das Innenministerium. Er gehört zu den sehr wenigen Politikern in München, denen hier eine Plakette gewidmet ist. Vielleicht eine späte Wiedergutmachung dafür, dass er 1817 auf eher unnette Art und recht überraschend entlassen worden war von König Max I. Joseph, der ja sein Königtum eigentlich ihm zu verdanken hatte.

Montgelas ist dann noch auf einer weiteren Tafel abgebildet – in Bogenhausen, an der Mauer zu einem Grundstück, das er 1803 erwerben hatte können. Die Plakette dort zeigt ihn zusammen mit Friedrich von Sckell, dem Landschaftsgärtner und Stadtplaner, der darauf ebenfalls als »Gestalter des neuen Bayern« bezeichnet wird.

Die Tafel am Promenadeplatz ist auf Deutsch und Englisch formuliert, sie zählt alle Ämter auf, die Montgelas innehatte. Betont, dass es ihm gelang, das bayerische Territorium zu sichern und auch noch zu vergrößern, was freilich stimmt – und was insofern nicht selbstverständlich war, als damals Österreich wie Frankreich das vergleichsweise kleine Bayern eher als Verhandlungsmasse betrachteten. Montgelas hatte aber auch einen geschickten Verhandler, wie man inzwischen weiß, der hieß Carl Ernst von Gravenreuth. Nicht auf der Plakette steht hingegen, dass Montgelas, geboren in München, seine Eltern früh verloren hatte, dass er in Frankreich aufwuchs und zur Schule ging, dort die Enteignung der Jesuiten miterlebte. Die Gedanken der Aufklärung sog er in sich auf, die Französische Revolution beeindruckte ihn. Er war dann ein Verfechter der »Revolution von oben«.

Ebenso unterschlägt die Tafel, dass er schon zu Karl II. Theodors Zeiten, also unter dem Vorgänger von Max IV. Joseph, wie er noch als Kurfürst hieß, im bayerischen Staatsdienst gewesen war. Angeblich soll er im Zensurkollegium, wo er arbeitete, heimlich Schriften der Aufklärung nicht aus dem Verkehr gezogen haben. Irgendwann, als rauskam, dass er dem Illuminatenorden angehörte, was Karl Theodor nicht gefallen konnte, zog er sich zurück nach Pfalz-Zweibrücken. Kam dann wieder, als Max IV. Joseph 1799 die bayerische Regierung übernahm – dessen Berater war er schon drei Jahre zuvor geworden.

Wie rückständig Bayern damals war: Auch das lässt die Tafel dezent unter den Tisch fallen. Die Hälfte der Bevölkerung konnte nicht lesen und schreiben, ein Gesandter aus Frankreich berichtete nach Hause, Bayern sei »allgemein als die schlechteste aller schlechten Regierungen Europas anerkannt«. Was sich mit und unter Montgelas alles änderte, ist ebenso wenig Thema der Erinnerungstafel. Der spätere Dreifachminister führte die Pressefreiheit ein, schaffte Zensur und Adelsprivilegien ab, er vereinheitlichte Maße und Gewichte, garantierte die Parität der Konfessionen. 1808 brachte er Bayern eine Verfassung, die unter anderem die Freiheitsrechte der Bürger festschrieb.

Maximilian Carl Joseph Franz de Paula Hieronymus Freiherr von Montgelas (1759–1838) ist in München geboren und gestorben. Er wuchs in Frankreich auf, eine Weile hatte er sich nach Pfalz-Zweibrücken zurückgezogen. Seine Reformen hatte er schon 1796 im »Ansbacher Memoire« skizziert. Um den Deal mit Napoleon zu festigen, musste die Tochter von König Max den Stiefsohn von Napoleon heiraten. Erst wurde Schlimmes befürchtet, die beiden führten aber eine glückliche Ehe. Montgelas' Kündigung beruhte auf einer »Verschwörung«, die von Kronprinz Ludwig ausgegangen war, der den mächtigen Minister nicht leiden konnte. Montgelas hat auch ein Denkmal in München, 6,2 Meter hoch, aus Aluminium, es steht am Promenadeplatz, gegenüber der Plakette. Der Historiker und Publizist Heinrich Ritter von Lang, ein Zeitgenosse, beschrieb ihn so: »Seine Bildung und sein ganzes Äußeres war altfranzösisch. Ein gepuderter Kopf, hell von Verstande, sprühende Augen, eine lange hervorstechende krumme Nase, ein großer etwas spöttischer Mund, gaben ihm ein mephistophelisches Ansehen […].«

Aber vor allem hat er, und das hätte man wirklich berücksichtigen müssen auf der Plakette, die Säkularisation angestoßen, die Bayern in seinen Grundfesten erschütterte. Das Ganze war ein unheimlicher Raubzug, München, »das deutsche Rom«, bestand zu einem Viertel aus Kirchen und Klöstern. Allein 70 altbayerische Stifte wurden quasi enteignet, Kirchensilber wurde eingeschmolzen, viel ging verloren, die Mönche wurden zusammengezogen in Sammelklöstern. Für fromme Zeitgenossen war Montgelas ein Abgesandter der Hölle.

Das war das eine. Das andere, nicht minder radikal, war die außenpolitisch vollzogene Wendung hin zu Frankreich, die Bayern die Erhebung zum Königreich bescherte, die aber andererseits die grausame Folge hatte, dass sich bayerische Soldaten beteiligen mussten am Russlandfeldzug Napoleons. Von 35 000 Soldaten kamen nur 2000 zurück. 13 Jahre später zog Montgelas, von dem es in der »Neuen Deutschen Biographie« heißt, er habe »zwar meistens spät, aber im richtigen Moment« entschieden, rechtzeitig die Reißleine und schloss sich, ehe dann Napoleon endgültig besiegt wurde, wieder Habsburg an.

Dass er, der am Wiener Kongress nicht teilgenommen hatte, dann am 17. Februar 1817, als er krank im Bett lag und eigentlich den König, der ihm angekündigt worden war, erwartete, sein Kündigungsschreiben ausgehändigt bekam von einem Boten: auch kein Plaketteninhalt. In dem Brief hieß es leicht heuchlerisch: »Mein lieber Staatsminister Graf von Montgelas! Ich habe die Überzeugung erhalten, dass eine dauerhafte Wiederherstellung Ihrer Gesundheit Ruhe und eine gänzliche Entfernung von anstrengenden Geschäften erfordert. Ich habe deshalb beschlossen, die Ihnen anvertrauten drei Ministerien drei anderen Individuen aus Meinen ersten Staatsbeamten provisorisch zu übertragen.«

Im ersten Moment registrierte ein Beobachter, habe man Montgelas »den tiefen Eindruck des Unerwarteten dieses Schlages« angemerkt. Aber der Superminister fasste sich schnell. Verfasste ein ausführliches Rechenschaftsschreiben, in dem er seine Politik zusammenfasste und erklärte (»Compte Rendu au Roi«). Dann widmete er sich der Erziehung der vielen, insgesamt acht Kinder. Seine Frau war kurz nach seiner Entlassung gestorben. Montgelas lebte noch 21 Jahre, zurückgezogen auf seinen Gütern. Seinen Arbeitgeber, der ihn so schmählich fallen hatte lassen, überlebte er um 13 Jahre. Das Angebot, Gesandter zu werden in Paris, lehnte er ab. Der »Wegbereiter Bayerns« hatte, auch davon steht nichts auf der Gedenktafel, eine fürchterliche Sauklaue – was Forscher lange davon abgehalten hat, sich näher mit ihm zu befassen.

Wolfgang Amadeus Mozart

»Viva maestro!«

In München gibt es eine Mozart-Stele im Alten Hof, außerdem, quasi ums Eck, eine Plakette in der Burgstraße 7, wo das musikalische Genie schlechthin 1780/1781 eine Weile ein kleines Eckzimmer im zweiten Stock bewohnte und von November bis Dezember 1780 die Oper »Idomeneo« fertigschrieb. Die wurde im Januar 1781 dann auch gleich in München uraufgeführt, am Residenztheater – und bedeutete Mozarts Durchbruch als Komponist. Das steht in etwa auch so auf der Tafel. Die ihn im Halbrelief mit Rüschenhemd und Zopfperücke zeigt und den Spaziergänger auffordert, des musikalischen Wunderkinds, das, was es machte, aus dem Ärmel zu schütteln schien, zu gedenken.

Was dort freilich nicht vermerkt wurde, ist jedoch die Tatsache, dass Mozart nicht nur immer wieder nach München gekommen ist in seinem kurzen Leben, achtmal nämlich, sondern dass er sehr gern auch ganz hergezogen wäre und sich deshalb auch beworben hatte für einen Job an der Hofoper. Den man ihm aber nicht gab. Es gibt musikbegeisterte Kreise in München, die darüber noch immer nicht hinweggekommen sind, und das kann man ja auch verstehen.

In den Briefen, die Mozart, wenn er sich in München aufhielt, nach Hause schickte, klingt er viel beschäftigt und munter. Er ist froh, aus Salzburg weggekommen zu sein, wo es ihm bekanntlich weniger gut gefiel. Am 26. September 1777, als er mal wieder an der Isar weilte auf der Durchreise nach Paris, unterwegs mit seiner Mutter, bekundete er: »Ich bin immer in meinem schönsten Humor: mir ist so federleicht ums Herz, seitdem ich von dieser Chicane weg bin! Ich bin auch schon fetter […].«

Erstmals war Mozart 1762 nach München gekommen, da war er grade mal sechs Jahre alt. Er war mit den Eltern und seiner älteren Schwester, dem Nannerl, angereist, und beide Kinder gaben zusammen ein Konzert. Am Klavier, in der Residenz. Im Jahr drauf war die Familie schon wieder hier, zum Auftakt der ersten großen Europatournee, die dreieinhalb Jahre dauern würde. Diesmal spielte Mozart bei einer Hofgala im Schloss Nymphenburg, er improvisierte unter anderem auch am Klavier und auf der Geige, und das alles dauerte am Ende so lang, dass seine Schwester gar nicht mehr zum Zug gekommen ist. Die durfte dann, nachdem auch die Amalienburg und die Pagodenburg in Nymphenburg besichtigt worden waren, drei Tage später im Vorzimmer der Reichen Zimmer in der Residenz Musik machen, während Kurfürst Max III. Joseph beim Essen saß und ihm alle beim Essen zusahen (Juni 1763). Auf der Rückfahrt der Tournee, die bis nach England geführt hatte und triumphal gewesen war, machten die Mozarts erneut an der Isar Station. Wieder stand ein Konzert auf dem Fahrplan, der ja gleichzeitig immer ein Spielplan war.

Der nächste Aufenthalt fand dann Ende 1774 / Anfang 1775 statt und dauerte etwa drei Monate, Mozart war zwischenzeitlich betraut worden mit der ersten von zwei Opern, die er für den damals offenbar noch auf-

Wolfgang Amadeus Mozart, Jahrgang 1756, war achtmal in München: 1762, im Juni 1763, 1766, 1774/1775, 1777, 1778/1779, 1780/1781 und 1790. Er war ein Drittel seines Lebens auf Reisen. Sein Gesamtwerk umfasst 1060 Werke. Er starb 1791. Eine Marmorbüste von ihm steht in der Residenz, ursprünglich gefertigt für die Ruhmeshalle, wo sie aber dann nicht aufgestellt wurde, weil in der Arbeit nicht mal Stanzerl ihren Mann erkannte.

wendiger gefeierten Münchner Fasching geschrieben hat. »La finta giardinera« kam am 13. Januar 1775 zur Aufführung und war, das wäre auch eine interessante Information für die Tafel gewesen, die erste Mozart-Oper überhaupt, die auf deutschem Boden gezeigt worden ist. Im alten Hoftheater. Brief an Konstanze, seine Frau, am Tag drauf: »Erstens war das ganze Theater so gestrotzt voll, daß viele Leute wieder zurück haben müssen. Nach einer jeden Arie war allzeit ein erschröckliches Getös mit Klatschen und Viva maestro! schreien.« Und weil er schon mal hier war, spielte er noch mehrere Klavierkonzerte, und in der Hofkapelle in der Residenz wurde sein Offertorium de tempore »Misericordias Domini« aufgeführt.

Zwei Jahre später nutzte der große Komponist dann auf der Hinfahrt nach Paris die Gelegenheit, sich in München für eine Stelle zu bewerben. Am 30. September 1777 passte er deshalb Max III. Joseph, der zu der Zeit den Schuldenberg, den ihm sein Vater hinterlassen hatte, einigermaßen abgetragen hatte und schon wieder in der Lage gewesen war, das Cuvilliés-Theater zu bauen, persönlich ab. Der war auf dem Weg zum Hoftheater. Mozart diente sich ihm jetzt quasi im Vorbeigehen an, versprach ihm auch, er werde München bestimmt zur Ehre gereichen. Genau genommen sagte er: »Euer Kurfürstliche Durchlaucht erlauben, daß ich mich untertänigst zu Füßen legen und meine Dienste antragen darf.« Man schreibt es ungern, aber er bekam zur Antwort: »Ja, mein liebes Kind, es ist keine Vakatur da, mir ist leid.«

Es folgten nun: ein weiterer München-Stop auf dem Heimweg von Paris 1778/1779, dann ab November 1780, die viereinhalb Monate München in der Burgstraße, in denen er den »Idomeneo« fertig komponierte, den der mittlerweile auf Kurfürst Max III. Joseph nachgefolgte Karl II. Theodor bei ihm bestellt hatte. Mozart vertiefte sich so sehr in die Arbeit an der Partitur, dass er in einem seiner vielen munteren Briefe ankündigte: »Kopf und Hände sind mir so von dem dritten Akt voll, daß es kein Wunder wäre, wenn ich selbst zu einem dritten Akt würde« (Jänner 1781). Zur ersten Orchesterprobe war auch Karl Theodor erschienen, die Aufführung selbst fand dann im Cuvilliés-Theater statt, damals noch am Max-Joseph-Platz, und war in dem Jahr das höfische Kulturereignis schlechthin. Außerdem die einzige Vorstellung, die 1781 in Cuvilliés tollem »Opera-Hauß« über die Bühne ging.

Ein Jahr, ehe er mit nur 35 Jahren gestorben ist, längst in Wien wohnhaft, kam das größte musikalische Genie der Klassik noch einmal nach München. Spielte diesmal im Kaisersaal der Residenz, in Gegenwart auch des Königs Ferdinand IV. von Neapel und seiner Frau Maria Karolina. Während des Konzerts, vorher und nachher sowieso, wurde an Spieltischen gespielt. Im November 1790 war das. Beglückt vermeldete er an Stanzerl am 2. November 1790: »Verzeihe, wenn ich Dir nicht so viel schreibe, als ich gern möchte; Du kannst Dir aber nicht vorstellen, wie das Gereiß um mich ist.« Ein Jahr, einen Monat und drei Tage später war er tot.

Carl Spitzweg

»Kutscherln, Rösserln, Viecherln, Menscherln«

Carl Spitzweg, einer der bekanntesten Künstler Münchens, gleichzeitig einer der verkanntesten Künstler seiner Epoche, der immer weniger modern wirkte, als er in Wahrheit war, ist Münchner. In München geboren, in München gestorben. Irgendwann saß er einfach tot in seinem Sessel, er hatte einen Schlaganfall gehabt.

Die Plakette, die ihm zu Ehren 1958 angebracht wurde auf dem Jakobsplatz, ist recht ausführlich. Man kann den Text nur bei guten Lichtverhältnissen lesen, er besagt, dass Spitzweg 20 Jahre hier gewohnt hat, außerdem seine Menschlichkeit »Geist und Gemüt seiner Vaterstadt« widerspiegeln würde.

Was nicht gesagt wird auf der Plakette, ist, dass Spitzweg sein Leben lang an sich und seiner Kunst zweifelte. Dass er ja auch nur wenige von seinen Bildern verkaufen hat können. Dass er lang komplett missverstanden wurde, auch von der Forschung, und man gar nicht merkte, wie subversiv seine Gemälde auch sind. Indem sie Soldaten zeigen, die lieber stricken als ihre Kanonen zu bedienen zum Beispiel. Oder Fliegen totschlagen, statt dem Feind hinterher zu eilen.

Und es findet auf dem Schild auch keine Erwähnung, dass ausgerechnet derjenige, der dafür verantwortlich war, dass das romantische Deutschland, die Städtchen mit ihren Erkern und Brunnen, den Türmchen und Treppchen, die Spitzweg so gern malte, in Trümmer gebombt wurde, Hitler also, ein großer Fan des Malers war. Am liebsten mochte er offenbar das Bild vom »Armen Poeten«, der, damit es ihm nicht ins Bett regnete, unterm undichten Dach einen Regenschirm aufgespannt hat.

Spitzweg, hineingeboren in gutbürgerliche Verhältnisse, hätte eigentlich Apotheker werden sollen. Nach einer Apothekerlehre, die er schon gemacht, einem Pharmaziestudium, das er mit Bestnote abgeschlossen hatte, nach überstandener Typhuserkrankung, beschloss er, sich der Kunst zuzuwenden. Das war 1833, er war 25. Er hatte auch während der Lehre in Straubing schon viel gezeichnet. Und: Er konnte es sich leisten, er hatte geerbt. Die Mutter war ohnehin schon tot, seit er elf war, der Vater starb, da war er 20. Und im selben Jahr starb dann auch noch sein Bruder. Spitzweg musste unheimlich viel erleiden mit den Menschen, die er liebte. Auch eine erste Frau, die er sehr mochte, ist früh gestorben, er hat dann nicht mehr geheiratet.

Spitzweg, der Künstler des Biedermeier, hat München geliebt, aber er hat sich trotzdem immer wieder auch für längere Zeit von München entfernt. Er war mitnichten ein engstirniger Lokalpatriot, eher ein Kosmopolit, der in Paris viel von den Landschaftsmalern der Schule von Barbizon lernte. Weitere Reisen führten ihn nach Venedig und Dalmatien, London (zur ersten Weltausstellung) und Antwerpen, Frankfurt und Heidelberg, eine Zeit lang wohnte er auch in Dießen am Ammersee.

1500 Zeichnungen und Bilder hat Carl Spitzweg in seinem langen Künstlerleben geschaffen. Gerade mal 400 davon konnte er verkaufen. Er galt als kauzig und bieder, kleinbürgerlich im Humor, es wurde gern übersehen, dass er die Protagonisten seiner Bilder jeweils balancieren ließ auf dem schmalen Grat zwischen Lächerlichkeit und großem Ernst.

Bei ihm sausen Schmetterlingsjäger Insekten hinterher, die viel zu groß sind für ihre kleinen Käscher. Und Jäger verewigte er auf der Leinwand, die beim Jagen ausgerutscht sind und erst mal die vom Kopf gerutschte Perücke wiederfinden müssen.

Die Farben, mit denen Spitzweg malte, konnte er übrigens selbst herstellen, mit Chemie kannte er sich ja aus seit der Apothekerlehre. Das unübertroffene, hell leuchtende Blau ist eins seiner Markenzeichen. Er schrieb auch Gedichte und stellte Teemischungen her.

Einer seiner größeren Erfolge war vielleicht, dass 1839 der »Arme Poet« ausgestellt worden ist vom Münchner Kunstverein am Hofgarten, wirklich verstanden wurde die Ironie im Bild aber nicht. Das Gemälde, das es in mehreren Ausführungen gibt, ist heute, neben etwa 30 weiteren Arbeiten des Künstlers, im Besitz der Bayerischen Staatsgemäldesammlungen.

Trotz allem blieb München, die Stadt, die nicht in der Lage war, ihm seine Selbstzweifel zu nehmen, sein »glücklicher Winkel«, wie er mal sagte. Und wenn er von seiner Wohnung in der Dienerstraße 9, vierter Stock, in die er 1833 gezogen war, herunterschaute, dann genoss er den Blick auf das »Marionettentheater«, das sich da vor ihm »aufschlug« und das bespielt worden ist von »Kutscherln und Rösserln, Viecherln und Menscherln«, die alle »graphitätisch durcheinander spazieren«.

Spitzweg hat in München übrigens noch eine zweite Plakette in der Rosenstraße 5, am sogenannten Schuster-Haus. Dort hatte sein Bruder eine Musikalienhandlung, in der auch er öfter vorbeischaute.

Carl Spitzweg (1808–1885) ist in München geboren und gestorben. Rund 100 Jahre nach seinem Tod machte er recht kurz hintereinander noch zweimal spektakuläre Schlagzeilen. In Berlin hatte 1976 ein bis dahin unbekannter Künstler, Ulay, die Erstfassung des »Armen Poeten« aus der Nationalgalerie entwendet, für ein Kunstprojekt. Er brachte das Bild zu einer türkischen Familie und hängte es dort im Wohnzimmer auf, filmte das Ganze und brachte das Gemälde zurück. Irrwitzigerweise wurde Spitzwegs berühmtestes Bild 1989 dann noch einmal aus Schloss Charlottenburg gestohlen – und ist nie wieder aufgetaucht. Spitzweg ist mit einer Büste auch in der Ruhmeshalle vertreten.

Fjodor Iwanowitsch Tjutschew

Dichter und Diplomat

Der russische Dichter und Diplomat Fjodor Iwanowitsch Tjutschew muss einem schon allein deswegen sympathisch sein, weil er seinerzeit, als es darum ging, ob Heinrich Heine den Lehrstuhl für Literatur bekommt in München, sich als einer der wenigen für Heine eingesetzt hat. Weshalb es nur schön und richtig ist, dass im Finanzgarten sein Denkmal neben dem von Heine steht. Aber ihm ist auch eine Gedenkplatte in München gewidmet, und zwar in der Herzogspitalstraße, wo er immerhin 20 Jahre seines Lebens verbracht hat. Hausnummer 12.

Freundlicherweise bezeichnet ihn die auch auf Russisch formulierte Plakette als »hervorragenden Dichter und Diplomaten«, und das war er ja auch. Mit seinem Witz stand er Heine in nicht viel nach.

Auch Friedrich Schelling, das wird jetzt wieder nicht erwähnt auf der Tafel, dessen Vorlesungen er gehört hatte, äußerte sich anerkennend über ihn. Und Goethe, und das heißt schon was, empfing ihn mit besonderer Höflichkeit, wie Eckermann notiert hatte, in Weimar. Das heißt auch deshalb was, weil Goethe auch mal mit Heine zusammengetroffen war, und Heine ihn bei dem Treffen als äußerst frostig empfand. Der Geheimrat war nicht immer nett.

Fjodor Iwanowitsch Tjutschew, ein Mann mit feinen Gesichtszügen, Nickelbrille, hoher Stirn und leicht wirren Haaren, verteilte seine 20 München-Jahre auf zwei Portionen, die erste Zeit dauerte von 1822 bis 1837, er war hier als Gesandter des Außenministeriums St. Petersburg. In der Zeit heiratete er, und zwar heiratete er eine Frau Peterson, geborene Gräfin Bothmer, mit der er drei Töchter bekam – und was ihn mit dem deutschen Dichter Friedrich Franz von Maltitz verschwägerte.

1837 verließ er die Stadt, um Sekretär der russischen Gesandtschaft in Turin zu werden. In Turin starb seine Frau, und überhaupt gefiel es ihm nicht so gut dort, und er kehrte 1839 an die Isar zurück. Was ein Fakt ist, der sich natürlich auf jeder Platte gut gemacht hätte, aber er wurde nicht berücksichtigt. Jetzt hängte er nochmal fünf Jahre München dran, wobei er nicht mehr arbeitete, von der diplomatischen Laufbahn hatte er sich verabschiedet. Dann kehrte er nach Russland zurück. Wo er wieder heiratete, lustigerweise nun die Baronesse Pfeffel, die der bayerischen Aristokratie zuzurechnen war.

Tjutschew hat sich nicht nur für Heine eingesetzt, sondern er übersetzte auch viele seiner Gedichte. Ebenso übertrug er Werke von Goethe und Schiller ins Russische. In München verkehrte er mit vielen Gelehrten, unter anderem mit dem Historiker Jakob Philipp Fallmerayer, der 1848 Joseph Görres, übrigens einer derer, die Heine bekämpft hatten, auf dem Lehrstuhl für Geschichte an der Universität in München nachfolgte, den Lehrstuhl aber nicht lang behielt. Weil er an der deutschen Nationalversammlung in der Paulskirche teilgenommen hatte, wurde er bald entlassen.

Auch bei seinen eigenen Landsleuten stand der Attaché Tjutschew hoch im Ansehen, er wurde gefördert von Puschkin und Turgenjew. Wie wichtig die Unterstützung von Tjutschew für Heine war, kann man einem Brief entnehmen, den der am 11. November 1828 an Tjutschew, einen seiner besten Freunde, schrieb. Darin heißt es unter anderem: »[…] was mich betrifft, so seien Sie überzeugt, daß ich weder an Schenk noch an Sie schriebe, wenn ich nicht möglichst rasch die Nachrichten erhalten müßte, die mich bestimmen werden, entweder in

Italien zu bleiben oder nach München zurückzukehren, was ich sofort nach Empfang meines Ernennungsdekrets tun werde.«

Was übrigens auch nicht auf der Plakette steht: Tjutschew war einer der Neugierigen / Mutigen / Abenteuerlustigen, die wenige Tage vor Inbetriebnahme der Zugstrecke München-Lochhausen, die erweitert werden sollte bis Augsburg, am 1. September 1839 schon mal ein wenig Probe fahren durften mit der Dampflok. Zwischen dem Marsfeld, wo man einen provisorischen Bahnhof aufs Feld gewürfelt hatte, und Lochhausen, damals ein Winz-Dorf. Die Fahrt dauerte 25 Minuten; dass der Bahnhof 1847 abbrannte und an den heutigen Standort verlegt wurde, bekam der Diplomat dann schon nicht mehr mit.

Es dürfte genau dieses Ereignis gewesen sein, das der Attaché im Nachgang superwitzig beschrieben hat, nämlich so: »Auf der breiten Landstraße warteten vier- bis fünftausend Menschen in tiefster Dunkelheit auf den Zug, um sich auf ihn zu werfen, sobald er auftauchte, und man war gezwungen, die Wagons im Sturm einzunehmen, weil man im Falle des Misslingens gezwungen gewesen wäre, fünf Meilen von München entfernt die Nacht unter freiem Himmel zu verbringen. Klagegeschrei, Gedränge, die Gefahr, unter die Räder zu geraten, irgendein teuflisches Feuerwerk, aus unbekanntem Grund abgefeuert. […] Das Gedränge war so groß, dass eine kleine Bucklige, die ich im Schlepptau hatte, beinahe ihren Buckel verloren hätte.«

Fjodor Iwanowitsch Tjutschew (oder auch Fedor Ivanowitsch Tjutschew) wurde 1803 in dem Dorf Owstug im Südwesten Russlands geboren. In München war er von 1822 bis 1837 und von 1839 bis 1844. Er starb 1873 in einer kleinen Stadt südlich von Sankt Petersburg, die schönerweise Puschkin heißt. 1868 erschienen seine Gedichte in St. Petersburg, die sich durch Gedankentiefe, Warmherzigkeit und Formvollendung auszeichnen. Auf seinem Denkmal im Finanzgarten steht: »Er diente Rußland als Diplomat in München und der Menschheit als Dichter und Philosoph.«

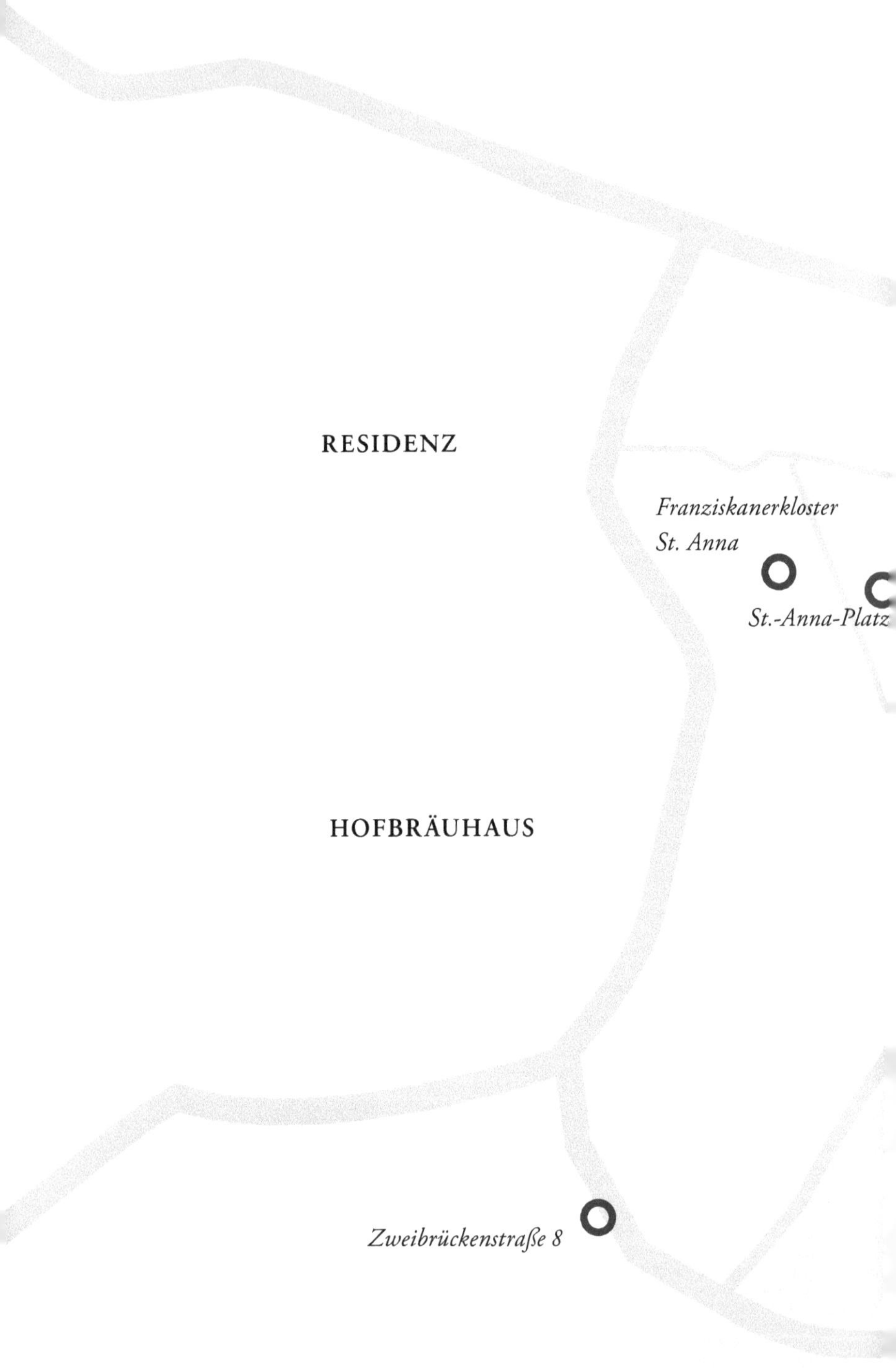
RESIDENZ
Franziskanerkloster
St. Anna
St.-Anna-Platz
HOFBRÄUHAUS
Zweibrückenstraße 8

Lehel

Gustl Bayrhammer

Der Paradebayer

Es ist natürlich nicht so, dass die Gedenktafellandschaft in einer Stadt immer gleichbleibt. Dass sich da nichts verändert. Es kommen Platten weg (seltener), und es kommen Platten hinzu (eher die Regel). Die Platte, die zuletzt in München hinzugekommen ist, erinnert an den Volksschauspieler Gustl Bayrhammer. Sie wurde initiiert von seinen beiden Enkeln, sie wurde finanziert vom bayerischen Staat, und im Mai 2023 wurde sie aufgehängt am Vorderhaus des Hinterhofs, in dem die beliebte Pumuckl-Serie gedreht worden ist, mit der Gustl Bayrhammer, wenn er es vorher nicht schon war, unsterblich geworden ist in der Rolle des Schreinermeisters Eder.

Die Plakette ist aus Messing, und sie ist ein wenig ungewöhnlich insofern, als auf ihr nicht Bayrhammer zitiert wird, um den es ja geht. Zu Wort kommt auf ihr Ministerpräsident Markus Söder, der über Bayrhammer sagt: »Bayern wird seinen großen Volksschauspieler nie vergessen.« Weil unter dem Satz auch noch das Staatswappen abgebildet wurde, blieb kaum mehr Platz für Infos über Bayrhammer. Gerade, dass noch auf die Pumuckl-Dreharbeiten verwiesen werden konnte.

Damit fällt unter den Tisch, dass Bayrhammer sich zwar auch selbst als eine Art Paradebayer verstand mit dem Schnauzbart, den er nicht nur als Meister Eder trug. Dass er es aber überhaupt nicht mochte, wenn Bayern als Seppland blöd dargestellt wurde, wenn also bayerische Klischees überstrapaziert worden sind. »Volksdümmlichen Bayern-Kitsch« konnte er nicht ausstehen, und das war dann auch der Grund dafür, dass er nach 15 Fällen, die er als erster bayerischer Kommissar Matthias Veigl, flankiert vom bierschlürfenden Dackel Oswald, gelöst hatte, aufhörte beim »Tatort«. Und den »Komödienstadl« ließ er irgendwann auch »Komödienstadl« sein.

Ebenfalls findet auf der Tafel keine Erwähnung, dass Bayrhammer, geboren 1922 in München als Kind zweier Schauspieler, sich einsetzte für Toleranz gegenüber Fremden und Asylbewerbern; Ministerpräsident Max Streibl, den Vorvorvorvorgänger von Söder, kritisierte er wegen dessen rigider Asylpolitik. »Leben und leben lassen«: sein Motto. Und, auch das wäre noch interessant gewesen: Er kämpfte dagegen an, dass München wurde, wie es jetzt ist, er wollte nicht, dass alte Häuser weggerissen werden. Auch den Abriss der Film-Schreinerwerkstatt hatte er zu verhindern versucht – vergeblich, wie man sich denken kann.

Er hatte unbedingt Schauspieler werden wollen, aber dem Vater zuliebe nach dem Wittelsbacher-Gymnasium erst eine Kaufmannsausbildung gemacht. Der Vater war als Schauspieler erst sehr erfolgreich, dann schnell vergessen gewesen. Es kam dann der Krieg, und Bayrhammer bekam es irgendwie hin, nebenher – er war Nachrichtenfunker bei der Luftwaffe – Privatunterricht bei einem Mitglied des Schillertheater-Ensembles in Berlin zu nehmen. Mit Gustav Gründgens hatte er anscheinend auch zu tun.

Nach 1945 konnte er in der Provinz anfangen zu spielen und lustigerweise war am ersten Theater in Sigmaringen, das ihn beschäftigte, auch Toni Berger engagiert, mit dem er später zusammen im »Brandner Kaspar« brillieren sollte – das Stück bot beiden quasi die Rolle ihres Lebens. Berger war der »Boandlkramer«, Bayrhammer der Petrus, 700-mal waren sie darin im Residenztheater zu erleben.

Irgendwann hatte ihn Therese Giehse irgendwo entdeckt, nach 21 Jahren in der Provinz. Sie sagte zu ihm: »Sang Se mal, Bayrhammer, wo ham Se sich denn so lang versteckt gehabt?« Sie lotste ihn an die Kammerspiele, 1966 war das, es war sein Traum gewesen. »Woaßt, mein Lebensziel war München«, hatte er mal zu seiner Frau Irmgard gesagt.

Bayrhammer blieb dem Theater treu, fand aber auch ins Fernsehen, wo er mit den bekanntesten Schauspielern die bekanntesten Serien drehte, angefangen von den »Münchner Geschichten«, über die »Polizeiinspektion I« bis zum »Königlich Bayerischen Amtsgericht«. Über seine Auftritte auf der Bühne führte er Buch, 5000 Vorstellungen wurden es insgesamt.

Und der Pumuckl? Über den kleinen Kobold mit den feuerroten Haaren, den nur der gutmütige Schreinermeister sehen kann, wurden 52 Fernsehfolgen und zwei Kinofilme gedreht. Bayrhammer war bei Drehbeginn gesundheitlich schon nicht mehr so gut beieinander, man merkt es ihm nicht an. Dass nicht nur der Klabautermann sich in die Herzen der Zuschauer gespielt hatte, sondern auch er, zeigte die Tatsache, dass ihm Münchner Kinder gern Pumuckl-Lieder auf den Anrufbeantworter sangen. Irgendwann ließ Gustl Bayrhammer, der bayerischste aller Bayern-Darsteller, von Grund auf grantig, aber herzenswarm, seine Telefonnummer bei der Auskunft streichen.

Adolf Gustav Rupprecht Maximilian Bayrhammer wurde 1922 in München geboren, er starb 1993 in Krailling. In der Burgunderstraße gibt es einen Pumuckl-Brunnen, der aber nur den Kobold abbildet. Die Plakette im Lehel zeigt eine Fotografie von beiden, vom Schreiner und dem kleinen Kerl.

Schalom Ben Chorin

Im Schatten der schlanken Türme

Schalom Ben-Chorin war Journalist, Autor und Religionswissenschaftler – und ein unermüdlicher Brückenbauer. Zwischen Christen und Juden, Deutschen und Israelis. Er ist in München geboren und aufgewachsen, 1935 emigrierte er, »dem Kompass meines Herzens folgend«, nach Palästina.

Das steht so zum Teil auf der Plakette, die 2011 an seinem Geburtshaus in der Zweibrückenstraße angebracht worden ist, zum Teil wird es aber auch nur angedeutet. Nicht erwähnt wird darauf, dass Ben-Chorin, dessen Geburtsname Fritz Rosenthal gewesen ist und der sich 1937 umbenannte, schon als Schüler des an sich liberalen Luitpold-Gymnasiums Anfeindungen als Jude ertragen musste und später mehrfach von der Gestapo verhaftet wurde. Immer wieder wurde auch seine Wohnung durchsucht, als verwahrte er in seinem Spind »Aufmarschpläne der Revolution«, wie er selbst schrieb. Ebenfalls bleibt unberücksichtigt auf der Plakette, dass er 1934 sein gerade begonnenes Studium nicht weiterführen konnte, es war ihm verboten, die Universität zu betreten.

Geboren am 20. Juli 1913 im »Haus zur Post« in der Zweibrückenstraße 8, hatte Schalom Ben-Chorin die Vorschuljahre außerhalb der Stadt, in Krailling und Planegg, verbracht. An München hing er unheimlich, alle Gedichte, die er später über die Stadt schrieb, auch seine Erinnerungen »Jugend an der Isar«, in denen er die Zeit bis zur Emigration beschreibt, sind voller Wehmut. Er erzählt, wie sehr ihn als Junge das an sich ja nicht sehr besondere Glockenspiel auf dem Marienplatz beeindruckt hatte, die tanzenden Schäffler kehrten wieder in seinen »Kinderträumen«. Vor dem Handspielpuppentheater auf der Auer Dult fürchtete er sich, darin kam ja auch der Tod vor in Form eines Totenschädels im Sterbehemd.

Ben-Chorin war der Sohn von assimilierten Juden, daheim wurde selbstverständlich auch Weihnachten gefeiert, an Ostern suchte man bunt gefärbte Eier. Er selbst wandte sich als Jugendlicher dem Judentum zu, der Hitlerputsch habe ihm die eigene Herkunft erst bewusst gemacht, schreibt er in seiner Biografie, 1974 verfasst: »Damals wurde ich als Jude wiedergeboren«, ihm habe das »Dreitagejudentum« erst mal nicht genügt. Weshalb er ausgerechnet an einem Weihnachtsabend, er war 15, das Elternhaus verließ und bei einer befreundeten orthodoxen Familie klingelte. Die war bereit, ihn für eine Nacht bei sich aufzunehmen, »daraus aber sollte dann ein ganzes Jahr werden«. Der Irrwitz war, dass gegenüber der »Völkische Beobachter« seine Redaktion hatte, Ben-Chorin sah vom Wohnzimmer aus aufs Schaufenster, in dem antisemitisches Hetzmaterial auslag, außerdem »oft […] den Mann, dessen Name zum Fluch werden sollte: Adolf Hitler. Er ging fast immer ohne Hut, meist in einem Trenchcoat und begleitet von einem großen Schäferhund«.

Wie sich München unter den Nationalsozialisten veränderte, dass es natürlich auch schon vor 1933 zu antisemitischen Ausschreitungen gekommen war, kann man alles nachlesen in seiner Literatur. 1927 wurde die Synagoge, 1937 dann ohnehin abgebrochen, geschändet mit Hakenkreuzschmierereien. Über ihn und seine Gastfamilie wurde von Nachbarn Müll ausgekippt, als sie auf dem Balkon das Laubhüttenfest feierten. Der erste Zionistenkongress wurde dann vorsichtshalber nicht hier, an der Isar, abgehalten, sondern in Basel.

Aber es war auch München gewesen, wo Schalom Ben-Chorin erstmals auf Martin Buber traf, wo er Thomas Mann bei einer Lesung »mit

Schalom Ben-Chorin, Jahrgang 1913, wuchs in München auf, er emigrierte 1935. 1961 war er an der Gründung der Arbeitsgemeinschaft »Juden und Christen« beim Evangelischen Kirchentag beteiligt. Er und seine Frau begründeten zudem den deutsch-israelischen Jugendaustausch. Er starb 1999. Im Stadtarchiv, Winzerer Straße 68, wurde sein Arbeitszimmer mit Bibliothek und anderen Originalmöbeln rekonstruiert, der Raum ist nach Anmeldung zu besichtigen. Eine Plakette am Monopteros, diesem, wie er schrieb, »besonders zarten Bau, wie mit Pastellfarben in die künstliche Landschaft hineingezeichnet«, hätte er unbedingt zusätzlich verdient. Eins seiner Gedichte über München, geschrieben 1937, das auch »München« heißt, beginnt so:

> *»Immer ragst du mir in meine Träume / Meiner Jugend – zart geliebte Stadt / Die so rauschende Kastanienbäume / und das Licht des nahen Südens hat. // Ja, die Schatten deiner schlanken Türme / Liegen blau auf meinem Augenlid. / Deine langen Regen, deine Stürme / Rauschen, brausen noch durch mein Gemüt //* […] *Aber deine Mauern ruhn in mir. / In den Nächten baue ich dich neu / Durch die nie verschlossne Träume-Tür / Darf ich dich betreten ohne Scheu.«*

scheuem Respekt« zuhörte. Natürlich ist seine Biografie auch ein Stück Zeitgeschichte, er hatte als kleiner Junge an der Hand der Mutter in der Ludwigstraße »verwundert die Heimkehr des geschlagenen Heeres« beobachtet – und dann enttäuscht sein Bilderbuch »Hans, der Sieger« weggeschmissen. Nach dem Mord an Kurt Eisner konnte er nicht mehr schlafen. Er war in den städtischen Galerien zuhause, und als der Isenheimer Altar, den die Deutschen aufgrund des Versailler Vertrags zurückgeben mussten an Frankreich, nochmal ausgestellt wurde in der Alten Pinakothek, wallfahrtete auch er »zu diesem Kunstwerk, auch ich stand in der lautlosen, fast anbetenden Menge«.

Zu Beginn der 30er-Jahre machte Ben-Chorin eine Lehre in der Münchner Ewer-Buchhandlung, wo er klassische Judaica und zionistische Programmschriften von Theodor Herzl ebenso kennenlernte wie die zeitgenössische deutsche Literatur. Kurz drauf begann er sein Studium, er hatte sich eingeschrieben für Theaterwissenschaft, Germanistik, Kunstgeschichte, Philosophie, Judaistik und Religionswissenschaft. Der Weg zur Universität führte ihn durch den Englischen Garten, einer seiner Lieblingsplätze dort: der Monopteros, »wo ich tags die Wonnen der Einsamkeit, nachts wohl auch manchmal die der Zweisamkeit kosten durfte«. Hier las er Thomas Manns »Felix Krull«, schrieb selbst Verse und Prosa. Und auch das kleine neugriechische Tempelchen baute er ein in seine Träume, und wenn er von dort aus die Münchner Glocken läuten hörte, konnte er jede an ihrem Klang der jeweiligen Kirche zuordnen. Im Zuge der Festnahmen, denen er nicht entging, wurde er auch misshandelt, einmal wurde ihm dabei die Nasenscheidewand zertrümmert. Er schrieb: »Wilde Fäuste von Männern, die ein wahnwitziger Haß gegen meinesgleichen jagte, schlugen auf mich ein [...].« Es schmerzte ihn zeitlebens, dass er weggehen und die Kulissen der Kindheit, die »rauschenden Kastanienbäume« ebenso wie die »Schatten der schlanken Türme«, in die Requisite der Erinnerung verschieben musste.

1965 kehrte er, der in Jerusalem als Korrespondent für eine deutschsprachige Tageszeitung in Tel Aviv tätig war, außerdem Bücher schrieb, erstmals nach Deutschland zurück. München, von dem ja auch nicht viel übrig geblieben war, erkannte er anfangs kaum wieder. »Wie ein Toter auf Urlaub hastete ich durch die Straßen«, schrieb er. Schalom Ben-Chorin, dessen selbst gewählter Name »Friede. Sohn der Freiheit« bedeutet, widmete sein restliches Leben der Versöhnung.

Lion Feuchtwanger

»Geistig nicht gut belüftet«

St.-Anna-Platz 2, Lehel. In diesem Haus verbrachte Lion Feuchtwanger knapp eineinhalb Jahre seiner Kindheit. Er war ums Eck, in der Thierschstraße 9, auf die Welt gekommen, als Ältestes von insgesamt neun Kindern. Die Eltern zogen an den St.-Anna-Platz, als er fünf war. Sie waren theaterbegeistert, jüdisch-orthodox, in Bayern tief verwurzelt und bestens eingebunden, was hieß, dass nicht nur der Besuch der Synagoge selbstverständlich zum Wochenendprogramm gehörte, sondern hinterher auch der Einkehrschwung ins »Hofbräuhaus«. Irgendwann hatte sich mal irgendwer den Witz erlaubt und einen Herrn Feuchtwanger ausrufen lassen dort – daraufhin sprangen von verschiedenen Tischen verschiedene Mitglieder der großen Familie auf.

Das steht in der Ausführlichkeit natürlich nicht auf der Plakette, die Feuchtwanger zu Ehren 1966 am St.-Anna-Platz angebracht worden ist. Man erfährt darauf, dass der Autor von »Erfolg«, seinem erfolgreichsten Roman, Literaturpreisträger der Stadt ist, was natürlich stimmt. Nicht nachzulesen ist jedoch, dass die Stadt die Ehrung am liebsten wieder zurückgezogen hätte, nachdem rausgekommen war, dass Feuchtwanger zum 40-Jährigen der Oktoberrevolution in die Sowjetunion telegrafiert hatte. Später einigte sich der Stadtrat auf Antrag der CSU einvernehmlich auf die leicht windelweiche Lesart, es sei ja nicht »der Mensch

Feuchtwanger« gewesen, den man ausgezeichnet habe, sondern dessen »künstlerische Leistung«.

Von allem anderen, was es rund um Feuchtwangers Leben und Arbeiten zu berichten gibt, findet sich auf der Plakette auch kein Wort; dass er in München zwar bestens vernetzt war und unheimlich viele Freunde hier hatte, die er mit seiner unkonventionellen, gastfreundlichen Frau Marta gern und reichlich bewirtete (manchmal so reichlich, dass er Ärger mit den Vermietern bekam), die Stadt aber dann trotzdem verließ. Am Aschermittwoch 1925 war das. Ihm hatten schlicht die Dumpfheit und der Antisemitismus an der Isar überhandgenommen. Er kam nicht mehr zurück nach München – auch wenn das angeblich im Alter ein Wunsch von ihm gewesen sein soll.

Feuchtwanger war aufs Wilhelmsgymnasium gegangen, er hatte schon in der Schulzeit angefangen, Dramen, Erzählungen, Theaterkritiken zu verfassen. Er studierte Geschichte, Germanistik und Sanskrit in München und Berlin, promovierte 1907, eine Habilitation blieb ihm jedoch verwehrt – dafür hätte er konvertieren müssen. Sein Leben verdiente er zunächst als Theaterkritiker, unter anderem für die »Schaubühne«. 1907 wurde er Dramaturg an den Kammerspielen, zwölf Jahre später machte er die Bekanntschaft von Bert Brecht, mit dem er lebenslang befreundet blieb und auch zusammenarbeitete.

Marta und er zogen mehrfach um in München, von 1918 bis zur Übersiedelung nach Berlin wohnten sie in der Georgenstraße 24 in Schwabing. Lieblingsstelle in Martas Erinnerungen, die sie als Buch (»Nur eine Frau«) herausbrachte: der Moment, in dem sie dort nach einem ihrer vielen Feste die Böden sauber kehrte: »In einer Ecke fand ich zusammengerollt Joachim Ringelnatz.«

Schon im Nachgang des Ersten Weltkriegs war, was die Plakette auch nicht erwähnt, das Klima in München rauer geworden, vor allem für jüdische Autoren. 1919 wurde die Wohnung der Feuchtwangers durchsucht, eine im selben Jahr in den Kammerspielen angesetzte Premiere wurde erst verschoben und fiel dann ganz aus. In der Nacht vor dem Hitlerputsch 1923 warnte ein Freund die Feuchtwangers, sie könnten verhaftet werden, die Georgenstraße wurde teils überwacht, das Finanzamt schikanierte den Autor.

Den »Erfolg«, der ja an der Isar spielt, schrieb Feuchtwanger dann schon in Berlin. Der Roman hält den Münchnern, »zäh«, »dumpf« und

Lion Feuchtwanger lebte von seiner Geburt 1889 bis 1925 in München. 1933 wurde er ausgebürgert, er ging mit Marta ins Exil erst nach Frankreich, wo sein Roman »Die Geschwister Oppermann« erschien – mit sehr genauer Beschreibung des ersten NS-Konzentrationslagers in Dachau. Im Rahmen seiner dreimonatigen Russlandreise 1936/1937 traf er mit Stalin zusammen, den er angeblich bat, in seiner Gegenwart nicht zu rauchen und den er hinterher als »gescheit, hintergründig, überlegen« bezeichnete. Er starb 1958 in Los Angeles. Die Freundschaft mit Brecht findet auch in Feuchtwangers Tagebüchern Niederschlag, regelmäßig vermerkt er nach dem ersten Zusammentreffen am 2. April 1919: »Brecht da« oder: »Brecht da. Sehr nett«, beziehungsweise: »Mit Brecht zusammen.« Am 22. Oktober 1921 heißt es dann: »Brecht da. Geht nach Berlin.«

»geistig nicht gut belüftet«, wie er sie zunehmend wahrgenommen hatte, den Spiegel vor – und beleuchtet ihren ausgeprägten Gemütsfaschismus. Untertitel: »Drei Jahre Geschichte einer Provinz«, die Handlung spielt in den Jahren 1921 bis 1924.

»Die Stadt hielt damals noch viel auf ihre Tradition als Kunststadt. Vielmehr war sie eine akademische, wichtigmacherische, spießbürgerliche Institution«, schrieb Feuchtwanger 1935, dann schon im Exil, über den Ort, an dem er aufgewachsen war. Im letzten Jahr, das er in München verbrachte, habe er in der Stadt »137 Begabte« ausgemacht, »1012 über Mittelmaß, 9002 normal, 537 284 unternormal Veranlagte und 122 963 Voll-Antisemiten«.

Von einer Vortragsreise, die ihn im November 1932 nach London und in die USA geführt hatte, war Feuchtwanger Anfang 1933 vorausschauenderweise schon nicht mehr nach Deutschland zurückgekehrt. Er ahnte, was kommen würde – und was dann ja auch so eintrat. Seine Bücher wurden verbrannt, der Doktortitel wurde ihm aberkannt, sein Vermögen wurde eingezogen.

Zitat aus dem »Erfolg«: »Die Bayern knurrten, sie wollten leben wie bisher, breit, laut, in ihrem schönen Land, mit einem bisschen Kultur, einem bisschen Musik, mit Fleisch und Bier und Weibern und oft ein Fest und am Sonntag eine Rauferei. Sie waren zufrieden, wie es war. Die Zugreisten sollten sie in Ruhe lassen, die Schlawiner, die Saupreussen, die Affen, die gselchten.«

Justus von Liebig

»Kann man so etwas von sich weisen?«

Der weltberühmte Chemiker Justus von Liebig, Erfinder von Phosphatdünger und Fleischextrakt, wuchs in Darmstadt auf, studierte in Bonn und Paris, forschte und lehrte ab 1824 in Gießen. Verlor dabei auch nie die unter Umständen an Chemie interessierte Öffentlichkeit aus dem Blick. Er war ein wahrer Anwalt seines Fachs, und verschiedene Universitäten in Deutschland (Göttingen, Heidelberg), aber auch im Ausland (Estland, St. Petersburg, Wien, London) wollten ihn gerne berufen. Er lehnte aber alle ihre Angebote ab. Erstaunlicherweise kam dann, als Max von Pettenkofer ihn im Auftrag des wissenschaftsaffinen bayerischen Königs Max II. zu umwerben begann, für ihn ein Umzug doch in Betracht. 1852 siedelte Liebig wirklich an die Isar, blieb hier bis zu seinem Tod und scheint dies später auch nie bereut zu haben.

Das steht, obwohl es sich ja gut gemacht hätte, nicht auf der Plakette, die hier an ihn erinnert. Auf der steht sowieso praktisch: nichts. Dass sie in der Liebigstraße 14 befestigt ist, ist als Werbegag des dort beheimateten, nach dem Chemiker benannten Restaurants »Liebighof« zu betrachten. Gewohnt hat Liebig dort nicht – er war auf dem Mini-Chemie-Campus zuhause, der eigens für ihn errichtet/eingerichtet worden ist auf dem Areal des Alten Botanischen Gartens rund um das vormalige, leicht veraltete chemische Institut. Klar, es war eine Ehre, dass er sich hierher verfügte. Aber ihm war auch viel geboten worden.

Wie es bei hochkarätigen Wissenschaftlern schon mal vorkommen kann, war auch Liebig nur ein mittelmäßiger Schüler gewesen, der in Darmstadt, wo er in die Schule ging, vom Lehrer als »Schafskopf« bezeichnet worden ist. Er schaffe nicht einmal eine Apothekerlehre, hatte der »Pädagoge« auch noch zu ihm gesagt, und der Witz war ja dann, dass Liebig, als er nach der Schule eine Apothekerlehre machte, dort bei Experimenten fast das Haus abfackelte und diese Lehre dann abbrach. Er ging nach Bonn zurück, wo er 1822 polizeilich gesucht wurde, fliehen musste – nach Demos mit anderen freiheitlich gesinnten Studenten. Es war ja die aufgeregte Zeit vor der Bürgerrevolution und die Obrigkeit musste sich nun auch in Preußen in Frage stellen lassen.

Liebig studierte in Bonn, ging während des Studiums nach Paris, wo er den allgegenwärtigen Alexander von Humboldt kennenlernte, der ihn nach Gießen empfahl. In Paris lernte Liebig aber vor allem noch, dass man auch anders unterrichten kann als sein Schullehrer das gemacht hatte. Dass man die Lehre freier, anschaulicher gestalten, die Studenten ernster nehmen, mehr einbeziehen könne. Er war so schlau, das dann in Gießen auch zu tun, was dazu führte, dass die Universität plötzlich international wurde von der Studentenschaft her. Vor allem aus Amerika und England kamen sie, um seine Experimentalvorlesungen zu erleben.

In Gießen hatte Liebig ja schon am Dünger geforscht, 1840 war sein epochales Werk »Die organische Chemie in ihrer Anwendung auf Agricultur und Physiologie« erschienen, bis 1849 hatte er mit zwei englischen Schülern im Privatlabor den wasserlöslichen Phosphatdünger (= Superphosphat) entwickelt.

Dann erhielt er das Angebot aus München, in dessen Zusammenhang Max II., Sohn des kunstbegeisterten Ludwig I., Vater des wagnerbegeisterten Ludwig II., dem vielumworbenen Chemiker zum einen ein neues Chemisches Institut versprach. Was schon mal nicht nichts war; aber der König, der bereits mehrere Wissenschaftler aus dem hohen Norden um sich geschart hatte, was seine Münchner gar nicht so gern sahen, weil sie im Wissenschaftler aus dem hohen Norden einen liberalen Protestanten vermuteten, stellte ihm auch noch ein Wohnhaus in Aussicht. Das wurde dann im ehemaligen chemischen Laboratorium eingerichtet, weshalb Liebig und seine Frau und die zwei jüngeren seiner fünf Kinder, die mitgekommen waren, sehr speziell wohnten. Freiheit bei der Ausgestaltung der Lehre war ihm ohnehin zugesichert worden, was passte, denn er hatte keine Lust mehr, sich allzu intensiv um den wissenschaftlichen Nachwuchs zu kümmern. Das alles fasste er in einem Brief an seinen Doktoranden und Freund August Wilhelm von Hofmann so zusammen (Juli 1852): »München bietet mir einen neuen Wirkungskreis, ich habe mich verpflichtet, im Wintersemester Exp Chemie in 6 Stunden, im Sommer en Publikum, sonst nichts, […] und keine Praktikanten!! Kann man so etwas von sich weisen? Unmöglich.«

Er war 49, als er herkam, Mitte November 1852 war dann auch schon das neue Auditorium fertig, in dem rund um einen großen Demonstrationstisch 300 Zuhörer Platz fanden. Auch die Umwandlung des Ex-Laboratoriums zu Wohnzwecken fand Liebigs Gefallen: »Unsere Wohnung ist groß, geräumig, beinahe prächtig, wir haben 9 Zimmer zum Wohnen und in der Mitte einen runden Salon von 30 Fuß Durchmesser, kuppelartig gewölbt mit einem Oberlicht«, teilte er seinem Doktoranden mit.

Derweil, und das steht natürlich erst recht nicht auf der Plakette, auf der sowieso nichts steht, war Liebig durchaus skeptisch, was die hochfliegenden Pläne von Max II. anging, den Status seiner Residenzstadt als Hort der Wissenschaft betreffend. »[…] ich zweifle in der Ausführung, da zu viel Mist in dem Augiasstall angehäuft ist, und er kein Herkules zu sein scheint«, schrieb er recht respektlos über seinen Arbeitgeber an Hofmann.

Unterdessen gelang es Liebig, sich den Großteil der Praktika und Lehrveranstaltungen vom Hals zu halten. In die Münchner Zeit fallen dafür weiterführende Forschungen am »Fleischinfusum«, also am Fleischextrakt, ebenfalls in München entwickelte er das Backpulver als Alternative zur leicht verderblichen Hefe, außerdem die »Säuglings-Suppe«, die sich, unter Umständen aus guten Gründen, jedoch nicht durchsetzte.

Um den Superphosphatdünger unter die Landwirtschaft betreibende Bevölkerung zu bringen, gründete er die »Bayerische Aktiengesellschaft für chemische und landwirtschaftlich-chemische Fabrikate«, den Vorläufer der Süd-Chemie, die 2012 vom Schweizer Clariant-Konzern geschluckt worden ist. Ansonsten ging er, wie man weiß, häufig ins Theater, in Konzerte, trieb sich auf Tanzveranstaltungen herum und spielte mindestens drei-, viermal pro Woche Whist, ein Kartenspiel.

Gern nahm er von seinen 14-tägig stattfindenden öffentlichen Vorträgen, die teils auch von der Königsfamilie verfolgt wurden und gesellschaftliche Ereignisse waren, Zuhörer mit nach Hause. Eine der Besucherinnen, die damals manchmal dabei waren, war Luise von Kobell, Tochter von Franz von Kobell, Doktor der Mineralogie und Autor des »Brandner Kaspar«, die mal erzählte, es sei an den Abenden bei Liebigs immer lebhaft zugegangen, die Gesprächsfäden habe aber der Hausherr nicht aus der Hand gegeben. Wenn er keine Lust mehr hatte auf ein Thema, dann wechselte er dieses Thema ziemlich abrupt.

Was den Münchnern auch gegen den Strich gegangen war in Bezug auf Liebig, war die Tatsache, dass er sehr gut verdiente. Auch dazu hatte sich Max II. breitschlagen lassen. Aber: Sie gewöhnten sich dann doch an den Chemiker mit Wohnsitz im Alten Botanischen Garten, und als der gestorben war, war die Anteilnahme beim Begräbnis groß.

Justus von Liebig, Jahrgang 1803, Sohn eines Drogisten und Farbenhändlers, zog 1852 nach München und blieb hier bis zu seinem Tod 1873. Seine Suppe für Säuglinge gilt als Vorläufer der heutigen Babynahrung. Das Backpulver fand in Deutschland ab 1892 weite Verbreitung. Am erfolgreichsten war jedoch »Liebigs Fleischextrakt«, das in Packungen mit Sammelbildern, den sogenannten Liebigbildern, verkauft wurde. Von denen erschienen von 1873 bis 1975 über 7000 Serien. Liebig und seine Frau Henriette waren gastfreundlich, bewirteten ihre Besucher mit besten Weinen und als mal jemand wettete, es würde gar nicht auffallen, wenn er sich unter eine Gesellschaft mischte, zu der er eigentlich nicht eingeladen war – dann hatte er damit genau recht. Für Liebig gibt es ein Denkmal am Maximiliansplatz, und am Südfriedhof ist ihm eine Büste gewidmet.

William von Occam

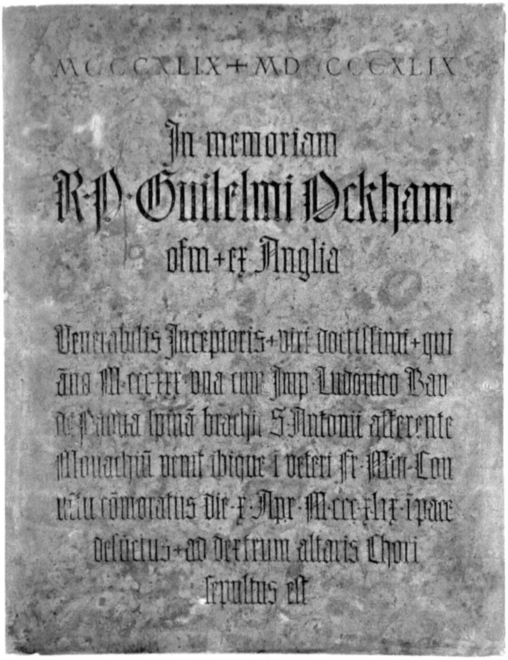

MCCCXLIX +
MDCCCCXLIX

In memoriam / R P Giulelmi Ockham / ofm + ex Anglia / venerabilis inceptoris + viri doctissimi + qui / ano M CCCXXX una cum Imp Ludovico Bav / de Padua spina brachii S Antonii afferente / Monachiu venit ibique i veteri Fr Min Con / vitu comoratus die X Apr M CCCXLIX i pace / defuctus + ad dextrum altaris Chori / sepultus est

Die Feder des Kaisers

Alle Gedenkplatten in München sind natürlich besonders, Einzelstücke, erinnernd an einen besonderen Menschen. Aber eine Tafel gibt es, die weist mehrere Besonderheiten auf – und sie hängt auch schon an einem besonderen Ort. Am Treppenabgang nämlich, der vom Eingangsbereich des Franziskanerklosters St. Anna im Lehel hinunter in die Krypta führt.

Gewidmet ist die Marmorplakette William von Occam (oder auch Wilhelm von Ockham), dem großen spätmittelalterlichen Denker, der Anfang 1330 nach München kam und hier mindestens 17 Jahre blieb, bis zu seinem Tod. Damit ist Occam derjenige Protagonist unter allen, die auf Gedenktafeln geehrt werden, dessen Leben und Wirken am längsten zurückliegen.

Eine weitere Besonderheit ist, dass der Text auf der Marmortafel, obwohl sie erst 1949 angefertigt wurde, in Latein abgefasst ist – in Anlehnung offenbar an eine Vorgängerplakette aus dem 14. Jahrhundert. Auf ihr wird William, Franziskanermönch (»ofm«), aus England stammend (»ex Anglia«), einerseits bezeichnet als »ehrenhafter Anfänger«, der er deshalb war, weil er sein Studium in Oxford nicht abschließen hatte können. Der Kanzler der Universität, John Lutterell, hatte ihn der Häresie bezichtigt und dann auch gleich eine 51-teilige Anklageschrift gegen ihn zum Papst nach Avignon geschickt. Es war die Zeit des Kirchenschismas.

Andererseits nennt der Plakettentext William einen »höchstgelehrten Mann«, was natürlich stimmt, er war scholastisch unheimlich gewandt, außerdem, wie der Münchner Franziskanerpater Johannes Schlageter sagt, ein »sehr produktiver Autor«. Er hatte schon, ehe er dann 1324 nach Avignon aufbrach, wohin man ihn zitiert hatte, wohin vor ihm schon Lutterell gereist war, jede Menge veröffentlicht, unter anderem seine Schriften zur Logik und die naturphilosophischen Abhandlungen, die sich mit der Physik des Aristoteles beschäftigen. Er war der »Urvater des Nominalismus«, der Allgemeinbegriffe (»Universalien«) für nötig erachtet, um damit theoretische Konzepte zu beschreiben. Der aber nicht davon ausgeht, dass diese Begriffe auch reale Einzeldinge in der Außenwelt bezeichnen.

Um vielleicht erstmal noch bei der Tafel zu bleiben: Auf ihr steht auch noch, William sei auf der rechten Seite des Choraltars begraben, was so aber nicht stimmt. Er war auf der rechten Seite des Choraltars im alten Franziskanerkloster in München begraben gewesen, aber dieses Kloster gibt es schon lang nicht mehr. Es wurde im Zuge der Säkularisierung zwanglos beiseitegeschoben, um an seiner Stelle die Oper errichten zu können. Dabei gingen, obwohl man erst gelobt hatte, umsichtig vorzugehen, die Überreste von Occam verloren, die Wahrheit, die natürlich auf die Plakette geschrieben werden hätte müssen, ist: Der Franziskanermönch hat hier kein Grab mehr.

Ebenfalls ist wahrscheinlich das Todesdatum unrichtig, das für William angegeben wird auf der Tafel – 1349 nämlich. Wie es aussieht, ist er schon zwei Jahre vorher gestorben und damit im selben Jahr wie sein Beschützer, der Kaiser. Also Ludwig der Bayer. Der kam im Herbst 1347 bei einem Jagdunfall in Fürstenfeldbruck ums Leben.

Schließlich bleibt auf der Gedenkplatte – da einfach viel zu kompliziert – die ganze Vorgeschichte unerwähnt, die dazu geführt hatte, dass Occam überhaupt nach München kam. Und damit München, das damals ja noch keine Universität besaß, das absolute Provinz gewesen ist, intellektuell zum Leuchten brachte. Es gibt Leute, die behaupten, nie wieder sei so viel geballte Intelligenz an der Isar versammelt gewesen, wie damals, als Occam hier eintraf in Gesellschaft der anderen Ordensoberen, die ja mit ihm geflohen waren.

Gewesen ist es so, dass von Lutterells Anklageschrift gegen ihn Papst Johannes XXII. zwar manche Punkte fallen ließ (beziehungsweise diese Punkte als »möglicherweise falsch« einstufte), an der Mehrzahl aber festhielt. Trotzdem fällte er kein Urteil, die Sache zog sich. William durfte sich in Avignon frei bewegen, aber natürlich hätte er Avignon nicht verlassen dürfen, was er 1328 dann aber trotzdem machte. Zusammen mit seinen Franziskaner-Mitstreitern.

Auf dem Seeweg gelangten sie von Marseille nach Pisa, wo sie (wohl eher nicht zufällig) mit Ludwig dem Bayern zusammentrafen, der sich in nicht unähnlicher Lage befand. Auch er hatte Riesenärger mit dem Papst, der ihn als Kaiser nicht anerkannte und ihn schon 1324 gebannt hatte. War dann nach Rom gezogen, um sich dort vom Volk allein krönen zu lassen. Da kam er gerade her. Und bot nun den Franziskanern bereitwillig seinen Schutz an – im Wissen, dass ihm, mit den papstkritischen Gelehrten an seiner Seite, die theoretische Munition gegen die Kurie so schnell nicht ausgehen würde. Er war für die Mönche das Schwert, und sie wurden seine Feder – eine klassische Win-Win-Situation.

Ausgerechnet vom kleinen München aus wurde nun in Folge, sagt Pater Johannes, ein »regelrechter Schriftenkrieg« gegen Avignon geführt. Es ist nicht klar, ob alle Gefährten von Occam auch hierblieben, Michael von Cesena, der Ordensgeneral, und Ordensprokurator Bonagratia von Bergamo sind jedenfalls auch in München gestorben. Zeitgleich mit den Franziskanern hielt sich hier noch der Staatstheoretiker Marsilius von Padua auf, auch er freilich ein Papstgegner.

Occam lebte am längsten von ihnen allen. Bis zuletzt schrieb er, noch im Jahr, in dem er starb, verfasste er eine weitere papstkritische Schrift. Gegen Ende seines Lebens war es für ihn noch einmal brenzlig geworden – als sich nämlich 1346 ein Teil der Kurfürsten von Ludwig dem Bayern, der eine gnadenlose Hausmachtpolitik betrieben hatte, abwandte, sich wieder mit der Kurie versöhnte und einen Gegenkönig wählte, Karl IV. Theoretisch hätte der jetzt den englischen Gelehrten gefangen nehmen können, was Occam auch befürchtet hatte, er machte es aber nicht.

Eine Sache ist auch noch besonders auf der Plakette – die enthält nämlich ausnahmsweise eine Information, die man sonst in der Literatur zu Occam nicht findet. Ihr zufolge war Ludwig IV., also der Bayer, dem übrigens der Papst diesen Beinamen verpasst hat, um seine Herkunft aus der Provinz zu betonen, in Pisa im Besitz einer wertvollen Reliquie gewesen: Er hatte einen Armsplitter des Heiligen Antonius von Padua im Gepäck. Nicht mehr erwähnt wird, dass er den Splitter, laut den Franziskanern »gar nicht so klein«, heil nach München brachte und ihn dann dem Orden schenkte. Heute ist das Knochenstück, das auch die Säkularisierung und alle weiteren Turbulenzen der letzten 700 Jahre überstand, in einer Monstranz auf dem Antonius-Altar in St. Anna zu sehen.

William von Occam ist um 1288 geboren. Anfang 1330 kamen er und seine Gefährten in München an, wahrscheinlich 1347 ist er hier gestorben. Auch er war vom Papst exkommuniziert worden. Occam ist eine der Personen auf Carl Theodor von Pilotys Monumentalgemälde »Allegorie Monachia«, das im Rathaus hängt. Er war Vorbild für den William von Baskerville in Umberto Ecos Roman »Der Name der Rose«. Nach ihm ist »Occams Rasiermesser« benannt, eine philosophische Maxime, der zufolge von mehreren möglichen Erklärungen für einen Sachverhalt jeweils die einfachste anzunehmen ist.
Der Heilige Antonius, berühmtester Prediger seiner Zeit, der Franz von Assisi noch persönlich gekannt hatte, wird am Haus St.-Anna-Platz 2 mit einem Halbrelief gewürdigt.

Maxvorstadt

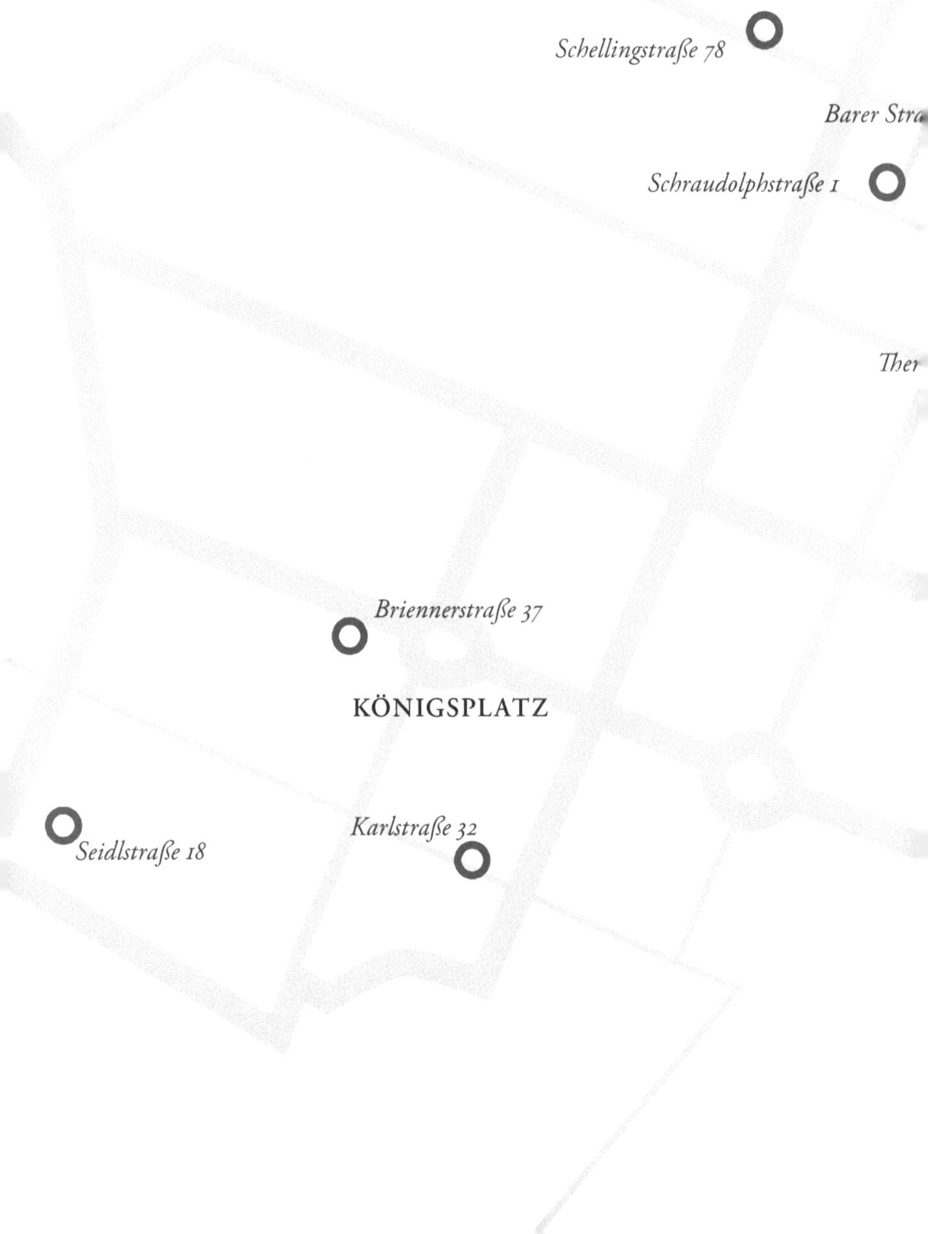

Königinstraße 85
Kaulbachstraße 62a
Türkenstraße 57
Professor-Huber-Platz
ENGLISCHER
GARTEN
Amalienstraße 36
Kaulbachstraße 15
Theresienstraße 9
Ludwigstraße 13
ODEONSPLATZ
RESIDENZ

Ellen Ammann

Ellen Ammann / 1.7.1870–23.11.1932 / Gründering des Katholischen / Frauenbundes in Bayern / Landtagsabgeordnete von / 1919–1932

»Ich bin bereit«

Die Sozialpolitikerin Ellen Ammann war Schwedin, sie wuchs in einem protestantischen, emanzipierten, liberalen Elternhaus auf, wurde aber von der Mutter katholisch erzogen. 1890 folgte sie ihrem Mann, dem Münchner Orthopäden Ottmar Ammann, nach München. Schweden galt damals als Vorzeigeland der Frauenbewegung. Ellen Ammann, die selbst sechs Kinder bekam, also sicher nicht an Unterbeschäftigung litt, machte sich dann daran, die Lage der Frauen auch in München und Bayern zu verbessern. Und sie gehörte im Januar 1919 zu den ersten acht Frauen, die in den bayerischen Landtag einzogen.

Das alles, und es ist noch gar nicht alles, steht nur sehr ansatzweise auf dem Schild, das an dem Haus an sie erinnert, in dem heute der Katholische Frauenbund Bayern seinen Sitz hat. Den sie ja mitgegründet hat, was erwähnt wird, dessen erste Vorsitzende sie gewesen ist, von dem sie auch einen Münchner Ableger und die deutsche Dachorganisation auf den Weg brachte.

Unter den Tisch fallen damit jedoch fünf weitere Organisationen, die sie federführend mit aus der Taufe hob oder überhaupt initiierte, darunter eine Schule, ein Orden, die Bahnhofsmission. Und vor allem wird nicht erwähnt, dass Ellen Ammann zu den ganz frühen Widerstandskämpferinnen gegen Hitler gehörte und es unter anderem ihrem beherzten Eingreifen zu verdanken ist, dass dessen Putschversuch im November 1923 nicht gelang.

Im Ellen-Ammann-Haus, also in der Schraudolphstraße 1, wo die Tafel hängt, befindet sich im Hausdurchgang eine kleine Ausstellung, die Ellen Ammanns Leben und ihre Leistungen nachvollzieht. Dort kann man nachlesen, dass sie eher klein war, auch unscheinbar, dass sie gern unterschätzt wurde, vor allem von den »etablierten Damenkreisen«, die in München zu ihrer Zeit das Sagen hatten. Aber wenn es darum ging, dass Aufgaben verteilt werden sollten, heißt es, bekam man von ihr zu hören: »Ich bin bereit.«

»Sie sehen, immer noch nicht habe ich verzichten gelernt auf meinen eigenen Willen«, meinte sie später mal. Sie war überzeugt davon, dass gerade soziale Arbeit, weil sie so wichtig ist, »nicht im Dilettantentum stecken bleiben [darf]. Denn sie ist die verantwortungsvollste Arbeit am Menschen, mehr wie jede andere«. Und zudem mochte sie überhaupt nicht einsehen – ein weltanschauliches Mitbringsel aus Schweden –, dass Frauen reduziert werden sollten darauf, daheim zu »schweigen« und zu »tragen«: »Eine Frau hat doch ein Recht im Haus […] und auch außer dem Hause – warum nicht dasselbe Recht, wie der Vater und Mann? Immer noch kann ich mich in die Forderung des Duldens nicht ganz finden!«

1895 rief Ellen Ammann ihre erste Einrichtung ins Leben, den Marianischen Mädchenschutzverein, der wie später die Bahnhofsmission den Zweck hatte, Anlaufstation zu sein für die jungen Frauen, die damals vom Land in die Stadt strömten. Die nur zu leicht in die Fänge von Zuhältern gerieten oder sich voreilig in einer Fabrik verdingten, wo sie dann eh nur ausgebeutet wurden. Es folgte, weil ihr natürlich klar war, dass, wer gute Arbeit will, eine gute Ausbildung braucht, die Gründung der Katholischen Stiftungsfachhochschule (damals »Soziale und Caritative Frauenschule«), später brachte sie auch noch die Polizeiseelsorge auf den Weg. Und dann war sie, die irgendwann zum Katholizismus konvertiert war, ausschlaggebend dafür, dass die Vereinigung Katholischer Diakoninnen gegründet wurde (heute »Säkularinstitut Ancillae

Sanctae Ecclesiae«). Sie wollte eben auch ihre Spiritualität leben, und dass sie dem Orden angehörte, erfuhr auch ihre Familie erst bei ihrem Tod. Sie wurde in Ordenstracht aufgebahrt. Alle Einrichtungen, die sie (mit)initiierte, bestehen heute noch. In ihrer Schule unterrichtete sie auch selbst.

Gegen Hitler hatte sie sich früh engagiert, zusammen mit Anita Augspurg und deren Lebensgefährtin Lida Gustava Heymann hatte sie vergeblich versucht, den »kriminellen Ausländer« ausweisen zu lassen. Von seinen Putschplänen hatte sie einen Tag im Vorfeld erfahren, sie handelte schnell. Schickte eins ihrer Kinder los, um den stellvertretenden Ministerpräsidenten Franz Matt zu informieren. Versammelte die unbeteiligten Regierungsmitglieder in ihrer Schule. Sorgte dafür, dass eine Proklamation rausging, die den Putschversuch verurteilte als das, was er war – ein »Staatsverbrechen«. Und drängte erfolgreich darauf, dass Reichswehrtruppen nach München geholt wurden. Sie empfand die »Vergötterung des nationalen Gedankens« als »verwerflich«.

Die Machtübergabe an die Nationalsozialisten hat sie dann nicht mehr erleben müssen, sie starb 1932 – nachdem sie eine längere Rede im Landtag gehalten hatte, es ging um die Unterstützung kinderreicher Familien. Es war ihre zwölfte große Rede gewesen. Sie erlitt einen Schlaganfall. Ach ja: Auch die Bayerische Volkspartei, der sie ja angehörte, hatte sie mitgegründet. In der Ausstellung wird eine Büromitarbeiterin ihrer Partei zitiert, sie sagt über Ellen Ammann: »Diese Frau muss man erlebt haben! […] Wie sie für Frieden gesorgt hat nach Aufregungen! Die Ruhe selbst, immer gesammelt.«

Die Nationalsozialisten ließen nicht umsonst, als sie dann an der Macht waren, eine Biografie über Ellen Ammann, die Wegbereiterin der modernen Sozialarbeit, einstampfen.

Ellen Aurora Elisabeth Ammann, 1870 in Stockholm geboren, wurde 1914 für die tatkräftig gelebte Nächstenliebe mit dem Päpstlichen Orden »Pro Ecclesia et Pontifice« ausgezeichnet. Franz Matt meinte anerkennend über sie in Bezug auf ihr Eingreifen im Zusammenhang mit dem Putschversuch der Nationalsozialisten: »Die Kollegin Ammann hat mehr Mut bewiesen als manche Herren in Männerhosen.« Seit 1890 lebte sie in München, wo sie 1932 starb. Die Ausstellung in der Schraudolphstraße ist immer offen.

Arnold Böcklin

Karlstraße 32

Vergessen alles Hässlichen

Über den Maler Arnold Böcklin, einen der bedeutendsten Künstler des 19. Jahrhunderts und Mitbegründer des Symbolismus, Vorbild für viele Surrealisten, gibt es viele lustige, aber auch traurige Geschichten. Zwei seiner Wegbegleiter haben ihre Erinnerungen zu Papier gebracht und seine Frau Angela, eine Italienerin, die ihm mal Modell gesessen hatte, ihm dann aber das Malen von Modellen untersagte, hat Tagebuch geschrieben. Böcklin, geboren in Basel, hatte in Düsseldorf studiert, war viel in Italien – und hielt sich zwischendurch zweimal länger in München auf. Jeweils in Umbruchphasen seines an Umbruchphasen nicht armen Lebens.

In der Maxvorstadt hängt an dem Haus, in dem er den zweiten München-Aufenthalt verbrachte, eine zweiteilige Tafel, die an ihn erinnert und ihn zusammen mit seiner Frau abbildet. 1871 bis 1874 hat er hier gewohnt.

Nicht erwähnt wird auf der Plakette, dass er vorher schon einmal an der Isar gewesen war. 1858 / 1859 nämlich. Dass er sich gleich zu Beginn dieses ersten München-Besuchs mit Typhus infiziert hatte und dass tragischerweise eins seiner Kinder an der Seuche starb. In München. Dass er zudem ziemliche Geldsorgen hatte und dass es in Anbetracht dieser Geldsorgen sicher mehr als segensreich war, dass 1859 der kunstbegeisterte König, Ludwig I., ein erstes Bild von ihm kaufte. Für die Pinakothek, die grade im Entstehen begriffen war. Es war der »Pan im Schilf«, und als Ludwig den für sich und sein Museum im Kunstverein entdeckte, war das Gemälde noch nicht einmal fertig.

Ebenso wenig wird auf der Tafel freilich erwähnt, weil darauf dieser ganze erste München-Aufenthalt ja unter den Tisch fällt, dass Böcklin schon damals, Ende der 1850er-Jahre, viele wichtige Kontakte hatte knüpfen können. Er war hier wirklich gut vernetzt, kannte Franz von Lenbach, kannte Carl Theodor Piloty, kannte Paul Heyse, lernte dann auch Adolf Friedrich von Schack kennen, den Galeristen, mit dem er lebenslang zusammenarbeitete. Was aber auch nicht immer einfach war. Letztlich hat Schack zwar 16 Gemälde von Böcklin erworben, aber er lehnte manches, selbst, wenn er es bestellt hatte, auch ab. Dann schrieb er, Schack, an Lenbach, er wolle Böcklin vor sich selbst schützen. Und dann schrieb Böcklin an Lenbach, wie sehr ihn so was mitnehmen würde. Einmal formulierte er es so, Schack hatte gerade drei Arbeiten zurückgewiesen: »Ich hatte alles Selbstvertrauen verloren.« 1866 war das.

München war für ihn trotzdem ein Sprungbrett, er wurde von Piloty und Heyse empfohlen an den Herzog von Weimar, der grade die Großherzoglich-Sächsische Kunstschule aufbaute und ihn als Dozenten für Landschaftsmalerei engagierte. Der ebenso eigen- wie feinsinnige Schweizer hielt es dort aber nur zwei Jahre aus, er sei, meinte er mal, etwas zu oft vom Herzog zum Tee eingeladen worden. Musste sich dann immer für die Einladungen in Uniform mit Schnallenschuhen werfen, und das mochte er nicht besonders gern.

Der zweite München-Besuch fand Anfang der 70er-Jahre statt und

Arnold Böcklin, geboren 1827 in Basel, gestorben 1901 bei Florenz, war 1858/1859 und von 1871 bis 1874 in München. Einmal bot ihm ein französischer Schriftsteller an, eine Ausstellung mit seinen Werken in Paris zu organisieren. Böcklin, der Vollbart trug und das längere Haar seitengescheitelt und der sich an potenzielle Käufer nie anbiederte, lehnte ab: »Ich wünsche von Franzosen nicht bewundert zu werden!« Lenbach sagte über ihn: »Einen liebenswürdigeren Menschen wie Böcklin kanns nicht geben.« Böcklin ist in der Sammlung Schack (Prinzregentenstraße 9) ein eigener Raum gewidmet, unter anderem hängen dort der »Pan im Schilf« und die »Villa am Meer«, eine der Auftragsarbeiten für den Galeristen. Böcklin hat in München eines seiner wichtigsten Werke geschaffen, das »Selbstbildnis mit fiedelndem Tod«, 1872 entstanden.

auf den bezieht sich ja die Plakette. Böcklin wohnte mit Familie in der Karlstraße, inzwischen hatten sich schönerweise seine Geldsorgen erübrigt. Er, der Schöpfer gewaltiger Bildwelten, war längst ein anerkannter Künstler, und jetzt machte es nichts mehr, dass er für die Konzeption eines Bildes manchmal wochen-, ja monatelang brauchte. Seine Werke wurden immer monumentaler, die Figuren darauf immer größer. Er sagte: »Nachahmung ist tödlich, Vorstellung ist nötig«, und davon, die Natur einfach eins zu eins abzubilden auf der Leinwand, hielt er nicht viel.

Es ist natürlich nicht möglich, auf einer kleinen Gedenkplatte ganze Geschichten über einen Menschen zu erzählen, aber trotzdem wäre es schön, man könnte irgendwo nachlesen, dass Böcklin, als er zum zweiten Mal in München war, seiner Familie und den Freunden ankündigte, dass er nun ernst machen würde mit der Fliegerei. Schon länger hatte er vorgehabt, einen Flugapparat zu bauen, seine Ansicht: »Das Fliegen muss ebenso erlernt sein wie das Gehen und das Schwimmen.« Umgesetzt hat er die Pläne dann zwar in der zweiten Heimat, in Italien, aber es war schon auch so, dass sein hiesiges Atelier, wie der Maler und Grafiker Hans Thoma es mal vorfand, »voller Bambusstäbe und Segeltücher« lag. Wer mehr dazu wissen wollte, dem teilte Böcklin mit, dass man sich nicht wundern dürfe, wenn man ihn »eines Tages […] über den Eggberg […] auf dem Wege nach Basel« einschweben sehen würde.

Eine weitere nette Anekdote hat seine Frau Angela in ihrem Tagebuch festgehalten, sie geht darum, dass Böcklin, der Bismarck verehrte und die Franzosen hasste, weil mal aus Frankreich eins seiner Bilder von einer Ausstellung zerfetzt zurückgekommen war, eines Morgens in der Militärschwimmanstalt in der Würm mit einem anderen Badegast zusammenstieß. Beim Rückenschwimmen. Der andere Schwimmer war ausgerechnet der preußische Kronprinz.

Wie gesagt, die Flugpläne setzte er dann in Italien um, auf einem Campo in der Nähe von Florenz. Die mit Genuss erzählten Berichte seiner Freunde handeln alle davon, dass das ganze Unterfangen zweimal scheiterte, weil jeweils Wind und Unwetter die durchaus schon zum Abheben bereiten Flugapparate zerstörten. Im Zweifelsfall malte Böcklin, der das Fliegen ab dann den Vögeln überließ, einfach weiter. Denn es war so: Das Schaffen von Kunst bedeutete für ihn das »Vergessen alles Hässlichen«.

Hans Carossa

»Jeder Tag entzog uns etwas von unserem Wesen«

Hans Carossa war Arzt und Schriftsteller, er ist 1878 in Bad Tölz geboren, unter anderem in Königsdorf aufgewachsen. Hat dann in Passau praktiziert, später in Seestetten bei Passau gelebt. Dazwischen wohnte er 17 Jahre, ab 1897, auch in München. Zum Studium war er hergekommen, fand schnell Zugang zur Münchner Boheme, deren Vertreter im »Simplicissimus« umsonst bewirtet wurden, wenn sie der geschäftstüchtigen Kathi Kobus dafür ein Bild daließen oder wenigstens ein Gedicht im Lokal rezitierten. Während Alfred Kubin und Paul Klee im »Café Stefanie« die Tische vollkritzelten mit ihrer Kunst.

Carossa hatte damals gedacht, dass alles, dieses Schwabinger Leben und Leben-lassen, könnte der Aufbruch sein in eine neue Zeit, eine freie Zeit. 15, 20 Jahre später, 1943, mitten im Krieg, kam er, längst bei Passau lebend, längst in sich verkrochen, längst allein, von einer Italienreise zurück, am »Stefanie« vorbei. Er kapierte erst gar nicht, was er eigentlich sah; was er sah, war nämlich das Fehlen von Außenmauern, er sah den Kronleuchter seines einstigen Zwischendurch-Wohnzimmers, der aufsaß auf dem Schutthaufen, der ansonsten übrig geblieben war vom »Stefanie«. In dem Moment wurde ihm klar, dass das, was er als den hoffnungsfrohen Beginn einer neuen, freien Zeit, einer Münchner Zeit, betrachtet hatte, nur ein Ausnahmezustand gewesen war, ein kurzer Ausnahmezustand.

Natürlich steht von all dem nichts auf der Plakette, die in der Theresienstraße an ihn erinnert – wie sollte es darauf auch Platz haben. Man kann das ja alles nicht in wenige Sätze fassen. Dass Carossa hiergeblieben war in der NS-Zeit, dass er dachte, er könne sich irgendwie verschanzen, dass er dann aber bald merkte, dass genau das eben nicht ging. Denn die Machthaber brauchten Kulturschaffende, mit denen sie sich brüsten konnten, und einer dieser Kulturschaffenden, den sie als Aushängeschild benutzen wollten, war Carossa. Die Berufung in die Deutsche Akademie für Sprache, Nachfolgeeinrichtung der Preußischen Akademie für Sprache und Dichtung, wehrte er ab. Den Goethepreis der Stadt Frankfurt 1938 jedoch nahm er an. Drei Jahre später wurde ihm der Vorsitz des Europäischen Schriftstellerverbandes aufgedrängt, und genau, um die Versammlung im Jahr drauf nicht leiten zu müssen, hatte er die Italienreise angetreten, von der er dann über München zurückkehrte. Er war Wochen vor der Versammlung losgefahren und er erfuhr, dass sie alles versucht hatten, ihn zurückzuholen. Sie fanden ihn aber nicht.

Carossa hat erreichen können, dass einer seiner vielen Freunde, der jüdische Schriftsteller Alfred Mombert, aus dem französischen Internierungslager Camp de Gurs freikam, er setzte sich auch für den in Bedrängnis gekommenen Peter Suhrkamp ein. 1945 wurde er in Abwesenheit zum Tode verurteilt – weil er den Oberbürgermeister von Passau versucht hatte zu überzeugen, dass es sinnlos wäre, Passau zu verteidigen.

Als einer der ersten nach dem Krieg hat er in seinem bewegenden Buch »Ungleiche Welten« versucht zu verstehen, wie es passieren hatte können, dass die Nationalsozialisten von München aus an die Macht gekommen waren. Er, der von Goebbels zusammen mit nur fünf weiteren Schriftstellern auf die »Gottbegnadetenliste« gesetzt worden war, einer der meistgeförderten Schriftsteller der NS-Zeit, reflektiert darin aber auch die eigene Rolle. Überlegt noch einmal, warum er nicht emigriert ist, er beschreibt, wie die Bevölkerung eines ganzen Landes abstumpfte; was es andererseits bedeutete, wenn man in einem Brief, den der NS-ferne Schriftsteller Karl Voßler vom NS-fernen Kollegen

Hans Carossa (1878–1956) lebte mit Unterbrechungen von 1897 bis 1929 in München. »Die steigernde Art«, in der seine Mutter, die Münchnerin war, von München erzählte, habe ihm als Kind »die Empfindung eingegeben, als wohnten dort nur Glückliche und Gescheite, denen das Allerschwerste leicht gelang«. 1916, im Ersten Weltkrieg, amputierte er an der rumänischen Front Pater Rupert Mayer das linke Bein. Später behandelte er auch D. H. Lawrence, damals schwer an Tuberkulose erkrankt. Lawrence über ihn: »Ein netter Mann, mild wie Kartoffelbrei.« In Passau wurde in der Europabücherei Carossas Arbeitszimmer rekonstruiert und kann besichtigt werden: https://europabuecherei.passau.de/wir-ueber-uns/carossazimmer

Benedetto Croce bekommen hatte, auf einem eigens eingeklebten Zettel die Bemerkung des italienischen Zensors las: »Der Zensor verneigt sich in Ehrfurcht vor Croce und Voßler.«

Carossa, dem München immer Sehnsuchtsort gewesen war, weil seine Mutter aus München stammte, der in München einst »unsere gute Stadt« gesehen hatte, »die uns öfter ärgert, aber doch immer wieder tief beglückt und uns unerklärlich innig festhält«, schreibt: »Jeder Tag entzog uns etwas von unserem Wesen«, er schreibt aber auch: »Keine Schuld verringert sich dadurch, dass auch die anderen schuldig werden.« »Ungleiche Welten« hat viele beklemmende Stellen, gegen Ende meint Carossa: »Statt von fremden Völkern geringschätzig zu reden, horchet lieber auf ihre Gesänge!«

Die Passage in seinem Werk, in der er am »Stefanie« vorbeikommt, das sich in einen Trümmerhaufen verwandelt hat, findet sich in den »Aufzeichnungen aus Italien«, die auch das Kapitel »Ein Tag in München« enthalten. Carossa wird, als er den Kronleuchter sieht, von Erinnerungen geflutet, an Graf Keyserling, der immer lächelnd, die Tatsache weglächelnd, dass er bald sterben würde, im Krankenstuhl unter dem Leuchter gesessen hatte, an Karl Wolfskehl, der ohne Brille aussah wie der Moses von Michelangelo, an die »einsamen alten Leute«, die um die Dichter und Künstler herumsaßen. Dann heißt es eben: »Jenes vorurteilslose, weitherzige München, das so viele Begabungen sprießen und blühen ließ, war mir immer als ein Anfang erschienen, als das erste Stadium eines geistbestimmten Zeitalters, und es dauerte lange, bis mir begreiflich wurde, daß diese Epoche freier Entfaltung nur ein Ausnahmezustand gewesen war, der nie wiederkehren sollte.«

Adolf Erbslöh

»Mittwoche sind gelb«

Der Maler Adolf Erbslöh war ein Vertreter der Klassischen Moderne. Geboren ist er in New York, als er acht war, 1889, zogen seine Eltern mit ihm zurück nach Deutschland. Er wuchs in Barmen, das heute zu Wuppertal gehört, auf. Nach einem Kunststudium in Karlsruhe wechselte er 1904 nach München, wo er ebenfalls die Kunstakademie besuchte. Erbslöh war immer wieder auf Reisen, im Ersten Weltkrieg wurde er eingezogen und war als Kriegsmaler tätig. 1934 kaufte er sich ein Haus im idyllischen Irschenhausen zwischen Schäftlarn und Icking, wo er 13 Jahre später starb.

Der Text auf der farbigen Tafel, die für ihn angebracht wurde am Haus Königinstraße 85, in dem er 18 Jahre lang in München zuhause gewesen ist, beschränkt sich auf den Hinweis, dass Erbslöh die Gründung der Neuen Künstlervereinigung München (N. K.V. M.) mitinitiiert hat.

Was freilich stimmt, er gehörte zu dem kleinen Kreis, der im »rosafarbenen Salon« der Marianne von Werefkin in der Giselastraße 23 davon träumte, sich mit Gleichgesinnten, die anders malen wollten, die Neues ausprobierten in ihrer Kunst, zusammenzuschließen. Erbslöh war letztlich die treibende Kraft, dass 1909 dann wirklich die Neue Künstlervereinigung München aus der Taufe gehoben werden konnte. Sie hatten auch noch Franz Marc gewinnen können für ihren Verein, hatten ihn in seinem Sommerwohnsitz in Sindelsdorf besucht – und waren begeistert gewesen davon, was sie dort in seinem Atelier zu sehen bekamen. Marc sagte dann auch gleich seine Mitgliedschaft zu, er berichtete an Maria, mit der er damals noch nicht verheiratet war und die zu der Zeit in Berlin bei den Eltern war: »Der Besuch war köstlich [...]. Erbslöh tanzte vor Vergnügen, Jawlensky drückte mir in einem fort die Hände u. schnarrte sein säääırrrh gut, Werefkin desgleichen.«

Nicht erwähnt wird auf der Plakette jedoch, dass die Künstler nur zwei Ausstellungen zusammen bestritten, beide fanden in der Modernen Galerie von Heinrich Thannhauser statt. Dann kam es schon zu Unstimmigkeiten. In deren Folge gab Kandinsky im Januar 1911 den Ersten Vorsitz zurück, den Erbslöh, der von ihnen allen am traditionellsten arbeitete, dann von ihm übernahm. Letztlich seilten sich auch noch Marc, August Macke und Gabriele Münter ab und gründeten den Blauen Reiter. Alexej von Jawlensky, mit dem Erbslöh lebenslang befreundet blieb, der für Erbslöh das »künstlerische Gewissen« war, und die Werefkin saßen unbequem zwischen den Stühlen, blieben aber bei der Künstlervereinigung.

Was auch nicht auf der Plakette Berücksichtigung findet, ist die Tatsache, dass es auch für Erbslöh künstlerisch nach 1933 nur noch im Verborgenen weiterging. Er, der unheimlich rege gewesen war damit, Ausstellungen mit seinen Werken zu bestücken, wurde jetzt nicht mehr gezeigt. 1937 wurden zudem von den Nationalsozialisten vier Arbeiten von ihm aus Museen entfernt und zerstört.

Studiert hatte Erbslöh an der Akademie in München bei Ludwig Herterich. Er und seine Frau waren in der glücklichen Lage, nicht aufs Geld schauen zu müssen, vielfach hat sich Erbslöh, das kann man immer wieder nachlesen, für seine Künstlerfreunde eingesetzt – oft ohne, dass die das mitbekamen. Er besaß in der Ohmstraße, wie Maria Marc in ihren Erinnerungen schreibt, ein »schönes Atelier«, in dem er »eine ganze Anzahl von Bildern seiner Kollegen [...] stehen (hatte) – vor allem von Alexander Jawlensky, Marianne von Werefkin, Wladimir von Bechtejeff, Alexander Kanoldt«.

In München ist er letztlich zu dem Maler geworden, der er dann war, der in der Farbgebung sehr spezielle, dekorativ-expressionistische Bilder schuf. Zu seinen bekanntesten Werken gehören die Arbeiten »Liegender Akt im Wald«, »Tennisplatz«, »Gebirgslandschaft«, »Der violette Schleier«. Und natürlich auch das »Mädchen mit rotem Rock«.

Er selbst stand der eigenen Arbeit sehr kritisch gegenüber, Erbslöh habe, schreibt die Schriftstellerin Isabella Nadolny, deren Eltern mit Erbslöh befreundet waren und die ihn als Kind oft auf dem Sommergrundstück ihrer Familie Nähe Chiemsee erlebt hat, zur Melancholie geneigt. Aber er sei auch ein »Original und Weltmann« gewesen, ein »Zigarrenraucher mit großer Hornbrille«, der »brillant« erzählen und dabei Dialekte super nachmachen konnte. »Jede Pointe saß wie ein Schuss.« Isabella, damals ein Kind, fragte er lustige Sachen wie: »Haben bei dir die Wochentage auch Farben? Bei mir ist der Mittwoch gelb!« Er brachte dem Mädchen bei, wie man eine Landschaft mit schiefgelegtem Kopf betrachtet, und der Sommer war für ihn der »herrliche, ernste dunkelleuchtende deutsche Sommer mit dem vielerlei Grün und den violetten Schatten«.

»Der Künstler bildet«, war seine Auffassung, »was er sich vorstellt. [...] der große Künstler wird stets die seinen Vorstellungen entsprechende, die ihm notwendige Form finden, und so wird die Form zum Ausdruck seines Inneren, zum Symbol seines Wesens«. 1920 ließ er den Eintrag der N. K.V. M. im Vereinsregister löschen.

Adolf Erbslöh, Jahrgang 1881, lebte von 1904 bis 1934 in München. Er starb 1947 in Irschenhausen, er hatte am Schluss nur noch in kleinen Formaten die unmittelbare Umgebung gemalt. Zu Nadolnys an den Chiemsee fuhr er gern mit dem Rad, im Rucksack hatte er dann ein zweites Hemd, Zeichenkohle, ein Eau de Cologne, einen Schopenhauer. Bei der Beerdigung von Alexej Jawlensky hielt er die Trauerrede. Bilder von ihm hängen im Franz Marc Museum in Kochel, im Schlossmuseum Murnau, auch das Lenbachhaus besitzt Arbeiten von ihm.

Hermann Frieb

Neu Beginnen

Hermann Frieb war ein NS-Widerstandskämpfer der ersten Stunde, er hatte Hitler von Anfang an bekämpft. Auch er bezahlte letztlich seinen Einsatz, neun Jahre konspirativer Tätigkeit, mit dem Leben. Hermann Frieb war Sozialdemokrat, wurde radikaler Sozialist, gleichzeitig war er wohl auch ein Träumer, der sich eine bessere Zukunft ausmalte, während er kämpfte. An ihn und Paula, seine Mutter, die informiert war darüber, was er tat, erinnert seit 2009 eine Gedenkplatte. Sie hängt an dem Haus, in dem die beiden zusammenwohnten – und wo sie vermutlich auch verhaftet worden sind.

Auf dieser Plakette steht, wann die beiden verhaftet wurden, was übrigens nicht gleichzeitig passierte. Und wann Hermann Frieb ermordet worden ist. Dass Paula Frieb überlebte, muss man sich erschließen, sie wurde zu zwölf Jahren Gefängnis verurteilt – wegen des Hörens von

Feindsendern. Und weil sie ihren Sohn bei seinen »hochverräterischen« Aktivitäten unterstützt habe.

Ebenso wenig wird auf der Tafel erwähnt, dass Hermann Frieb der Bewegung »Neu Beginnen« angehörte, einer radikalen Splittergruppe, die inhaltlich zwischen SPD und KPD stand; und es wird auch nicht berichtet, dass er 1934 schon einmal ins Visier der Gestapo geraten war. Damals wurde er, Österreicher wie sein Vater, »nur« ausgewiesen. Er kam bald zurück. Hermann Frieb, der noch einen Bruder hatte, ist wohl in München aufgewachsen. Studierte hier, wurde Steuerberater, was schon der Vater gewesen war, übernahm dessen Kanzlei.

Innerhalb der SPD war seine Sektion die in Sendling, er engagierte sich zudem als Vorsitzender des sozialdemokratischen Studentenbunds und als Mitglied im linken Touristenverein »Die Naturfreunde«, der Arbeitern Erlebnisse im Grünen ermöglichen wollte. Und auch als die SPD im Juni 1933 verboten worden ist, stellte Frieb seine Aktivitäten nicht ein. Er führte sie einfach im Verborgenen weiter.

1934 durchsuchten die Nationalsozialisten seine Wohnung, in der sie nicht nur kommunistische Schriften fanden, sondern vor allem Aufzeichnungen von Frieb, denen man entnehmen konnte, was er vom System hielt. Nichts nämlich. Unter anderem hatte er geschrieben: »In Dachau hat Hitler die Arbeiter unter ein [...] Joch geschickt [...] der deutsche Faschismus, der sich sozialistisch nennt, ist vollständig entartet. Die Nationalsozialisten haben die Tierquälerei abgeschafft und die Menschenschinderei eingeführt« – was ja auch heißt, dass man zu der Zeit, wenn man das wollte, durchaus wissen konnte, was der Fall war.

Frieb wurde, wie gesagt, ausgewiesen, studierte eine Weile in Prag und Wien, wobei Prag deshalb wichtig war, weil er dort Waldemar von Knoeringen kennenlernte, eine der zentralen Figuren von »Neu Beginnen«. Knoeringen, der den Krieg später in England überlebte, charakterisierte Frieb so: »Er war kein Gefühlsrebell, sondern ein systematischer Denker, dessen Hauptthese es war, daß der Widerstand gegen den Nationalsozialismus auch unter den ungünstigsten Verhältnissen eine Voraussetzung für die Kontinuität der sozialistischen Bewegung und damit für ihren Sieg sei.« Frieb war, kann man auch über ihn lesen, auffällig unauffällig, deshalb für Arbeit im Untergrund sehr gut geeignet. Zumal er sich eine »skurrile Versponnenheit« zugelegt hatte, wie der BR-Journalist Arthur Dittlmann in einem Beitrag über Frieb sagt.

Hermann Frieb (1909–1943) stammte aus München, nach seiner Ausweisung war er gut ein Jahr nicht in der Stadt. Nach dem Zweiten Weltkrieg nahm Paula Frieb Kontakt auf zu den »Neu Beginnen«-Freunden ihres toten Sohnes. An Eugen Nerdinger aus Augsburg schrieb sie, sie betrachte es als Glück, dass sie ihrem Sohn »nicht nur Mutter, sondern auch Kameradin« sein hatte können. Wie verzweifelt sie über alles weiterhin war, kann man dem folgenden Satz entnehmen: »Aber Vorderhand bin ich noch weit weg vom Verzeihen.«

»Neu Beginnen« verfolgte die Strategie, zunächst noch die eigenen Ressourcen und Kräfte zu schonen. Und erst loszuschlagen, wenn auch Aussicht auf Erfolg bestünde, sprich: der Krieg nicht mehr zu gewinnen sein würde. Leicht verfrüht meinten die Beteiligten schon 1941/1942, genau das sei jetzt eingetreten – und wurden aktiv. Warben offensiv Mitstreiter an. Reisten deshalb herum, vor allem nach Wien und Augsburg. Trafen Gleichgesinnte im Tierpark, im Botanischen Garten. Sammelten Waffen. Und machten Schießübungen auf einem Grundstück am Ammersee, das Hermann Frieb gehörte. Schon 1935 war er nach München zurückgekehrt.

Zu »Neu Beginnen« gehört auch eine leichte Überschätzung der eigenen Wirksamkeit. Frieb und seine Leute meinten, sie könnten wirklich mit Sabotageaktionen den deutschen Nachschub für das Afrika-Corps stören, was freilich nicht gelang. In dem Sinn ist auch der Aktionsplan »Das Rollkommando« einzuordnen, den Frieb für den Moment der Machtübernahme durch seine Sozialisten entwarf. Unter anderem Punkte des Plans: Besetzung des Rundfunkhauses, Ausräumen von Banken, Ersticken jeder gegenrevolutionären Regung im Keim.

Im Frühjahr 1942 wurden Hermann Frieb und einer seiner Mitkämpfer, der Sozialist Bebo Wager, gefasst, ein Spitzel hatte die beiden enttarnt. Noch in der Haft, noch nach seiner Verurteilung, hörte Hermann Frieb nicht auf zu träumen – und zu kämpfen. Irgendwie war das für ihn eins. Er hoffte, er könnte mit den Nationalsozialisten einen Deal machen. Könnte sie dazu bewegen, ihn zu begnadigen, wenn umgekehrt er dafür ihnen zusichern würde, dass sie alle ungeschoren davonkämen, wenn, wovon er ja überzeugt war, die Sozialisten nach Kriegsende die Macht übernehmen würden. Er ließ sich zusichern, dass ein entsprechendes, von ihm und Wager entworfenes Papier weitergereicht werde. Das Ganze: eins der »erstaunlichsten Zeugnisse des Widerstands«, wie der Historiker Hartmut Mehringer vom Institut für Zeitgeschichte mal sagte.

»Ich will ohne Haß und Groll aus diesem Leben gehen. [...]. Wenn Du einmal abberufen werden solltest, gehe auch ohne Groll gegen alles uns Feindliche«, schrieb der mutige, verträumte, unermüdliche Hermann Frieb kurz vor seiner Hinrichtung an seine »liebste Mutter«.

Paula Frieb lebte auch nicht mehr lang. Sie starb Ende 1945 mit 74 Jahren.

Oskar Maria Graf

»Verbrennt mich!«

Der Schriftsteller Oskar Maria Graf kam aus Berg am Starnberger See, die Familie war groß, er war das neunte von elf Kindern. Auch Oskar, obwohl in der Geschwisterreihe so weit hinten, musste nach der Volksschule eine Lehre machen im elterlichen Betrieb. Mit 17, da war der Vater schon tot und der unerbittliche älteste Bruder hatte die Bäckerei übernommen, haute er ab nach München, wo er die nächsten 22 Jahre seines Lebens verbrachte, ehe er wieder floh, diesmal vor den Nationalsozialisten. Die kurz drauf, das verfolgte er dann schon von Wien aus, am 10. Mai 1933 Bücher verbrannten, die sie für undeutsch hielten, aber seine, die inzwischen erschienen waren, waren nicht dabei, und er verfasste für die Arbeiter-zeitung den berühmt gewordenen Aufruf: »Verbrennt mich!«

Das alles steht natürlich nicht auf der Plakette an dem Haus, in dem er die längste Zeit in München gewohnt hat, in der Barer Straße 37. Beziehungsweise im »vormaligen Atelierhaus« der Barer Straße 37. Zwölf

Oskar Maria Graf, Jahrgang 1984, war von 1911 bis 1933 in München. Der Durchbruch gelang ihm 1927 mit seinem autobiografischen Roman »Wir sind Gefangene. Ein Bekenntnis«. Er starb 1967 in New York. Ein Jahr zuvor war der zweite Teil seiner Biografie erschienen: »Gelächter von außen. Aus meinem Leben 1919 bis 1933«. Nach ihm heißt das Café im Literaturhaus am Salvatorplatz.

Jahre lebte er hier, von 1919 bis 1931, während in München Revolution war und er schrieb und »in der Revolution herumspazierte«, wie er schrieb, während er in Zusammenhang mit Streiks vor und während der Revolution zweimal verhaftet wurde und das zweite Mal bald wieder rauskam, weil sich Rainer Maria Rilke für ihn einsetzte. Er hatte schnell Kontakt bekommen zur Münchner Boheme, er hatte schnell eigene Sachen veröffentlicht.

Immer lief er in der Lederhosn herum, und auf seinem in irgendeinem trachtenähnlichen Hemd steckenden Oberkörper saß ein ziemlicher Dickkopf, wie man ihn den Bayern gern unterstellt. Im Ersten Weltkrieg musste er irgendwann nicht mehr weiterkämpfen, weil er sich in die Psychiatrie hatte einweisen lassen. Im »Anton Sittinger« kann man nachlesen, er habe mal den Hitler getroffen im Schellingsalon, habe mit dem sogar an einem Tisch gesessen, sich zwei Stunden dessen Tiraden angehört, dabei eine Dampfnudel nach der anderen verputzt, dann gesagt, er habe leider kein Geld, um zu zahlen und dem vor Wut knallroten Hitler mitgeteilt: »Moana Sie, i hör mir Eahnan Schmarrn umasunt o?« Er kam nie mehr dauerhaft nach Deutschland zurück. War in der Sowjetunion, unter anderem mit Klaus Mann, ging ins tschechoslowakische, holländische, schließlich amerikanische Exil. Wo er immer in der Lederhosn herumlief und kein Wort Englisch lernte.

Auf der Tafel steht auch nicht, dass niemand hier, als er 1958 erstmals zurückkehrte nach München und zum 800. Stadtgeburtstag im Cuvilliés-Theater aus seinen Romanen las, verstand, warum er das in genau der Lederhosn tat, die er getragen hatte, als er aus München abgehauen war. Alle drängten ihn, einen Anzug zu tragen, und alle regten sich auf, dass er das nicht machte, und Erich Kästner, auf den man sich sonst schon verlassen konnte, weigerte sich plötzlich, die Laudatio zu halten. Man hatte ihm kein Hotelzimmer reserviert, man hatte ihn nicht vom Flughafen abgeholt, die ersten Reihen im Theater blieben leer. So war das damals.

Graf, der »Provinzschriftsteller«, als den er sich selbst ironisch bezeichnete, der Weltruhm erlangt und mit dem »Leben meiner Mutter« einen unsterblichen Roman verfasst hat, blieb in New York wohnen, in seinem kleinen Apartment mit Blick auf den Hudson River. Dreimal kam er besuchsweise nach Deutschland, jedes Mal auch nach Berg. Er hatte eine Tochter, die aussah wie er, und eine Enkelin. Neben seinen Schreibtisch hatte er eine Postkarte vom Märchenkönig gepinnt. Am 12. Februar 1959 schrieb er an seinen Freund Ernst Waldinger, die Münchner seien »lauter kriechende Betbrüder und gewesene Nazis, die jetzt nichts mehr wissen«.

Friedrich August von Kaulbach

Fürstinnen und die Schützenliesl

Friedrich August von Kaulbach, Sohn von Friedrich von Kaulbach (Hofmaler in Hannover), Neffe von Wilhelm von Kaulbach (Direktor der Kunstakademie in München und Namensgeber der Kaulbachstraße), war in der Gründerzeit einer der drei Malerfürsten der Stadt, die die Kunstszene an der Isar beherrschten. Im Gegensatz zu den anderen beiden, Franz von Lenbach und Franz von Stuck, ist seine Kunst heute mehr oder weniger vergessen. Er ist der einzige von den dreien, dem eine Plakette gewidmet ist – an der Villa, die er sich, Ausdruck des Reichtums, den er sich mit seiner Kunst als einer der gefragtesten Porträtmaler seiner Zeit erarbeitet hatte, von Gabriel von Seidl 1886 erbauen ließ.

Dort befand sich auch sein Atelier, in dem er seine Dinge und Gesichter oft beschönigenden Arbeiten lässig auf Staffeleien zwischen Gobelins und unter getäfelter Holzdecke präsentierte. Er war in München geboren worden, er kam nach dem Studium nach München zurück und lebte hier und in Ohlstadt bei Murnau, wo er sich 1893 einen Sommersitz errichten hatte lassen, bis zu seinem Tod. Das steht leicht verkürzt auch auf der Tafel, die an seinem ehemaligen Wohnhaus hängt. Das wiederum fand mit dem Historischen Kolleg einen würdigen Nachnutzer.

Was jedoch nicht auf der Tafel steht, ist, dass Kaulbach, der sich sonst mit den Gegebenheiten eher abfand beziehungsweise zu einer Idealisierung dessen neigte, was um ihn herum passierte, von Beginn an entschiedener Gegner des Ersten Weltkriegs gewesen war – und das auch formulierte. Außerdem fehlen auf dem Schild Hinweise darauf, dass er zwar alles andere machte, als die Porträtmalerei zu revolutionieren, aber ein begnadeter, bissiger Karikaturist gewesen ist. Der sich auch über sich selbst lustig machen konnte – und deshalb eigentlich nach seinem Tod zu Unrecht schnell vergessen wurde.

Und interessant wäre vielleicht auch noch gewesen zu erwähnen, dass er seiner zweiten Frau, die eine Geigenvirtuosin gewesen ist, außerdem 20 Jahre jünger als er und äußerst attraktiv, auferlegte, auf ihre Karriere zu verzichten. So wie dann auch der Jüngsten ihrer Töchter, Quappi, die ebenfalls Musikerin war, von ihrem Mann verboten worden ist, sich in der Ehe weiter auf ihre Musik zu konzentrieren. Der Mann war der Maler Max Beckmann. Manchmal geht einfach alles wie gehabt weiter, ohne Bruch.

Kaulbach war ausgebildet worden in Nürnberg und Dresden, er hatte, ehe er Anfang der 70er-Jahre zurückkehrte nach München, Reisen in die Niederlande und nach Italien unternommen. In der Kunstszene hier war er fest verwurzelt, er gehörte unzähligen Gremien an und war außerdem Mitglied der Künstlergesellschaft Allotria, die sich konsequent der Geselligkeit verschrieben hatte. 1886, im selben Jahr, in dem er dann Seidl beauftragte mit dem Bau der Villa, wurde er, was vorher sein Onkel gewesen war – Direktor der Akademie nämlich, wobei er den Posten vier Jahre später schon wieder räumte, angeblich, weil er mit Malen mehr Geld verdienen konnte.

1905 zahlten ihm die Rockefellers 100 000 Goldmark für ein Porträt, das zu malen er eigens nach Frankreich gereist war. Kaulbach hatte beste Kontakte, er, der vorwiegend Damen aus aristokratischen Kreisen, aus Wirtschaft und Politik auf der Leinwand verewigte und in dessen Zuhause, so ein Beteiligter, »Fürstinnen, Dollarprinzessinnen und Königinnen der Bühne« verkehrten, ging von Ohlstadt aus mit dem Prinzregenten Luitpold auf die Jagd. Ihm saß Kaiserin Auguste Viktoria ebenso Modell wie die Tänzerin Isadora Duncan, er malte Oskar von Miller, die Kinder des russischen Zaren, die Pringsheim-Kinder im Clownskostüm, aber auch Kaiser Wilhelm II., in dem Fall auf der

Wilhelmshöhe bei Kassel. Und der Schützenliesl widmete er 1871 ebenfalls ein Porträt. In seiner Kunst kam es ihm nicht darauf an, innere Zustände der Porträtierten zu erfassen. Sondern er malte sie einfach schön.

Auch Grete Gulbransson, die Frau des Malers und Karikaturisten Olaf Gulbransson, ließ sich 1911 von ihm darstellen – und schilderte in ihrem Tagebuch, wie die Sitzungen abliefen: »Ich muss wieder zum Kaulbach. Aber ich seh' blass und scheusslich aus heut' leider und bin ganz verzweifelt. [...] Das Bild wird viel schöner als ich – ich jammer' über meine Hässlichkeit und der Kaulbach glaubt, das Bild gefällt mir nicht. Er flüstert seiner Frau etwas zu [...] und nachher holt sie ihre Geige und spielt mir wundervoll vor. Da werd' ich heiß und lebendig wie er es zu seinem Bild braucht.«

1897 hatte sich Kaulbach von seiner ersten Frau getrennt und die schöne, ganz undänisch schwarzhaarige und schwarzäugige Dänin Frida Schytte geheiratet, die unter anderem 1896 mit Richard Strauss in Moskau konzertiert hatte. Die Kunsthistorikerin Brigitte Salmen schreibt über ihn: »Sein Leben war von persönlichem Glück und beruflichem Erfolg begleitet und verlief ohne tiefgreifende Erschütterungen.«

Aber, eben, wie gesagt, das Unheil, das der Erste Weltkrieg mit sich bringen würde, hatte er von Anfang an kommen sehen. In einem Brief während des Kriegs schrieb Kaulbach an Kronprinz Rupprecht, Sohn von Ludwig III.: »Eure Königliche Hoheit mag es auch oft sonderbar berühren, da Sie doch erst von wenigen Jahren [...] das schöne Nordfrankreich bereist haben, und wie muß es Euerer Königlichen Hoheit mit Ihrer Kunstliebe oft zu Muthe sein, wenn Sie diese edlen Bauten jetzt betrachten und deren Beschießung vielleicht selbst zuweilen anordnen müssen.« Derweil speisten er und seine Familie in ihrem repräsentativen Wohnhaus weiter unter Gemälden von Tizian und Tintoretto.

Friedrich August von Kaulbach ist 1850 in München geboren und blieb hier wohnen – bis auf vier Jahre während des Studiums, von 1868 bis 1872. Sein Gemälde der Pringsheim-Kinder im Clownskostüm hatte sich auch Thomas Mann als Jugendlicher ausgeschnitten und über den Schreibtisch gehängt. Die Ohlstädter Villa wurde nach Kaulbachs Tod mehrfach umgebaut, das Atelier und ein kleines holzgetäfeltes Studierzimmer sind jedoch original erhalten und an bestimmten Tagen für die Öffentlichkeit zugänglich. Dort hängen 30 seiner Gemälde und 25 Zeichnungen.

Sebastian Kneipp

Gesundheitsapostel

Sebastian Kneipp war Pfarrer – und bekanntlich Wasserdoktor, Wasser war für ihn nicht nur ein Heilmittel, sondern ein Allheilmittel. Er war in ärmsten Verhältnissen aufgewachsen und wurde zum Gesundheitsapostel, der in ganz Europa Vorträge hielt – und sogar den Papst behandelte. Zwei Jahre hat er sich auch in München aufgehalten während seines Studiums am Georgianum und in der Zeit wichtige Erkenntnisse gewonnen für sein später weltberühmtes Heilverfahren. Das steht, bis auf die ärmliche Herkunft, mehr oder weniger so auf der Plakette, die am Professor-Huber-Platz an ihn erinnert.

Was nicht auf der Plakette steht, ist jedoch die eigentlich für München nett zu erzählende Tatsache, dass das Buch, das sein ganzes Denken begründete, nämlich Johann Siegemund Hahns »Unterricht von Krafft und Würckung des frischen Wassers in die Leiber der Menschen« von 1833, ihm hier, an der Isar, in die Hände gefallen war. Man hätte weiter aufs Schild schreiben können, dass er sich auf Grundlage der Lektüre, dann allerdings schon in Dillingen, mit einer durchaus rabiaten Wasserkur, die daraus bestand, mehrmals pro Woche in die eiskalte Donau zu steigen, von einer schweren Tuberkulose kurierte. Dass er später, als er schon ein gefragter Heilpraktiker war, nicht immer freundlich gewesen ist zu den Leuten und Ratsuchende, die ihm gestanden, dass sie halt einfach nicht vom Kaffee lassen können, vor die Tür setzte. Und dass ihm – dies passierte freilich schon bevor er selbst praktizierte und begleitete ihn sein ganzes Berufsleben lang – untersagt worden ist, seine Heilverfahren anzuwenden. Immer wieder, das erste Mal 1854, wurde er angezeigt wegen Pfuscherei.

Kneipp war 1850 nach München gekommen, um sein Theologiestudium fortzusetzen, das er wiederum nur deshalb aufgenommen hatte, um »der Rute und der Hölle zu entgehen«. Er hatte, weil sich ein Verwandter für ihn eingesetzt hatte, das Gymnasium in Dillingen besuchen können – ein Bauernbub, der schon als Elfjähriger dem Vater beim Weben im Keller im Winter helfen hatte müssen, der sich im Sommer als Hirtebub verdingte. Er fing auch in Dillingen an zu studieren – und kam dann mit einem Stipendium ans Georgianum. War schon krank. Fand das Buch. Wurde gesund. In seinem Buch »Meine Wasserkur« schreibt er, wie ihn richtig elektrisierte, was er bei Hahn gelesen hatte: »Das passte, das stimmte, das war fast bis aufs Haar getroffen! Welche Freude, welcher Trost! Neue Hoffnungen elektrisieren den welken Leib.« Auch zu Hause hatte er sich mit Wasser übergossen. Seine Erfahrung: »Schaden brachte diese kalte Übung nie.«

Ebenfalls noch in München, wohin er dann wieder zurückkehrt, beginnt er, mehr oder weniger heimlich, kranke Kommilitonen zu behandeln. Und zwar nachts, im Garten. Er übergießt sie mit Blumenwasser aus der Gießkanne des Gärtners. Bekommt die erste Anzeige. Muss unterschreiben, dass er damit aufhören wird, Kranken helfen zu wollen. Und dann ist die Münchner Zeit von Sebastian Kneipp auch schon vorbei. Der Rest ist: ein bisschen Augsburg, als Pfarrer ab 1852. Und vor allem: Wörishofen – längst ein Synonym geworden für die Heilbehandlungen des Pfarrers, der Wasser nicht nur predigte, sondern auch trank, der sich nicht nur ums Seelenheil der Menschen sorgte, sondern auch um deren körperliches Wohlbefinden.

Ganz kurz noch, weil einfach zu viel passierte, nachdem er der bayerischen Residenzstadt den Rücken gekehrt hatte: In Augsburg setzte er sich über das Behandlungsverbot hinweg und heilte offenbar eine Frau, die sich an der grassierenden Cholera angesteckt hatte – an der auch Kneipps Vater gestorben war.

Und in Wörishofen änderte sich mit dem Tag im Mai 1855, an dem er ankam bei den Dominikanerinnen, nicht nur alles im Kloster, wo er die Landwirtschaft wieder belebte, sondern auch im Dorf. Damals bestand Wörishofen aus zehn Bauernhöfen. Heute verfügt der Kurort über 7000 Gästebetten, in denen im Jahr rund eine Million Kurgäste schlafen. 1894 konnte er sogar den Papst von Wassergüssen und einer Ernährungsumstellung überzeugen. Bekannt gewordener Satz, den er zu Leo XIII. sagte: »S'Herrle könnt leicht noch zehn Jahre leben.«

Sebastian Anton Kneipp (1821–1897) kam aus Stephansried im Unterallgäu. Von 1850 bis 1852 studierte er in München. Die Gesundheit, schrieb er in seinem wichtigsten Buch »So sollt ihr leben«, fußt auf fünf Säulen, als da wären: Ernährung, Bewegung, Wasseranwendungen, Behandlung mit Heilkräutern, Lebensordnung – Letzteres würde man heute vielleicht als Work-Life-Balance bezeichnen. Zu seiner Beerdigung sollen mehr als 6000 Menschen gekommen sein. In Wörishofen gibt es ein Kneipp-Museum (www.kneippmuseum.de), zum 200. Geburtstag hat Playmobil eine Kneipp-Figur aufgelegt, die den Wasserdoktor mit Gießkanne zeigt und Hund. Kneipp hatte einen weißen Spitz.

Kathi Kobus

»Die gefeiertste Frau Münchens«

Der »Alte Simpl«. Früher der »Simplicissimus«, *der* Treffpunkt der Schwabinger Boheme in den Jahren vor dem Ersten Weltkrieg. Wirtin war damals Kathi Kobus, die das Lokal schon 1903 aufgemacht hatte und nicht erst 1905, wie auf der Tafel steht. Bis 1912 führte sie die Kneipe mit größtem Erfolg. Sie war, meinte die Lyrikerin Marietta di Monaco, »die gefeiertste Frau Münchens«, die mit den Gästen sprach wie mit Geschwistern – mit »viel Wärme im Tonfall ihrer Stimme«. Als sie dann vorübergehend zusperrte, hatte sie so viel Geld verdient, dass sie sich in Wolfratshausen im Süden der Stadt eine Villa kaufen konnte, die sie zwar »Kathis Ruh« nannte, in der sie aber dem Namen zum Trotz ein Ausflugslokal eröffnete. 1917, mitten im Ersten Weltkrieg, kehrte sie zurück in die Stadt und ließ den »Simplicissimus« wieder aufleben – bis zu ihrem Tod 1929. Das steht in der Ausführlichkeit freilich nicht auf dem Schild. Immerhin, ein paar Stammgäste werden namentlich darauf erwähnt – aber viele fallen dabei auch unter den Tisch.

Was ebenfalls unerwähnt bleibt, ist die Tatsache, dass Kathi Kobus, die unheimlich geschäftstüchtig gewesen sein muss, Tochter eines Traunsteiner Pferdehändlers und Gastwirts, überhaupt mit 17 nach München gekommen war, weil ihr Vater sie, als sie unverheiratet schwanger wurde, rausgeworfen hatte zuhause. Sie schlug sich als Kellnerin und Malermodell durch, ehe sie in den 1890er-Jahren erst Kassiererin, dann Wirtin der »Dichtelei« in der Adalbertstraße wurde, einer Wirtschaft mit Brettlbühne.

Als dort, wie in München so üblich, die Pacht zu teuer wurde, sahen sich die Stammgäste für sie nach neuen Räumen um. Wurden schließlich in der Türkenstraße fündig – und halfen dann auch gleich beim Umzug, den man sich durchaus als Spektakel vorstellen darf: »Wedekind mit der Gitarre voran, hinterdrein marschierten wir anderen mit Tischen und Stühlen, Theke und Weinregalen, Eisschrank und Vorräten«, erinnerte sich später der französische Schriftsteller René Prévot. Der Kobus gelang es dann noch, den Verleger Albert Langen davon zu überzeugen, dass er ihr den Namen seiner Satirezeitschrift fürs Lokal leihen müsse – was sie angeblich mit einem Kniefall und einer Flasche Sekt bezahlte. Und Thomas Theodor Heine malte ihr schließlich die Bulldogge, die eine Sektflasche entkorkt, fürs Wirtshausschild.

Wenn sie es nicht schon war, dann wurde Kathi Kobus im »Simplicissimus« die Mutter der Münchner Boheme. Sie duzte alle, sie trug immer Tracht, sie war charmant – wenn auch weder besonders schön noch eloquent. Marietta di Monaco sagte über sie: »Gerade ihre Einfältigkeit hielt die Anhänger im Banne.« Ihre dunklen Schneckerlhaare, die fast schon was turbanhaftes hatten, waren eine Perücke, die ihr einmal beim Bierzapfen herunterrutschte. »Zum Vorschein kam ein dünner Knoten roter Haare«, berichtete ein Stammgast.

Kathi Kobus, Jahrgang 1854, stammt aus Niklasreuth in der Gegend um Traunstein. Sie kam 1871 nach München und blieb hier, mit vierjähriger Unterbrechung, bis zu ihrem Tod 1919. Das Ende der Kneipe 1944 fiel mit dem Ende der längst gleichgeschalteten Zeitschrift zusammen – eine Sprengbombe zerstörte den hinteren Teil des Lokals. 1960 übernahm die Volksschauspielerin Toni Netzle die Traditionswirtschaft und bescherte ihr nochmal 30 gute Jahre, jetzt unter dem Namen »Alter Simpl«. Das Lokal existiert noch immer.

Kathi Kobus, ein »resches, resolutes Weib von stattlichem Wuchs« (Prévot), hatte dem Skandalschriftsteller Frank Wedekind einen »Ehrenwinkel« im Lokal eingeräumt, er durfte bei ihr auch Lieder singen, die zu singen ihm in Wien verboten worden waren. Wer finanziell gerade klamm war, konnte auch mit Kunst bezahlen. Joachim Ringelnatz, auf der Tafel erwähnt als Stammgast, kam nicht nur regelmäßig ins Lokal, er war auch der Hausdichter dort. Musste Werbemaßnahmen überlegen und reimte über seine Arbeitgeberin: »Es gibt auf dem ganzen Globus / nur eine Kathi Kobus.« Derweil trug Erich Mühsam, Anarchist und Literat, in der Türkenstraße erstmals sein der SPD gewidmetes Gedicht »War einmal ein Revoluzzer« vor – 1908 war das. Und die gute Fanny zu Reventlow gab, wenn es ihr wieder mal schlecht ging, eine Runde aus, die sie sich doch eigentlich überhaupt nicht leisten konnte.

Im Lokal, das aus zwei Räumen bestand, die verbunden waren durch eine Kegelbahn, ging es laut René Prévot so zu: »Bald hub am Tisch ein Liedl an, bald sprang einer mit einem Satz aufs Podium und jonglierte ein Dutzend Verse in die rauchblaue Luft.« Nach Mitternacht gab es für Stammgäste »eine Suppe mit großen Leberknödeln«.

In den »Simplicissimus«, der ein Synonym ist für die besten Zeiten, die München je erlebt hat, kam auch politische Prominenz, der Prinz von Wales etwa, der bayerische Kronprinz, Zar Ferdinand von Bulgarien, irgendwann auch der preußische Kronprinz Friedrich Wilhelm, in Zivil, dem Kathi Kobus eine Frage gestellt haben soll, deren Antwort nicht überliefert ist. Sie lautete: »Jetzt sagens amal selber Hoheit, sans ned greislich, diese Preißn?«

Wie gesagt, 1917, ein Jahr vor Kriegsende, zog die ehemals berühmteste Wirtin der Stadt, damals 63, von Wolfratshausen zurück nach München. Machte den »Simplicissimus« wieder auf. Dort feierte sie sieben Jahre später ihren 70. und als spät in der Nacht zwei Polizisten anklopften, hatten die nicht vor, die Sperrstunde anzumahnen, sondern sie überreichten dem Geburtstagskind zwei Veilchensträußchen. Kathi Kobus starb am 7. August 1919 – dem Geburtstag ihres Hausdichters.

Gustav Landauer

»Meine lieben Bayern haben's gut gemacht«

Gustav Landauer war Philosoph und Autor – und eine Woche lang Minister in Bayern. Für Kulturangelegenheiten, während der Ersten Räterepublik. Was ihn kurz drauf sein Leben gekostet hat, er wurde von konterrevolutionären Soldaten in Stadelheim ermordet. Das steht so auch auf der Plakette, die er, der eben auch Übersetzer gewesen war, bekommen hat in der Amalienstraße 36, am Fremdspracheninstitut der Stadt. Er hatte in München ja nie eine eigene Wohnung gehabt. Während der Revolution lebte er im Hotel Wolff beim Hauptbahnhof.

Nicht auf der Tafel steht, dass die Nachbarn klatschten, als er verhaftet wurde. Er hatte untertauchen können in Großhadern, bei der Witwe von Kurt Eisner. Dort wurde er verraten. Es wird auch verschwiegen auf dem Schild, dass er locker fliehen hätte können, er hätte zwei Wochen Zeit gehabt dazu, Freunde rieten ihm genau das. Er blieb aber, er wartete einfach ab, er war Pazifist durch und durch und hatte Gewalt immer abgelehnt. Er war sicher, seine Sache würde sich klären lassen. Und so kommt dann eben auf der Tafel auch nicht vor, dass er noch sagte, kurz bevor sie ihn erschossen und erschlugen zugleich, weil sie, nachdem ihn ein erster Schuss nicht gleich tödlich getroffen hatte, noch auf ihn einprügelten: »Sie haben mich noch nicht vernommen.«

Landauer, Sohn eines jüdisch-deutschen Kaufmanns aus Karlsruhe, hatte Literatur und Philosophie studiert in Heidelberg, Straßburg und Berlin. Er war Hölderlin-Leser, Walt Whitman-Fan, er hatte Shakespeare übersetzt und sich mit Meister Eckhart befasst. Auch dessen mittelhochdeutsche Schriften übertrug er ins Deutsche. In Berlin war er hängen geblieben, hatte eine erste Familie gegründet, außerdem x sozialistische, anarchistische Gremien und Projekte, er schrieb mit an der Zeitschrift »Der Sozialist«, die immer wieder einging und wiederbelebt wurde mit neuen Untertiteln. Dreimal musste er ins Gefängnis. Er war ein Redetalent.

Und als dann Kurt Eisner mehr oder weniger überraschend am 8. November 1918 die Monarchie abschaffen hatte können, indem er den Freistaat ausrief, da bat der erste bayerische Ministerpräsident, also Eisner, Landauer, den er kannte, nach München zu kommen. »Was ich von Ihnen möchte«, schrieb er ihm, »daß Sie durch rednerische Betätigung an der Umbildung der Seelen mitarbeiten«. Landauer befand sich an einem Tiefpunkt seines Lebens, ein halbes Jahr zuvor war seine Frau, die Lyrikerin Hedwig Lachmann, gestorben, er kam darüber nicht hinweg. Und war zusätzlich an der Spanischen Grippe erkrankt. Trotzdem meinte er tapfer: »Meine lieben Bayern haben's gut gemacht; sowie ich kann, fahre ich nach München. Es ist jetzt, endlich, die Zeit da, wo man mithelfen kann und muß.«

Am 15. November traf er ein an der Isar, zufällig am selben Tag wie der Schriftsteller Ernst Toller, der ebenfalls Eisners neue Regierung unterstützen wollte. Und auch Landauers »Aufruf zum Sozialismus« gelesen hatte, ebenso wie übrigens Thomas Mann. Aber dann war Eisner schon wenige Monate später tot und Landauer, das Redetalent, musste am 26. Februar 1919 am Grab seines Freundes und Wegbegleiters, den er »unter Schmerzen lieb gehabt« hatte, die Trauerrede halten. Er sagte, Eisner sei »ein Prophet« gewesen, es gelte, sein Werk, die Revolution,

Gustav Landauer, Jahrgang 1870, war genau 168 Tage in München, vom 15. November 1918 bis zu seiner Ermordung am 2. Mai 1919. Else Eisner berichtete über seine Verhaftung: »Die Leute schrien Hurra dazu, klatschten in die Hände und schwenkten die Taschentücher. Die Menge schrie: macht ihn hin, den Hund, den Juden, den Lump. Und die Eisnerin gehört auch niedergeknallt.« Die blutige Niederschlagung der Revolution in München durch weiße Truppen kostete 500 bis 1000 Menschen das Leben, auch vielen Zivilisten. Ernst Toller konnte fliehen, er brachte sich später in New York um. Die Nationalsozialisten zerstörten 1933 Landauers Grab auf dem Waldfriedhof, nach dem Krieg wurde er umgebettet auf den Neuen Israelitischen Friedhof, neben Kurt Eisner. Seit 2017 erinnert an ihn, dessen Äußeres mal beschrieben wurde als »Mischung zwischen Christus und Don Quijote«, ein Denkmal im Waldfriedhof.

»in seinem Geiste fest und human fortzusetzen«. Er schloss sich dem »Zentralrat der Republik Bayern« an, der inmitten des Chaos versuchte, die Kontrolle zu behalten, und war dann auch dabei, als am 6. April abends im Wittelsbacher Palais nach langem Gerangel die Erste Räterepublik konstituiert wurde. Am Tag drauf wurde er 49, es war sein erster Tag als Volksbeauftragter für Volksaufklärung, also Kultusminister, und es war sein letzter Geburtstag.

Er stürzte sich jetzt in die Arbeit; was er wollte, war nicht weniger als eine Rundumreform von Schule und Hochschule. Für die Abschaffung der Prügelstrafe an den Schulen war er sowieso. Außerdem sein Ziel: freier Eintritt für alle im Nationaltheater, aus dem Prinzregententheater sollte ein Volkstheater werden. An einen Freund schrieb er, der, unterwegs auf den Gängen von einer Regierungsstelle zur anderen, gern rief »Hier kommt Landauer!«: »Läßt man mir ein paar Wochen Zeit, so hoffe ich, etwas zu leisten; aber leicht möglich, daß es nur ein paar Tage sind, und dann war es ein Traum.«

Man weiß es, es blieb beim Traum. Schon am 13. April unternahm die nach Bamberg ausgewichene Regierung Hoffmann einen ersten Putschversuch, der zwar nicht gelang, aber die Kommunisten an die Macht spülte. Mit denen versuchte Landauer noch zu kooperieren, gab aber nach zwei Tagen auf. Dem Aktionsausschuss teilte er mit: »Ich verstehe unter dem Kampf, der Zustände schaffen will, die jedem Menschen gestatten, an den Gütern der Erde und der Kultur teilzunehmen, etwas anderes als Sie.«

Am 1. Mai 1919 wurde er verhaftet. Zeugen sagten später, es habe schon im Hof von Stadelheim geheißen: »Der Landauer wird sofort erschossen.« Angeblich schlugen sie ihm mit der Peitsche ins Gesicht. Dreimal schossen sie auf ihn. Erich Mühsam, auch Schriftsteller, auch Anarchist, interniert in Stadelheim, schrieb, als er erfuhr, wie sein Freund sterben hatte müssen: »Der Gedanke an Landauers schreckliches Ende läßt mich nicht mehr los.«

Joseph Ratzinger

Packesel Gottes

Kardinal Joseph Alois Ratzinger, später Benedikt XVI. und als solcher der dritte Papst, der innerhalb des Gebiets, das heute Deutschland ist, geboren worden war (die anderen: Clemens II. aus Sachsen, Damasus II., gebürtiger Niederbayer), hatte in München schon eine Gedenkplatte, da lebte er noch. Er war gerade Papst geworden (19. April 2005), als das Schild ihm zu Ehren am Professor-Huber-Platz gegenüber der Universität angebracht worden ist. Weil er ja in München studiert hat.

Damit fehlt natürlich alles, ist ja klar, was passiert ist nach seiner Erhebung zum Papst auf dem Schild. Aber es sind auch einige Punkte unter den Tisch gefallen, die wichtig waren in seiner Karriere bis zur Wahl zum obersten Glaubenshüter. Zum Beispiel kann man auf der Plakette nicht nachlesen, dass er schon im Kindergarten, nachdem Kardinal Faulhaber die Einrichtung besucht hatte im prächtigen Ornat, gesagt haben soll: »Ich werde auch einmal Kardinal.« Dass er mit den beiden älteren Geschwistern daheim Gottesdienst spielte – mit Zinnkrügen der Eltern.

Es fehlt auf der Plakette, die ihn im Halbrelief auch abbildet, sodann ein Hinweis darauf, dass er als junger Theologe, 1951 zum Priester geweiht, 1953 mit summa cum laude promoviert, 1957 in München habilitiert, durchaus fortschrittlich auftrat. In Münster, wo er ab 1963 lehrte, stellte er in seiner Antrittsvorlesung die irgendwie nahe liegende, aber viel zu selten formulierte Frage: »Was ist das eigentlich, Gott?«

Weiter hätte man auf der Plakette erwähnen können, dass er dann nicht umsonst von Hans Küng nach Tübingen geholt worden ist. Küng war *der* Theologe der Zeit, Tübingen *das* Zentrum der modernen Theologie. Und die »Einführung in das Christentum«, mit der Ratzinger sich dort vorstellte als neuer Lehrstuhlinhaber für Katholische Dogmatik und die später auch als Buch herauskam, wurde den Erwartungen insofern gerecht, als er darin nicht-gläubige Menschen überhaupt nicht abqualifiziert, sondern im Gegenteil sehr ernst nimmt.

Dass dann irgendwie in Ratzingers Denken eine Kehrtwendung zum Konservativen hin passierte, wäre schon auch einen Hinweis auf der Tafel wert gewesen. Auch zu ihm in die Vorlesungen kamen marxistisch geprägte Studenten, Ratzinger dann rückblickend: »Ich habe das grausame Antlitz dieser atheistischen Frömmigkeit unverhüllt gesehen, den Psychoterror der Hemmungslosigkeit, mit der man jede moralische Überlegenheit als bürgerlichen Rest preisgeben konnte, wo es um das ideologische Ziel ging.«

1969 nahm er einen Ruf nach Regensburg an, wo er blieb, bis ihn Papst Paul VI. 1977 überraschend zum Bischof von München und Freising machte als Nachfolger des Reformers Julius Döpfner. Weitere Positionen: Präfekt der Glaubenskongregation in Rom (1982), Papst (2005).

Wenn man ehrlich gewesen wäre, hätte man auch noch auf die Tafel schreiben müssen, dass er als Präfekt der Glaubenskongregation »Panzerkardinal« genannt wurde – unter anderem, weil er in Lateinamerika gegen die Befreiungstheologie auftrat, weil er auch feministische und liberale Tendenzen innerhalb der europäischen Kirche abwehrte, weil er 2000 den evangelischen Kirchen bescheinigte, keine Kirchen »im eigentlichen Sinn« zu sein.

Würde man ihm nun für die Zeit nach seiner Wahl zum Papst noch eine zweite Plakette widmen, so sollte auf der verzeichnet werden, dass ihm die ersten 17 Monate in der neuen Funktion gut gelangen, beim Weltjugendtag in Köln etwa war er als schüchtern lächelnder Brücken-

Papst Benedikt XVI. wurde als Joseph Alois Ratzinger 1927 in Marktl am Inn geboren. Er kam erstmals während des Kriegs nach München, als Luftwaffenhelfer. 1943. Er studierte dann hier und in Freising, bis 1959. Kam 1977 zurück als Erzbischof, bis er 1982 abberufen wurde nach Rom. Erste Stellen hatte er als Kaplan in der Pfarrei St. Martin in Moosach und in Heilig Blut, Bogenhausen. Als Bischof weihte er eine Kirche in Neuperlach. Am 10. September 2006 hielt er, schon Papst, auf dem Messegelände in Riem einen Gottesdienst vor 250 000 Gläubigen – unter dem eigens vor Ort installierten Enghauser Kreuz, dem ältesten Monumentalkruzifix der Welt. Er starb am 31. Dezember 2022. Im Erzbischöflichen Ordinariat, Kardinal-Faulhaber-Straße, hängt ein Gemälde, das ihn zeigt, eine Büste von ihm steht dort auch. In der Frauenkirche wird er mit einem Relief gewürdigt. St. Martin hat vor dem alten Pfarrhaus, in dem Ratzinger wohnte als Kaplan, eine Stele angebracht, Pelkovenstraße 60.

bauer zu erleben. Er wagte auch die eine oder andere vorsichtige Reform und seine erste Enzyklika »Deus caritas est – Gott ist die Liebe« ließ hoffen auf ein anderes, aufgeschlossenes Pontifikat.

Es folgten dann aber eine Reihe unglücklicher Auftritte/Äußerungen/Entscheidungen, die man auch auf die Plakette schreiben müsste, weil in deren Zusammenhang klar wurde, dass es mit dem aufgeschlossenen Pontifikat nichts mehr werden würde. Dazu gehören: der Satz, mit dem Benedikt am 12. September 2006 in Regensburg an der Universität den byzantinischen Kaiser Manuel II. zitierte: »Zeig mir doch, was Mohammed Neues gebracht hat, und da wirst du nur Schlechtes und Inhumanes finden.« Weiter die Tatsache, dass er 2008 die Exkommunikation von vier Bischöfen der traditionalistischen Piusbruderschaft aufhob, was deshalb ein Politikum wurde, weil einer der Bischöfe, Richard Williamson, ein Holocaust-Leugner war; und natürlich die Missbrauchsskandale, die die katholische Kirche erschütterten und zu deren Aufklärung er viel zu wenig beitrug. Er traf sich mit ein paar Opfern, unternahm aber nichts weiter.

Natürlich gehörte auf eine weiterführende Tafel auch, dass er 2013 als zweiter Papst in der Geschichte kapitulierte vor dem Gewicht des Amtes. Im April trat er zurück. Und ist dann, nachdem er, der sich selbst als »Packesel Gottes« bezeichnete, zurückgezogen im Vatikan gelebt hatte, am letzten Tag des Jahres 2022 gestorben.

Eine Erwähnung wäre natürlich auch noch wert, dass er immer verbunden blieb mit seiner bayerischen Heimat. Weniges bereitete ihm solche Freude wie Traditionshüter, die ihm, dem Glaubenswahrer, in Rom etwas vorjodelten oder in Tracht einliefen oder Geschenke von daheim mitbrachten. Selbstverständlich empfing er auch bayerische Sternsinger.

Ruth Schaumann

»Nein.«

Kaulbachstraße 62a, hier wohnte Ruth Schaumann drei Jahre lang. Von 1924 bis 1927. Schaumann war – das steht ja auch auf dem Schild, weiß man aber nicht unbedingt, weil sie ein wenig in Vergessenheit geraten ist – Bildhauerin und Dichterin. Eine Doppelbegabung. 1932 und nicht 1931, wie auf der Tafel steht, hat sie den Literaturpreis der Stadt München bekommen. Als erste Frau übrigens, was wiederum unter den Tisch fällt.

Über Ruth Schaumann gäbe es viel zu erzählen. Sie war aufgewachsen im Elsass, eigentlich hatte sie Modezeichnerin werden wollen. 1917 kam sie nach München, sie bewarb sich auf der Kunstgewerbeschule, die später mit der Kunstakademie fusionierte und in der Luisenstraße ihren Sitz hatte. 1918 wurde sie aufgenommen in die Bildhauerklasse. Sie hat ihr Leben lang Kunst gemacht, vorwiegend sakrale Kunst, und geschrieben.

Was auf der Tafel keine Berücksichtigung findet, ist die Tatsache, dass Ruth Schaumann bald den Lebensunterhalt für ihre Familie verdienen musste. Ihr Mann Friedrich Fuchs, mit dem sie fünf Kinder hatte, war in der frühen NS-Zeit als Schriftleiter bei der katholischen Zeitschrift »Hochland« entlassen worden. Nach politischen Meinungsverschiedenheiten mit seinem Vorgesetzten, Fuchs war zu wenig angepasst.

Und ebenso wenig wird auf der Plakette erwähnt, dass leider auch Arbeiten von Schaumann, in dem Fall bildhauerische, für »entartet« erklärt worden sind. In genau dem Jahr, in dem Fuchs, den sie kennengelernt hatte, weil er über sie ein Porträt geschrieben hatte, arbeitslos wurde. 1935.

Und natürlich wäre es ein paar Zeilen auf der Erinnerungstafel wert gewesen, davon zu berichten, dass Schaumann, die schon als Kind infolge einer Scharlacherkrankung ihr Gehör verloren hatte, die 1920 auf eine erste literarische Veröffentlichung, »Die Kathedrale«, verweisen konnte, sich nicht unbedingt einschüchtern ließ von den Umständen. Immerhin, sie konnte ja weiterschreiben, und das machte sie dann auch. 1937 erschien ihre Novelle »Der Petersiliengarten«, vier Jahre später folgte der Roman »Die Silberdistel«.

Und als sie dann aufgefordert wurde von den Nationalsozialisten, aus ihrem stark autobiografischen Roman »Amei. Eine Kindheit« eine Passage zu streichen, die von einer Begegnung der Protagonistin mit einem jüdischen Jungen handelt, weil sonst leider keine Neuauflage möglich sei, sagte sie einfach: nein. Das Buch erschien dann nicht mehr in Deutschland. Sie sagte: »Ein Blutstropfen des kleinen Buben kreist wohl auch in meinem Blutkreislauf, seitdem ich den Herrn empfangen habe, der aus demselben Blut stammt.« Sie war in den 20er-Jahren zum Katholizismus übergetreten.

Es war München, wo Ruth Schaumann ihre ersten Gedichte geschrieben hatte. Es war München, wo Schaumann, was ihre Arbeit betraf, sich nicht kompromittieren ließ. Es war München, wo ihr Mann viel zu früh, 1948, starb – inzwischen wohnte die Familie in der Renatastraße. Und es war München, wo sie weiterarbeiten musste, weiter Kunst machte, weiterschrieb. Sie gestaltete Altarbilder, Kreuzwege, Kirchenfenster, irgendwann tat sie sich auch als Scherenschnittkünstlerin hervor. Ihre zahlreichen Romane und Erzählungen, die sie verfasste, versah sie zum Teil mit eigenen Illustrationen. Um die 50 Bücher hat sie veröffentlicht, nicht umsonst heißt ein Buch, das sich mit ihrem Schaffen beschäftigt: »Ruth Schaumanns unendliches Schreiben«. Eins ihrer wichtigsten Werke ist ihr autobiografischer, umfangreicher Roman »Das Arsenal«.

Ruth Schaumann, geboren 1899 in Hamburg, kam 1917 nach München und blieb hier wohnen. Auf dem Winthirfriedhof ist das entzückende Bettelbrünnlein von ihr, auch den Petersbrunnen in der Stürzerstraße 14 in Laim hat sie geschaffen. Sie starb 1975.

Johann Andreas Schmeller

»Ich ergänze und fülle unaufhörlich«

Theresienstraße 9. In diesem Haus hat der Sprachforscher Johann Andreas Schmeller, einer der bedeutendsten Gelehrten des 19. Jahrhunderts, von 1836 bis zu seinem Tod gewohnt. Gestorben ist er 1852. Schmeller, geboren in Tirschenreuth als Sohn eines einfachen Korbmachers, hatte in München auf dem Wilhelmsgymnasium die Schule beendet, war dann ab 1802 in der Schweiz und Spanien herumgegondelt, kam 1814 nach Bayern zurück, ging mit der Armee nach Frankreich, um ab 1816 für den späteren König Ludwig I. das »Bayerische Wörterbuch« zu erarbeiten. Sein Lebenswerk. Ein sehr würdiges Lebenswerk, unter Insidern nur »Der Schmeller« genannt.

Das steht so nicht wirklich auf dem Schild, das recht bald nach seinem zu frühen Tod an der Theresienstraße, wo er wohnte mit seiner Frau, die er spät geheiratet hatte, befestigt worden ist – 14 Jahre nämlich schon, nachdem er mit nur 51 Jahren gestorben war. Auf der Plakette wird er nur als Sprachforscher bezeichnet, was ihm aber nicht gerecht wird.

Denn Schmeller war ein Geistesriese, einer der bedeutendsten Gelehrten seiner Zeit, der x Sprachen sprach, sich mit x weiteren Sprachen befasst hat, wobei man nicht weiß, ob er nun Sanskrit, Hebräisch, Persisch sprach oder sich mit diesen Sprachen eben »nur« befasst hatte. Im Alter hörte er noch Vorlesungen über Chinesisch. Sprachen waren ganz klar, wie man so sagt, »seins«, wobei er auch die feinen Verästelungen der Sprachen, Dialekte also, für wert befand, um sie näher auszuleuchten. Und genau das machte er ja in seinem Wörterbuch, nachdem er vorher schon eine Bayerische Grammatik vorgelegt und damit die Dialektforschung zur Wissenschaft erhoben hatte.

Aber. Es ist nicht so, dass der Sprache und ihren lokalen Verfärbungen sein ausschließliches Interesse gegolten hätte. Er wurde ja, nachdem er, aufgewachsen in Oberbayern, nach der Schule und nach seinen Reisen schon angefangen hatte mit der Dialektforschung und auch als außerordentlicher Professor für altdeutsche Literatur und Sprache an der Universität München lehrte, 1829 als Kustos ans Staatsarchiv berufen. Und mit der Handschriftensammlung betraut, dem Allerheiligsten des Staatsarchivs, deren 25 000 Archivalien er in Rekordzeit inventarisierte. Die Unzahl von Notizen, die er dazu anfertigte, heißen unter Insidern »Schmelleriana«.

Schmeller hatte 1813 / 1814 eine Audienz gehabt beim späteren König, und er wurde 1826 noch einmal von Ludwig I. empfangen, als der gerade König geworden war. Es war klar, dass das Wörterbuch, als es nach zehnjähriger, man darf sicher sein, Kärrnerarbeit fertig war, weitergeführt werden müsste, dass Nachträge fällig würden, dass es überhaupt in der Natur dieses Wörterbuchs liegen würde, dass es nie fertig wird.

Schmeller führte Tagebuch, und im übrigens bestens zu lesenden Tagebuch berichtete er auch schon von seinen Reisen. Er hatte sein Idol Pestalozzi treffen wollen in der Schweiz, er hatte dann einige Jahre als wandernder Lehrer verbracht, hatte Schulen in der Schweiz und in Spanien mitgegründet. Einmal, da musste gerade eine »seiner« Schulen in Basel infolge politischer Wirren schließen, notierte er: »Der Leidendste von allen« sei der, »den der Glaube an sich selbst verlässt«. Eigentlich nervte ihn das Unterrichten. 1813 hielt er fest: »Oh, wie sehne ich mich nach einer Stellung, wo ich nur mich zu regieren habe!« Dann erschien die Grammatik, sein 567 Seiten dicker Erstling, Titel: »Die Mundarten Bayerns, grammatisch dargestellt«. Jacob Grimm lobte das Buch und Schmeller freute sich über das Lob. Eintrag Tagebuch am Neujahrstag 1822: »Ein liebwerthes Neujahrsgeschenk ist mir des Protogrammatikers Jacob Grimm in Cassel Zuschrift und Urtheil über mein Buch.«

Was auch nicht auf der Tafel steht, ist die lustige Tatsache, dass Schmellers Wohnung in der Theresienstraße in unmittelbarer Nachbarschaft lag zur Villa von Lola Montez, sodass er praktisch das, was München damals, in den 1840er-Jahren, erschütterte und Ludwig I. zum Rücktritt zwang, vom Fenster aus mitverfolgen konnte. Er hatte den Monarchen schon dabei beobachtet, wie er sich im November 1846 mit der »viel besprochenen Sirene« nach einem »Vocalconzert« in »italisierendem Spanisch« unterhielt. Am 16. Februar 1847 sah er Leute vor einem Haus stehen, das nicht die Villa war von der Montez, in der sie in dem Moment die vermeintliche Spanierin aber vermuteten, er hörte Besoffene herumgrölen: »Während ich […] dieses schreibe, stehen in meiner Gasse vor dem hause in dem die Hexe […] nun wohnt, und in welches sich eben auch Kg Ludwig begeben hat, eine Menge zumtheil Besoffener, die da schreyen vivat und hurra!« Eintrag 28. Februar: »Lockerung der angewohnten Ehrfurcht des Volkes gegen den Herrscher, bis zu thätlichen Ungehorsam […].« Im Mai besuchte sie »seine« Bibliothek, also die Bayerische Staatsbibliothek. Ein Dreivierteljahr später dann, im Winter 1848, notierte er: »Die dummdreiste Schöne«, bei der zwischendurch auch Steine ans Fenster geworfen worden waren, »hat endlich ihr nur in einer monarchie mögliches Spiel verloren«.

Ebenso, auch das noch schnell, hat Schmeller natürlich im Tagebuch festgehalten, wie seine beiden Begegnungen mit dem (angehenden) König abgelaufen sind. Er ärgerte sich, dass er beim zweiten Treffen nicht drauf aufmerksam gemacht hatte, obwohl Ludwig ja wissen hatte wollen, ob finanziell alles passe, dass der Verleger des Wörterbuchs, Cotta, nicht besonders gut zahlte. Er hatte dem König gesagt, er sei mit dem Projekt noch immer beschäftigt, »ich verbessere, ergänze und feile unaufhörlich daran, und würde, wenn es auf mich ankäme, vor meines Lebens Ende damit nicht fertig werden«. Dann, Zitat Tagebuch: »Ha, sagte Er, mit dem vielen Feilen feilt man oft das Gute wieder weg. Man muß einmal abschließen.« Das machte Ludwig dann auch mit seiner Regentschaft.

Schön am »Bayerischen Wörterbuch« mit seinen 20 000 Einträgen, das in München, aber auch auf Reisen entstand, in das einfloss, was Schmeller auf Reisen gehört und mit Sicherheit sofort notiert, was er auf Reisen gelesen hatte, ist, dass er darin auch viel von sich selbst erzählt. Schmeller vermerkte es im Buch, wenn ihm jemand zu einem Begriff beim Kaffee eine kleine Geschichte erzählt hatte, er scheute sich nicht, darauf aufmerksam zu machen, dass er von Kurpfuschern nichts hielt, und den Begriff »Kürbenzäuner« (= Korbmacher) ergänzte er um den schönen Zusatz: »Unter allen Gewerben ist dieses unscheinbare dem Verfasser des bairischen Wörterbuchs das ehrwürdigste, denn es ist das eines bald achtzigjährigen Ehrenmannes, dem er sein Dasein und seine erste Erziehung verdankt.« Wie gesagt, Korbmacher war ja sein Vater gewesen. Damit ist das »Bayerische Wörterbuch« nicht nur Schmellers Lebenswerk, es ist auf eine Art auch ein Buch über Schmeller selbst.

Johann Andreas Schmeller, Jahrgang 1785, von den Mitschülern »Habemut« genannt, kam aus Tirschenreuth in der Oberpfalz. Seinen Tagebucheinträgen kann man entnehmen, dass er selbst nicht so hoch schätzte, was er mit dem Wörterbuch und der Grammatik hervorgebracht hatte. Ein »Weltverbesserer, Dichter« habe er mal sein wollen, ein »Pedant« sei er geworden, schreibt er traurig. Er starb 1852. Das »Bayerische Wörterbuch« umfasst vier Bände und ist in den Jahren 1827 bis 1837 entstanden. Es setzte den Maßstab für alle deutschsprachigen Mundartwörterbücher und ist noch heute ein unentbehrliches Nachschlagewerk für Fragen zu Sprache und Wortkunde, aber auch zum Alltagsleben.

Gabriel von Seidl

»Mein Seidl«

Seidlstraße 18. War früher Marsstraße 28. Hier hatte Gabriel von Seidl sein Atelier. Er wohnte hier auch. Auch sein jüngerer Bruder Emanuel arbeitete hier, außerdem wohnten auf dem Areal noch die Mutter, eine Schwester, der älteste Bruder Anton. Der hatte die Großbäckerei des Vaters übernommen und später erfand er die Prinzregententorte neu, indem er die (analog zu den acht bayerischen Regierungsbezirken inklusive Pfalz) achtbödige, mit Schokocreme gefüllte Torte, die der Konditor Heinrich Georg Erbshäuser kreiert hatte, um einen Boden erweiterte und sie Prinzregententorte nannte (neun Böden für die neun Kinder von Ludwig I.). Gabriel und sein jüngerer Bruder Emanuel waren *die* Münchner Architekten, vielleicht sogar *die* Architekten Deutschlands des Späthistorismus, in der Zeit vor dem Ersten Weltkrieg.

Das steht alles nicht auf dem Schild, das ohnehin eher wortkarg daherkommt und nur angibt, dass Seidl hier sein Atelier hatte, dass er dieses Atelier 1891 bauen hatte lassen, dass das Ensemble 1990 renoviert worden ist.

Ohne die Seidls ist München, wie wir es heute kennen, kaum denkbar. Außer Leo von Klenze zwei Generationen vor ihnen hat wohl kein Architekt die Stadt so geprägt wie sie. Nur dass sie keine klassizistischen Prachtbauten an die Isar pflanzten, sondern aufsehenerregende Häuser für das aufstrebende, selbstbewusste Bürgertum. Gabriel von Seidl, seit 1900 geadelt, später auch in den Ritterstand erhoben, errichtete das Bayerische Nationalmuseum, die Rupertuskirche (Schwanthalerhöh) und St. Anna im Lehel, den Ruffinikomplex am Rindermarkt, das Lenbachhaus und die Kaulbachvilla, er entwarf das Stachus-Rondell und fing mit dem Deutschen Museum an, starb aber, ehe der Komplex vollendet wurde. Sein Bruder hat das Ganze dann weiterverfolgt, aber auch er erlebte den Abschluss der Bauarbeiten nicht. Der, Emanuel, schuf ansonsten das Gärtnerplatztheater, das Elefantenhaus in Hellabrunn, eine Villa für Richard Strauss und weitere 180 Wohnhäuser. Beide bauten gern im historisierenden Stil, wobei sie den Stil freilich anpassten ans Gebäude und seine Funktion. Bei offiziellen Bauten hielt sich Gabriel von Seidl gern an die idealisierte deutsche Renaissance, seine Kirchen zitieren die Romanik, ländlichen Anwesen gab er mitunter ein barockes Gepräge. Beim Nationalmuseum hat er sich erlaubt, verschiedene Stile zu kombinieren (Barock / Rokoko / Renaissance), weil er fand, im Außen solle schon hingewiesen werden darauf, was die Besucher drinnen dann erwartet. Und für die gotischen Altäre, die dort gezeigt werden, schuf er sowieso Räume mit Spitzbögen und Gewölben.

Er suchte, wie er sagte, den »Anschluss an die besten Schöpfungen der Altvorderen«, er wollte: »Echtes ehren, Schlechtem wehren, Schweres üben, Schönes lieben«. Seidl, von den Tölzern auch der »Giebel-Gabi« genannt, weil er die Fassaden der Gebäude in der Marktstraße neu gestaltete und mit Schmuckwerk versah, von Franz von Lenbach gern als »mein Seidl« vereinnahmt, verstand Architektur insgesamt eher malerisch.

Was die Plakette freilich ebenso lieber nicht erwähnt, ist die Anekdote, dass einer der Schüler von Gabriel von Seidl, Fritz Schumacher, mal gemeint hat, der begabteste der Seidl-Brüder sei ohnehin Anton, der Bäcker und Konditor, gewesen. Auch fehlt auf der Tafel ein Hinweis darauf, dass es dem Stararchitekten von München schon damals darum ging, Architektur und Natur in Einklang zu bringen – und nicht einfach die ganze Restlandschaft zuzuknallen mit Gebäuden. 1902 gründete er deshalb den Isartalverein, was ihm ein Denkmal in Pullach eingebracht hat.

Und, auch das fällt auf der Plakette unter den Tisch: dass die Münchner wieder mal ziemlich spät dran waren damit, den prominenten Künstler unter ihnen auch angemessen zu würdigen. Gabriel von Seidl wurde erst im Jahr, in dem er starb, Ehrenbürger der Stadt. Tölz und Speyer, wo er das Historische Museum der Pfalz entworfen hatte, hatten es geschafft, ihm diese Ehrung ein wenig früher zuteilwerden zu lassen.

Die Brüder Gabriel und Emanuel Seidl werden manchmal auch als »Wirtshausarchitekten« bezeichnet, was daran liegt, dass ihre Mutter Therese die Tochter von Gabriel Sedlmayr war, einem der bekanntesten Braumeister der Stadt (Spatenbräu) – und sie deshalb auch, als sie selbst noch keinen Namen hatten, Aufträge zum Bau und zur Gestaltung von Wirtshäusern bekommen haben. Von zwei Brüdern der Mutter. Ihre eigene Leistung ist dann, dass sie quasi die Münchner Biergartengemütlichkeit nach drinnen verlagerten und große Bierkeller entwarfen, vom Arzberger- über den Franziskanerkeller bis zum »Gasthaus zum Bauerngirgl« in der Residenzstraße, das es nicht mehr gibt – allesamt mit umlaufenden Bänken, mit großen Kronleuchtern, holzvertäfelten Wänden.

Bei den Seidls zuhause gingen übrigens die Künstler und andere Prominente der Zeit aus und ein. Erzgießer Ferdinand von Miller, Moritz von Schwind und Carl Spitzweg waren Freunde. Lenbach sowieso, und nicht wenige, die sich vom Malerfürsten porträtieren ließen, bestellten später beim Architektenfürsten ein Haus. Entsprechend darf es nicht wundern, dass es auch Gabriel von Seidl war, der dann das Künstlerhaus am Lenbachplatz baute, ein Lieblingsprojekt von Lenbach, gedacht als Treffpunkt für Künstler und Münchner. Seidl hat das Gebäude schönerweise so platziert, dass es die damals schon und noch vorhandene Hauptsynagoge so wenig wie möglich verstellte. Und natürlich hat Lenbach auch die beiden Seidl-Brüder mit ihren markanten Schnauzbärten mehrfach porträtiert.

Bestens bekannt waren die Seidls auch mit den königlichen Prinzen. Wenn Anton Seidl am Donnerstagabend zum Kegeln lud, waren auch die regelmäßig mit dabei. Weshalb jeweils am Donnerstagvormittag, wieder Erinnerung Schumacher, »ein reichgalonierter Diener in unserm Büro« in der Atelierstraße 18 auftauchte und der »Alt-Urschi«, der

Scheuerfrau, mitteilte, ob seine Dienstherren am Abend lieber Schweinsbraten oder Kalbsbraten essen würden. Schumacher: »Ich glaube nicht, daß es eine zweite Stadt gibt, wo Hof und Bürgertum in dieser schlichten Weise miteinander in Fühlung stehen, und mir ist dieser kleine Nebeneinblick in das Leben der Familie Seidl immer als etwas für München äußerst Bezeichnendes erschienen.«

Gabriel von Seidl (1848–1913) ist gebürtiger Münchner. Er blieb bis auf Studienaufenthalte in England und Italien immer hier. Über seine Arbeitsweise hat sein Schüler Fritz Schumacher geschrieben: »Sein ganzes Zimmer war ringsherum gleichsam getäfelt mit Pappkasten, die nach Begriffen geordnete Photographien enthielten; auf diesem Material spielte er mit unfehlbarem Gedächtnis wie auf einer Klaviatur. […] *alle die Bilder, die gewürdigt wurden, in dieser Sammlung Aufnahme zu finden, waren Erlebnisse, die er einmal gehabt hatte: sie waren ein Herbarium seiner künstlerischen Entzückungen.«*

Kaiserin Elisabeth von Österreich

»Prinzessin Wildfang«

Das Schild, das an Kaiserin Elisabeth von Österreich, Königin von Ungarn, bekanntlich eine Herzogstochter aus Bayern, erinnert, stammt aus einer Zeit, als man Sisi noch mit Doppel-s und y schrieb. Angebracht wurde es 2001 von der Rosa Liste München, was wohl zu tun hat damit, dass die Monarchin ihre Vorurteile, wenn sie überhaupt welche hatte, auf Menschen beschränkte, die keine Pferde mochten.

Die Dinge, die man zu Sisi, über die es schon immer unzählige Bücher gab, zu denen im Gedenkjahr 2023 (125. Todestag) unzählige Bücher hinzukamen, außerdem weitere Filme und Serien, auf einer Tafel erwähnen könnte, sind zahlreich. Man hätte darauf schreiben können, dass ihre Haare 5 Kilo wogen, dass die alle zwei, drei Wochen gewaschen wurden, was vor allem im Winter aufwendig war, weil es ja noch keinen Föhn gab. Die bodenlange Pracht wurde getrocknet, indem man sie auf einem Tisch ausbreitete, regelmäßig wendete, der Tisch stand natürlich nahe bei einem Ofen. Ebenso könnte man auf einer Sisi-Plakette vermerken, dass sie mit schon einem Milchzahn auf die Welt gekommen war, was als Glückszeichen galt. Sowas weiß man alles über sie. Steht alles in den Büchern. Aber das Wichtigste, was man zu ihr sagen hätte müssen, ist: dass sie, die nichts so sehr hasste wie öffentliche Anlässe, bei denen sie repräsentieren musste, in Wien kreuzunglücklich war.

Sie war, weiß man auch, recht unbeschwert aufgewachsen, barfuß, im Sommerkleid, mit Zöpfen, sie hieß die »Zopfliesl« und galt als »Prinzessin Wildfang«. Besonders hübsch sei sie erstmal nicht gewesen, kann man der Literatur ebenfalls entnehmen, sie habe ein Bauerngesicht gehabt.

Es ist ja bekannt, wie es weiterging: Franz Joseph von Österreich wurde 23, seine Mutter hatte verfügt, dass er sich zum 23. Geburtstag zu verloben habe, auch »die Bayern« – die Mütter von Franz Joseph und Sisi waren ja Schwestern – wurden eingeladen. Alle dachten, Franz Joseph würde sich nun auf der Stelle in Helene, Sisis ältere Schwester, verlieben, aber er nahm den Wildfang. Zwei Tage später: die Verlobung, acht Monate später: die Hochzeit, die die größte Hochzeit war, die Habsburg je ausgerichtet hat mit 75 000 Gästen, die, verteilt auf drei Tage, bewirtet und bespaßt worden sind, bei der Sisi ein 7 Kilo schweres Brautkleid trug, und als sie dann eine Audienz geben musste, die nicht enden wollte, lief sie das erste Mal weinend davon. Die Ehe wurde erst, weiß man alles, in der dritten Nacht vollzogen, die Morgengabe bestand aus 12 000 Golddukaten.

Es folgten: vier Kinder, von denen die ersten drei recht knapp aufeinander kamen, bei der Geburt der ersten Tochter, die schlimmerweise mit zwei Jahren starb, war Sisi ja fast selbst noch ein Kind, nämlich 17. Es folgten außerdem: 40 Jahre Unglück, Gefangensein im goldenen Käfig, umsorgt von 70 Menschen, die dafür bezahlt wurden, dass sie ihr Objekt der Fürsorge, die Kaiserin, keine Sekunde aus den Augen ließen. Sisi lief davon, so oft es ging, sie wurde ja auch krank, sie machte Kuren, sie war insgesamt zwei Jahre nicht in Wien, sondern auf Madeira, auf Korfu, in Ungarn. Die Ungarn liebte sie sowieso, sie konnte irgendwann Ungarisch, wie sie auch fünf weitere Fremdsprachen sprach, und wenn ihr mal langweilig war, übersetzte sie Shakespeare ins Griechische. Noch öfter als sie davongelaufen ist, ist sie den ganzen Zwängen am Hof, der schlimmen Etikette, dem fordernden Mann, der ganzen Entourage, davongeritten, vorzugsweise in Begleitung ihres Reitlehrers, Bay Middleton.

Sie mochte Literatur und schrieb auch selbst Gedichte, die erst 60 Jahre nach ihrem gewaltsamen Tod veröffentlicht worden sind. Zum privaten, eigenen, hausgemachten Unglück, wenn man so will, kamen Schicksalsschläge, die sie kaum verwunden haben dürfte. Erst starb, wie gesagt, die älteste Tochter, dann brachte sich der einzige Sohn und Thronfolger Rudolf zusammen mit seiner Geliebten um, in Mayerling. Ab dem Moment trug Sisi, die beste Reiterin der Welt, die schönste Frau der Welt, eine Frau, die magersüchtig war und auch richtig fies sein konnte, das darf man nicht vergessen, nur noch schwarz. Als sie 60 war, wurde sie Opfer eines Attentats, ihr hatte ein Verrückter mit einer Feile ins Herz gestochen.

Kaiserin Elisabeth von Österreich, geboren an Heiligabend 1837, war die zweite Tochter von Herzog Max Joseph in Bayern, Enkelin des bayerischen Königs Maximilian I. 1897 war sie eine der ersten Besucherinnen im Hofbräuhaus, wenn sie in der Stadt war, übernachtete sie im »Vier Jahreszeiten«, später im »Bayerischen Hof«. Mit ihrem versponnenen Cousin, König Ludwig II., traf sie sich auf der Roseninsel (Starnberger See), dort las er ihr dann im Indianerkostüm aus dem »Lederstrumpf« vor. Sie starb 1898. Ihr Geburtshaus, das Herzog-Max-Palais, wurde in der NS-Zeit abgerissen, an seine Stelle kam das Gebäude der Reichsbank-Hauptstelle für Bayern. Heute befindet sich dort die Deutsche Bundesbank Hauptverwaltung. Im historischen Bahnhof Possenhofen gibt es ein Sisi-Museum, das im Sommer geöffnet hat: www.kaiserin-elisabeth-museum-ev.de. In Passau wurde im Glasmuseum das vormals zum Hotel »Wilder Mann« gehörende Zimmer rekonstruiert, in dem sie zweimal abgestiegen ist: www.wilder-mann.com/de/hotel/geschichte-des-hauses/#c1260

Richard Wagner

Ludwigs »Lolus«

Der Komponist Richard Wagner, der die Oper revolutionierte, aus kleinen Verhältnissen stammte, gern über seine Verhältnisse lebte und am Ende mit Königen und Kaisern verkehrte, wurde in Leipzig geboren. Wuchs in Dresden und Eisleben auf. Studierte in Leipzig, hatte eine erste Stelle in Magdeburg, wo er den Rhythmus seines Lebens aufnimmt, der daraus besteht, Schulden anzuhäufen, sich in private Katastrophen zu verstricken, abzuhauen. 1984 kommt er nach München und bleibt hier eineinhalb Jahre.

Genau 100 Jahre nach seiner Ankunft an der Isar, die von Ludwig II., damals gerade zwei Monate in Amt und Königswürden, eingefädelt worden war, wurde für ihn eine Erinnerungsplakette aus Juramarmor angebracht in der Brienner Straße in der Maxvorstadt. Darauf steht, dass das streitbare Musikgenie hier von Oktober 1864 bis Dezember 1865 in einer Gartenvilla gewohnt hat. Was vermutlich so gewesen ist.

Nicht erwähnt wird allerdings, dass Wagner es fertiggebracht hat, sich auch mit dem Märchenkönig, der ihm quasi zu Füßen lag, zu überwerfen. Dass er in München seine Liaison mit der Frau des Hofkapellmeisters Hans von Bülow, mit Cosima also, weitergeführt hat. Dass er hier den »Ring« fertiggestellt und den »Parsifal« begonnen hat, dass hier »Tristan und Isolde« (1865) und die »Meistersinger« (1868) uraufgeführt worden sind. Alles, weil Ludwig das so wollte. Und: dass es mit einem Festspielhaus, das beide eigentlich fest vorgehabt hatten, links der Isar zu errichten, nichts geworden ist. An der Stelle, an der es stehen hätte sollen, steht jetzt ein Denkmal, das den gealterten König zeigt, wie er melancholisch über die Isar guckt.

Schon der Vater von Ludwig II. war komplett wagnerverrückt gewesen – die Sucht nach den Opern des Komponisten hat der Märchenkönig also unter Umständen einfach: geerbt. Maximilian II. hatte in München vier von sechs Aufführungen des »Lohengrin« besucht und es war ihm ganz egal gewesen, dass Wagner ja bekennender Anti-Monarchist war und in Dresden als Revolutionär auf den Barrikaden gestanden hatte während der Bürgerrevolution von 1848/1849.

Mit zwölf hatte Ludwig II. Wagners Schrift »Das Kunstwerk der Zukunft« gelesen. Dann starb sein Vater am 10. März 1864, und Ludwig, gerade 18, schrieb im Tagebuch quer »König!« über die Seite. Zwei Monate später schickte er einen Boten los mit einem Brillantring und einem Brief und einem Foto von sich, mit dem Auftrag, Wagner zu suchen und ihm Ring und Brief und Foto zu übergeben, und in dem Brief stand natürlich, dass Wagner, der schon wieder Schulden hatte und privat verstrickt war, doch einfach nach München kommen solle. Er hielt sich damals in Stuttgart auf, auf der Flucht aus Wien. Den Brief bekam Wagner am 3. Mai 1864, er erinnerte sich: »Mit wenigen, aber bis in das Herz meines Lebens dringenden Zeilen bekannte mir der junge Monarch seine große Zuneigung für meine Kunst und seinen festen Willen, mich für immer als Freund an seiner Seite jeder Unbill des Schicksals zu entziehen.« Und weiter ging es dann so: »Des Abends um fünf Uhr traf ich nun auf dem Bahnhofe mit Herrn Pfistermeister zusammen, um mit ihm gemeinschaftlich nach München zu fahren, wo mein Besuch dem Könige bereits für den folgenden Tag angemeldet war.«

Noch 1864 war Hofkapellmeister Franz Lachner das Dirigat für den »Fliegenden Holländer« los, von Wagner beschimpft als »vollständiger Esel und Lump«. Und noch am 13. Dezember desselben Jahres bekam dann Gottfried Semper, Erbauer der nach ihm benannten Oper in Dresden, von Wagner den Auftrag, zwei Festspielhäuser ins Münchner Stadtgebiet zu würfeln. Semper war ein Spezl von Wagner aus den Tagen des Dresdener Maiaufstands 1849.

Wie soll man sagen? Vielleicht so: Solange Wagner hier weilte, dürfte es auch für Ludwig II., der sowieso die Staatsgeschäfte nicht so gern führte, nicht langweilig geworden sein. Gefühlsmäßig waren die eineinhalb Jahre, in denen der König ein Drittel des Geldes, das ihm für Privatausgaben zur Verfügung stand, an seinen Lieblingskomponisten weiterreichte, sicher eine reiche Zeit. Wobei Freud und Leid nahe beieinander lagen. Man konnte sich über Wagner immer ärgern. Ludwig, der seinen Lieblingskomponisten in den frühen Briefen als »meinen geliebten einzigen Freund« angeredet hatte, ärgerte sich zum Beispiel, als Wagner, der ihn zu Beginn seiner Münchner Zeit in Briefen »meinen herrlich, innig geliebten König!« genannt hatte, ihm zum 20. Geburtstag ein Gemälde von sich schenkte, sich die Kosten dieses Gemäldes dann aber aus der Staatskasse ersetzen ließ.

Am Tag, an dem unter Hans von Bülow als Dirigenten, der unersetzbar war, weil nicht jeder Dirigent mit Wagner klarkam, hier die Proben am »Tristan« begannen, brachte seine Frau eine Tochter zur Welt. Die von Wagner war, was jeder wusste, was aber nicht kommuniziert worden ist. Sie wurde Isolde getauft. Wagner war zu der Zeit freilich noch mit seiner ersten Frau Minna verheiratet, im Gegensatz zu Cosima ein munteres Wesen, das lachen konnte, wenn Wagner wieder mal einen Handstand machte auf dem Tresen irgendeiner Bar.

Letzter Satz in Wagners Erinnerungen, die »Mein Leben« heißen, die er Cosima diktiert und im Auftrag des Königs zu Papier gebracht hatte: »Der gefahrenvolle Weg, auf den mich heute mein Schicksal zu höchsten Zielen berufen hatte, sollte nie frei von Sorgen und Nöten [...] sein;

nie jedoch hat unter dem Schutze meines erhabenen Freundes die Last des gemeinsten Lebensdruckes mich wieder berühren sollen.«

Dabei war der Witz, dass Wagner vor allem dann, wenn die Last des gemeinsten Lebensdruckes ihn berührte, am besten komponieren konnte beziehungsweise überhaupt zu komponieren begann. Insofern war es für ihn vielleicht nicht weiter dramatisch, als Ludwig ihn, nachdem er sich immer mehr auch politisch eingemischt hatte, nachdem 4000 Münchner in einer Petition gefordert hatten, dass Wagner, Ludwigs »Lolus«, endlich abhaut, des Landes verwiesen hat. Er siedelte am 10. Dezember 1865 über Bern nach Tribschen in der Schweiz, wobei Wohnung und Villa in der Nähe von Luzern freilich von Ludwig finanziert wurden. Und es dauerte auch nicht lang, und Ludwig stand dort, verkleidet mit Mantel und Federhut, auf der Matte – im 1866er-Jahr, ehe er sich im Krieg Habsburg gegen Hohenzollern auf die Seite Österreichs schlug.

Ganz entzweit haben sich die beiden ohnehin nie. Bekanntlich baute Wagner dann sein Festspielhaus in Bayreuth. Ab dem 13. August 1876 fand dort die insgesamt 14-stündige, auf vier Abende verteilte Uraufführung des »Ringes« statt, wobei vieles schief ging. Den Rheintöchtern, die in einer Art Gestell herumgeschoben wurden, damit es aussah, als würden sie im Wasser schwimmen, wurde in diesem Gestell regelmäßig übel. Beim »Rheingold« ging dann der Ring auf der Bühne verloren, ein Teil der Kulissen, der Hals des Siegfried-Drachens, war versehentlich statt nach Bayreuth ins arabische Beirut geliefert worden, weshalb der Drachenkopf jetzt ohne Übergang am Drachenkörper steckte. Und irgendwann zogen auch noch die Kulissenschieber den Vorhang zu früh hoch. Halb so wild; der Kaiser von Brasilien, Pedro II., war zugegen, überhaupt war viel Prominenz zugegen, angefangen von Karl Marx, dem das Ganze nicht gefiel (»Bayreuther Narrenfest«), Franz Liszt (Cosimas Vater), Peter Tschaikowsky, Anton Bruckner, Lew Tolstoi. Nietzsche, mit dem Wagner die für Wagner in Beziehungen typische Hassliebe verband, reiste vorzeitig wieder ab, und ebenso hatte auch Ludwig II., der die Proben verfolgt hatte, die Premiere nicht abgewartet – in seinem Fall, weil er keine Lust hatte, in Bayreuth Wilhelm I. über den Weg zu laufen, den er aus nahe liegenden Gründen nicht ausstehen konnte. Immerhin, Wagner hatte den König von Bayern, der jetzt nicht mehr sein Dienstherr war, vom Bahnhof abgeholt. Und nachdem wiederum Wilhelm Bayreuth verlassen hatte, weil ihm Opern nicht viel sagten, kam Ludwig postwendend zurück auf den grünen Hügel.

Das alles zu erzählen würde natürlich viel mehr Spaß machen, wenn man nicht wissen würde, wie es weiterging. Wenn es nicht so gewesen wäre, dass später in Bayreuth Hitler ein- und ausging und von Wagners Schwiegertochter Winifred geradezu verehrt wurde, auch übers Ende des Zweiten Weltkriegs hinaus. Sie nannte ihn »Onkel Wolf«. Und natürlich würde man eigentlich auch lieber nicht wissen, was für ein Antisemit Wagner selbst gewesen ist. 1850 hatte er unter dem Pseudonym K. Freigedank in der »Neuen Zeitschrift für Musik« ein Pamphlet veröffentlicht, das den Titel »Das Judenthum in der Musik« trug, in dem er seinem Antisemitismus freien Lauf ließ. Die Juden, schrieb er darin, würden nur ans Geld denken und durch ihr Kreditwesen den Idealismus der Kunst gefährden. Ohnehin hatte er einen seiner ersten Förderer, den Franzosen Giacomo Meyerbeer, der auch Musiker war, immer wieder diffamiert – weil Meyerbeer Jude gewesen ist.

Richard Wagner, 1813 in Leipzig geboren, kam im Mai 1864 nach München – und war am 11. Dezember 1865 schon wieder weg. Er starb 1883 in Venedig. Wagner hat in München auch ein Denkmal, es steht neben dem Prinzregententheater.

Schwabing

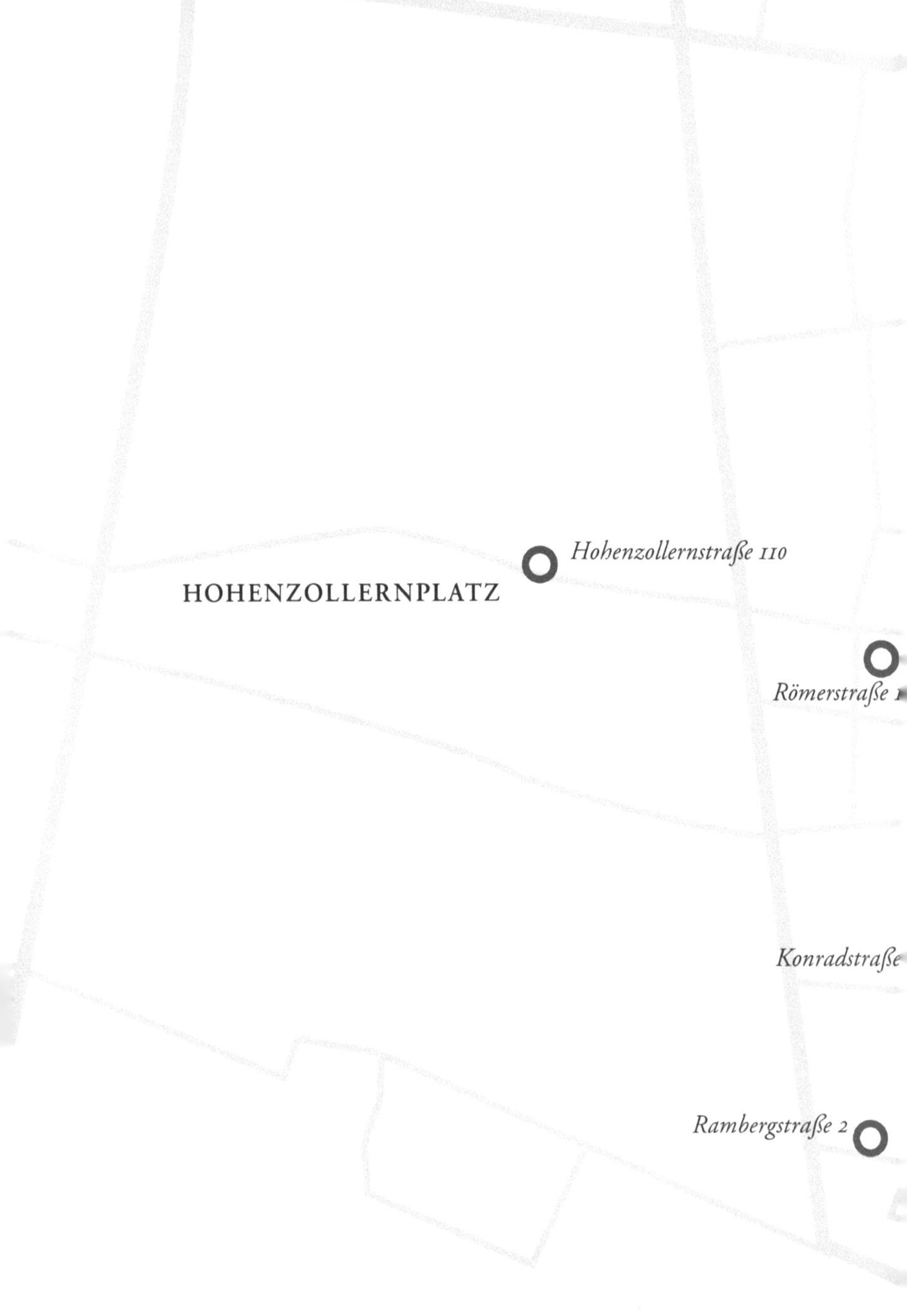
Hohenzollernstraße 110
HOHENZOLLERNPLATZ
Römerstraße
Konradstraße
Rambergstraße 2

Mottlstraße 21
Viktoriastraße 11
MÜNCHNER
FREIHEIT
Feilitzschstraße 32
Leopoldstraße 50
Mandlstraße 26
Seestraße 16
Ainmillerstraße 19
Leopoldstraße 41
ENGLISCHER
GARTEN
Gedonstraße 4
BIERGARTEN AM
CHINESISCHEN TURM

Otto Falckenberg

Komplett unpolitisch

Otto Falckenberg ist in Koblenz geboren, jedoch, wie er mal sagte: »Meine Geburtsstadt ist Koblenz, München die Stadt meiner Walheimat […].« 1896 zog er an die Isar, er hatte seine Kaufmannslehre abgebrochen, in Berlin ein Studium angefangen, aber Berlin war ihm »zu nüchtern, zu berechnend, zu betriebsam«. Erst wohnte er hier in einer kleinen Zweizimmerwohnung in der Kaulbachstraße, zwischendurch dann in der Schnorrstraße, schließlich 31 Jahre in der Viktoriastraße 11, wo ein Schild an ihn erinnert. Darauf steht, er sei Mitbegründer des Schwabinger Brettls »Die elf Scharfrichter« und Intendant der Kammerspiele gewesen, und daran ist natürlich rein gar nichts falsch. Die »Scharfrichter« in der Türkenstraße waren das erste Kabarett Münchens, und Falckenberg, der eigentlich gern Schauspieler geworden wäre, der nur deshalb nicht Schauspieler geworden war, weil seine Mutter, die starb, als er neun war, in einem letzten Brief ihn genau darum gebeten hatte, schrieb für die Bühne, spielte auf der Bühne, führte Regie auf der Bühne. Die bestand drei Jahre, von 1901 bis 1904, und an prominenten Leuten waren außer Falckenberg dabei: Frank Wedekind, Ludwig Thoma, Olaf Gulbransson.

Intendant der Kammerspiele, wie auf der Tafel erwähnt, war er von 1917 bis 1944, was heißt, dass er 16 Jahre machen hatte können, was er wollte und elf Jahre nicht mehr ansatzweise machen konnte, was er wollte. Aber Falckenberg, und das steht alles schon längst nicht mehr auf der Plakette, kämpfte auch nie darum, machen zu können, was er wollte. Er beugte sich, wenn es Schwierigkeiten gab. »Falckenberg lernte das Lavieren«, schrieb Theaterkritiker Günther Rühle, »gab nach und nahm zurück. Ihm lag daran, Rang und Ansehen seines Theaters zu erhalten«. Seine offiziellen Schreiben waren »immer höflich, gutwillig und fintenreich«, und irgendwann, als sich abzeichnete, dass der Zweite Weltkrieg nicht mehr zu gewinnen war, durfte er auch keinen Molière mehr spielen, und auch Shakespeare, den er liebte, ging nur noch selten, also verlegte er sich ganz auf die deutschen Klassiker. Er sei, schreibt Grete Weil in ihren Erinnerungen, deren Mann Edgar auch Regisseur war an den Kammerspielen und gleich 1933 zusammen mit Falckenberg verhaftet worden ist, komplett unpolitisch gewesen. Die Kammerspiele unter ihm seien auch nie das gewesen, wofür sie galten – eine linke Bühne nämlich.

Der Unterschied, um gleichmal hier einzuhaken, zwischen Falckenbergs und Weils Gefangenschaft in der Ettstraße war, dass Falckenberg, dem Konspiration mit Moskau unterstellt worden war, schon nach drei Tagen wieder auf freiem Fuß gewesen ist, während sie Edgar Weil, der Jude war, acht Wochen festhielten. Und nur deshalb wieder freiließen, weil sich die Frau von Putzi Hanfstaengl, damals ein großer Förderer und auch der Pressesprecher von Hitler, für ihn einsetzte. Grete Weil schreibt: Völlig naiv habe Falckenberg ihren Mann, als der dann kündigte, um zu fliehen aus Deutschland, gefragt, warum er denn nicht eigentlich bleiben wolle.

Inzwischen haben auch die Kammerspiele angefangen, sich in Form eines Podcasts, der »Schicksale« heißt, mit der Vergangenheit zu beschäftigen. Falckenberg habe, heißt es in einer der Folgen, selbst mal berichtet, dass, als er zurückkam nach der kurzen Haft, sein Haus, also das Theater, leer gewesen sei. Von der alten Belegschaft waren nicht mehr viele da. Es hatte in der Spielzeit 1932/1933 genau 20 Premieren gegeben, und elf dieser Premieren hatten Julius Gellner (Oberspielleiter, einer der Direktoren), Richard Rewi, Eberhard Krummschmidt inszeniert. Alle drei flohen früher (1933) oder später, spätestens 1937.

Auch von den vier Familien, die die Kammerspiele, die ja ein Privattheater gewesen waren und durchaus Avantgarde, finanziell getragen hatten, konnte keine hierbleiben. Die 80-jährige Flora Fromm, die »grande dame« der Unterstützer, die sich in der Münchner Theater GmbH zusammengetan hatten, wollte nicht weggehen aus München. Sie entschloss sich, zu bleiben. Sie wurde 1942 nach Theresienstadt deportiert, auch sie hat die Shoah nicht überlebt.

Falckenberg blieb. Er schaffte es, Rang und Ansehen seines Theaters zu erhalten. Auch wenn seine Schauspielerinnen und Schauspieler zum großen Teil emigrierten und überlebten (Therese Giehse) oder emigrierten und nicht überlebten (Hans Tintner, Jarija Leiko, Carola Neher), oder nicht emigrierten und nicht überlebten (Julius Seger, Paul Morgan, Hedda Berger), unterhielt er ein hervorragendes Ensemble. 1936 wurde er angewiesen, Eberhard Wolfgang Möllers »Rothschild siegt bei Waterloo« zu inszenieren, er inszenierte den Möllers auch, der ja Rothschild als bösartigen Juden vorführt, dem es gelingt, Napoleons Niederlage an der Londoner Börse zu Geld zu machen, aber er verzichtete darauf, in der Inszenierung Rothschild als bösartigen Juden vorzuführen. Er wurde in den Rang eines Staatsschauspieldirektors erhoben, er erhielt die Goethe-Medaille für Kunst und Wissenschaft (beides 1939), er wurde, wofür er freilich nichts konnte, auf die Liste der »Gottbegnadeten« gesetzt (1944).

Unter ihm und mit ihm waren die Kammerspiele 1926 in die Maximilianstraße gezogen, mit ihm zogen die Kammerspiele im Sommer 1939 aus der Maximilianstraße aus, weil Hitler das Gebäude abreißen lassen und durch ein neues, gigantisches Theater ersetzen lassen wollte, mit ihm zogen die Kammerspiele im Februar 1940, weil die Pläne fürs neue Theater aufgegeben worden waren, wieder zurück. 1944 brannte die Bühne aus. Falckenberg wurde 1945 von den Amerikanern Haus- und Spielverbot erteilt. Im Spruchkammerverfahren, das sich bis 1947 zog, wurde er rehabilitiert. Aber Falckenberg ist 1947 auch gestorben. Er hatte bis zuletzt Schauspielunterricht gegeben – privat dann halt, in Starnberg.

München hatte er von Anfang an gemocht, von seinem Biografen Wolfgang Petzet wird er so zitiert: »Und als ich dann nach München kam, war es ein Tag von jener strahlenden, schon südlichen Wärme und Heiterkeit, wie solche nur im Föhn der oberbayerischen Ebene leuchten und glänzen. Ich ging durch die Straßen, ganz benommen, wie durch die Stadt meiner frühesten Träume. Da war mir klar, daß dies in Wahrheit die Stadt sei, wo ich mein Leben verbringen würde.«

Otto Falckenberg, geboren 1873 in Koblenz, Sohn eines theaterbesessenen Musikalienhändlers, kam 1896 nach München und blieb hier bis zu seinem Tod 1947. Nach ihm ist die den Kammerspielen angeschlossene Schauspielschule benannt.

Werner Heisenberg

»Vom Sonnenlicht übergossen«

Werner Heisenberg, geboren in Würzburg, war neun, als er nach München kam und Anfang 20, als er München während des Studiums wieder verließ. 1958, mit 57 Jahren, konnte er, was er sich immer gewünscht hatte, endlich an die Isar zurückkehren. Die Plakette, die an ihn, einen der bedeutendsten theoretischen Physiker des 20. Jahrhunderts, erinnert, hängt an dem Haus, in das die Eltern mit ihm und dem älteren Bruder, der immer schwächer war im Rechnen als er, gezogen waren.

Gegangen ist er hier aufs Maximiliansgymnasium, das sein Großvater mütterlicherseits bis 1913 leitete. Schloss sich, Naturbursche, der er war, irgendwann der »Jugendbewegung« an, einem Pfadfinderableger mit völkischem Einschlag. Nach dem Abitur 1920 studierte er in München (bei Arnold Sommerfeld) und Göttingen (bei Max Born) mathematische Physik und arbeitete in den Jahren 1924 / 1925 dreimal mehrere Monate am Institut von Niels Bohr in Kopenhagen, damals internationaler Treffpunkt für Physiker, die sich mit Quantentheorie befassten. 1927 übernahm er an der Universität Leipzig den Lehrstuhl für theoretische Physik, 1932 erhielt er den Nobelpreis – für die Begründung der Quantenmechanik.

Von all dem steht nur Letzteres auf dem Schild – dass Heisenberg eben Nobelpreisträger war. Und dass er in dem Haus, an dem das Schild angebracht ist, seine Jugend verbracht hat. Damit fällt alles, was danach kam, unter den Tisch. Dass Heisenberg, der nach 1933 in Deutschland geblieben war und einerseits selbstverständlich weiterhin auf die Leistungen jüdischer Kollegen Bezug nahm, nun selbst als »weißer Jude«, »Geist vom Geiste Einsteins« oder »Statthalter des Judentums im deutschen Geistesleben« angegriffen wurde. Dass 1936 seine Berufung an den Münchner Lehrstuhl für Physik genau deshalb scheiterte, weil er seine berühmten jüdischen Kollegen, Albert Einstein und Lise Meitner, eben nicht verleugnete. Dass er andererseits versuchte, die Angriffe abzuwehren, indem er Heinrich Himmler, den seine Familie über zwei Ecken kannte, einschaltete. Dass er später, ab 1941, das »Uranprojekt« leitete, dessen Ziel die Atomwaffe war – und dass über diese seine Funktion die Freundschaft zu Niels Bohr, seinem früheren Mentor, zerbrach. Die Rolle, die Heisenberg, der später immer wieder auch mit anderen Wissenschaftlern zusammen vor dem Bau der Atomwaffe warnte, im Rahmen des Projekts gespielt hat, ist nicht ganz klar.

Ebenso wenig findet auf der Tafel Erwähnung, dass Heisenberg zwar immer den »Geist der Toleranz« an Schwabing geschätzt hatte als »unentbehrliches Gegengewicht gegen die konservative Grundhaltung des alten München«. Dass er aber dann, Ende der 1960er-Jahre, als die Studentenbewegung auch sein Institut okkupierte, dafür keinerlei Verständnis hatte.

An sein Aufwachsen in München hatte Heisenberg beste Erinnerungen. 1913 durfte er Prinzregent Ludwig, später König Ludwig III., mit einem Gedicht begrüßen im Gymnasium, er bekam dafür ein Paar goldene Manschettenknöpfe. Wenn die Mathelehrer krank waren, stellte er sich vor die Klasse und hielt Unterricht. Noch im Alter erzählte er von Zeltlagern, nächtlichen Lagerfeuern, Fahrten an die Osterseen, Wanderungen im Fichtelgebirge, bei denen Hölderlin gelesen, Kleist aufgeführt, Mozart gespielt wurde. Er und die anderen seien, meinte er, der immer auch Romantiker war, »ganz dicht von jeder geistigen Luft des Abendlandes umgeben [gewesen], in die uns unsere Schule geführt hatte und die auch für uns zum Lebenselement geworden war«.

Heisenberg, Entdecker der Unschärferelation, der viele Möglichkeiten gehabt hätte, im Ausland zu arbeiten, der aber zu zögerlich war, um zu emigrieren (unter anderem, schrieb er an seine Frau Elisabeth »Li« Schumacher, er wolle den Kindern ersparen, nicht mehr Deutsch sprechen zu können), haderte später selbst immer wieder mit seiner Rolle – 1942 war er auch Direktor des Kaiser-Wilhelm-Instituts für Physik in Berlin-Dahlem. Immer mal wieder schreibt er an Li, die mit der wachsenden Kinderschar den Krieg im ehemaligen Landhaus von Lovis Corinth in Urfeld am Walchensee überdauerte, er habe Angstzustände. Dann, im Juli 1943: »Es war doch wohl falsch, dass ich das Institut hier übernommen habe. Man muss dazu robuster gebaut sein als ich.«

Im Spätsommer 1941, als der Zweite Weltkrieg schon fast zwei Jahre dauerte, Dänemark seit einem Jahr von den Deutschen besetzt war, besuchte Heisenberg seinen Mentor, der eigentlich ein Freund gewesen war, noch einmal. Man weiß nicht, was Bohr und er gesprochen haben, bei einem Spaziergang kam es zu Meinungsverschiedenheiten, Bohr schrie Heisenberg an. Schrieb ihm hinterher Briefe, die er nicht abschickte. Er, der allerdings nie ein guter Zuhörer gewesen ist, war nach dem Besuch überzeugt, Heisenberg halte die Atombombe für baubar – und gehe davon aus, die Deutschen könnten damit den Krieg gewinnen. Bohrs Sohn Aage sagte später: »Mein Vater […] hatte den Eindruck, Heisenberg sei der Ansicht, die neuen Möglichkeiten könnten den Ausgang des Krieges entscheidend beeinflussen, falls er sich länger hinziehen sollte.«

Derweil war München, die »von so vielen geliebte Stadt« für Heisenberg immer ein Ort, mit dem er sich verbunden fühlte. Im November 1926 hatte er, der ja hervorragend Klavier spielte, in einem Brief an die Eltern gemeint: »Die Welt besteht […] für mich aus zwei Teilen: Erstens Euch in München, […] der zweite Teil sind: die Kameraden und die Berge oder besser umgekehrt … Schließlich kommt in einem Eckerl noch die Musik und ganz zuletzt die Physik.«

An der Isar blieb er bis 1970 Professor an der Universität, außerdem Leiter des Max-Planck-Instituts für Physik, mit dem er ja überhaupt nach München zurücksiedeln hatte können. »[…] die Ludwigstraße vom Siegestor zur Feldherrnhalle vom Sonnenlicht übergossen, der Blick vom Monopteros über die blumenübersäten Wiesen des Englischen Gartens hin zur Frauenkirche, Figaros Hochzeit im Residenztheater, die Dürerbilder in der Pinakothek, der mit Skiern überfüllte Zug nach Schliersee und Bayrischzell, und schließlich das Bierzelt auf der Oktoberwiese, das mit dem bayerischen Löwen gekrönt ist« – alles Gründe für seine Liebe zur Stadt, wie er 1958 in seiner Festrede zum 800. München-Geburtstag ausführte.

Werner Heisenberg (1901–1976) war von 1910 bis 1922 in München, dann wieder ab 1956. Das Blockhaus am Walchensee ist noch in Familienbesitz. 2009 wurde Heisenberg mit einer Büste in der Ruhmeshalle geehrt.

Ernst Hoferichter

Schwabinger und Weltbürger

Ernst Hoferichter, in München geboren und in München gestorben, war Schriftsteller, aber auch Philosoph und Schauspieler, außerdem Weltreisender und wahrscheinlich auch Lebenskünstler. Wie weit auch immer er herumgekommen war, Bayern blieb für ihn »das schönste Land – und München die liebste Stadt der Welt«. Er war ein Vertreter des alten Münchens, des Münchens der kleinen Leute, später Schwabinger im besten Sinne – und wurde einer der liebevollsten Chronisten, die München je hervorgebracht hat.

Das steht freilich in der Ausführlichkeit nicht auf der Tafel, die ihm zu Ehren in der Mottlstraße angebracht worden ist, wo er mal gewohnt hat. Darauf kann man nur nachlesen, dass er hier, im fast schon vorstädtischen Schwabing, zuhause war. Und dass er Schriftsteller gewesen ist.

Damit fällt unter den Tisch, dass Hoferichter, ehe er 1922 freier Mitarbeiter beim »Simplicissimus« und bei der »Jugend« wurde und damit also »Zeitungsschmierer« war, wie sein Vater meinte, x Tätigkeiten nachgegangen war. Um Geld zu verdienen. Er kam ja aus sehr einfachen Verhältnissen, und er musste selbst früh schauen, dass er was zu essen bekam. Mal versuchte er sein Glück als Fotograf in Bierkellern (bis ihm die Kamera runterfiel), mal war er Pressechef bei einem Wanderzirkus – und sprang dort auch ein, wenn der Clown ausfiel, da krank. Er verhökerte Grammophone, und vier Jahre stand er als Schauspieler auf verschiedenen Bühnen und war auch beim Film.

Ernst Hoferichter (1895–1966) lebte bis auf die zehn Jahre Weltreise immer in München. Seine Kindheit war »reich nach innen, arm nach außen«. Nach ihm ist ein Schriftstellerpreis benannt, den seine Witwe aus dem Privatvermögen gestiftet hat.

Und dann, auch darauf fehlt ein Hinweis auf der Plakette, brach er 1923 auf zu einer Weltreise. Die dauerte zehn Jahre, und unterwegs folgte er seinem Motto: »Nur wer erlebt, der lebt.« Als er und seine Frau Franzi, eine Schwabinger Institution, die er vor der Abfahrt geheiratet hatte, zurückkehrten, auf dem Schiff von Südchina, rief ihn der Kapitän zu sich. Und teilte ihm mit, dass Hitler Reichskanzler geworden sei. »Der Nazismus in Deutschland hat gesiegt.«

Geboren worden war er ums Eck vom Viktualienmarkt, ohne Beisein einer Hebamme, die sich unterdessen auf dem Maskenball des Sterbekassenvereins »Fröhlichkeit« vergnügte, wie er in seiner Biografie »Jahrmarkt meines Lebens« munter berichtet. Studiert hat Hoferichter in München (bei Artur Kutscher) und Freiburg (bei Edmund Husserl). Schon mit 16 hatte er ein erstes Drama (»Ruth«) an Paul Heyse geschickt, das der Nobelpreisträger aber als »Phantasterei« abtat. Daraufhin kontaktierte Hoferichter den moderneren Max Halbe, der schon Erfreulicheres rückmeldete, nämlich: »Hat mir nicht schlecht gefallen!«

Hoferichter überlebte den Ersten Weltkrieg als Offiziersaspirant im Verwaltungsdienst, erlebte die Revolution in München, trat mit Karl Valentin auf – und war dann eben zehn Jahre in der Welt zuhause. Sah zu, wie sich »in Rio Klapperschlangen über die Straßenbahngeleise« schlängelten, wie auf Tahiti, der »schönsten Insel der Welt […] Langusten wie Maulwürfe aus dem Boden« schlüpften. In Sydney war es ihm zu heiß, in der Wüste Gobi wurde er von einer Mamba verfolgt. »Aber wir zogen«, schrieb er, »ja aus, um die Welt zu erleben – und so mußten wir als Gegenpol sie miterleiden. Da fanden wir die Weisheit, daß es herrlich ist, die Welt zu erschauen, und furchtbar, sie zu sein«. Und: »Den Sinn der Erde habe ich in der Welt nirgends gefunden. […] Ein anderes aber ist das Leben. Wer es schauen will, muß es suchen.«

Während der NS-Zeit hielt er sich wohl auch als Gerichtsreporter über Wasser, in seinen Erinnerungen steht dazu keine Zeile. Sein Buch über die Weltreise, das »Fünf Erdteile als Erlebnis« heißt und in dem er über Rio, Kapstadt oder Sydney schreibt, als wären diese Städte auch nichts anderes als Vororte von München, konnte erst 1950 erscheinen.

Eduard von Keyserling

»So aussehn aber möcht ich lieber nich«

Von dem baltischen Grafen Eduard von Keyserling, der mit 45 aus dem Baltikum nach Bayern gesiedelt war, also nach München, weiß man in der Regel zwei Dinge. Zum einen, dass Lovis Corinth ihn 1901 gemalt hat, in einem überwältigenden Gemälde, das zu den besten Porträts zählt, die Corinth überhaupt je geschaffen hat. Man erwartet eigentlich, wenn man das Bild ansieht, dass Keyserling gleich zu sprechen beginnt. Das zum einen. Zum anderen ist bekannt, dass Keyserling sich in seinem schon auch kurvigen Leben irgendwann mit Syphilis angesteckt hatte und, als er schon in München war, dabei war, zu erblinden, und auch nicht mehr laufen konnte. Er hatte eine Rückenmarksentzündung.

Beides steht nicht auf der Tafel, die ihm zu Ehren angebracht wurde in der Ainmillerstraße 19, wo er mit zweien seiner Schwestern, die ihn dann auch versorgten, gewohnt hat. Und schon gar nicht kann man darauf nachlesen, was über das Allgemeinwissen, Keyserling betreffend, hinausgeht. Dass er nämlich Landschaften, Landschaftsstimmungen beschreiben konnte in einer Farbigkeit, die doch eigentlich gar nicht zusammenpasst mit der Tatsache, dass er erblindet ist, die aber wahrscheinlich genau damit zu tun hat, dass er nicht mehr sehen konnte, was er beschrieb. Dass er die Bilder aus seinem Innern hervorholen musste, die ihm im Außen verwehrt waren, zu sehen. Es hatte ein bisschen gedauert, bis er zum Schriftsteller wurde, was in München passierte, und es dauerte auch, bis er als Schriftsteller anerkannt war. Aufmerksam auf sich machte er mit der Erzählung »Beate und Mareile«, als die erschien, war er schon 50. Und schon fünf Jahre in München. Und schon lange krank. Umso schöner ist, dass er vor einiger Zeit wiederentdeckt wurde und der Manesse Verlag seine Erzählungen und Romane, die einem etwa einen Sommertag so beschreiben, dass »man während seines Glühens und Verdämmerns das Gefühl des ganzen Lebens hat«, wie Hermann Hesse meinte, neu herausgebracht hat.

Keyserling, eins von zwölf Kindern, war aufgewachsen in der Welt des Landadels im Osten, die es nicht mehr gibt. Er eignete sich überhaupt nicht dafür, das Landadelleben der Eltern weiterzuführen, und zudem ist anscheinend irgendwas vorgefallen in seiner ersten Studentenzeit in Dorpat. Er war dort für Jura inskribiert. Jedenfalls wechselte er dann nach Wien und Graz, um Kunstgeschichte zu studieren, 1900 fällte er dann den Entschluss, nach München zu gehen. Hier, an der Isar, wurde er Teil der Schwabinger Boheme, und wo sie alle saßen, Hans Carossa, Alfred Kubin, Paul Klee, Fanny zu Reventlow, saß auch er. Im »Café Stefanie« etwa, Tee trinkend mit den Freunden, »unter dem Lüster, […] in seinem fahrbaren Krankenstuhl«, wie Carossa schrieb: »Bequem und elegant angezogen, der Adamsapfel stark vorspringend über der seidenen Halsbinde, das immer mehr eingehende Gesicht stark beteiligt seinem Gegenüber zugewandt und über den eigenen Zustand hinweglächelnd«. Und wenn es im »Simplicissimus« wieder Ärger gab und Wirtin Kathi Kobus ihren notorisch finanziell klammen Stammgästen Schläge androhte, weil die kein Geld dabeihatten, dann übernahm der Graf die Zeche, ohne viel Aufhebens darum zu machen. Er war eh einer, der sich eher zurückhielt, und nie habe man, kann man über Keyserling lesen, ein Wort der Klage von ihm gehört, seinen Gesundheitszustand betreffend.

Keyserling war ein Meister der leisen Ironie, die kräftigen Farben in seinem Malkasten der Sprache wählte er dann, wenn es darum ging, die Natur zu beschreiben. Dann entstanden Passagen wie die: »Das Land lag im Abendschein, apfelsinenfarbene Kornfelder, auf denen das Gras wie Bronze glänzte, der Tag war trübe gewesen, jetzt im Untergehen brach die Sonne durch, stand zwischen den beleuchteten Wolken wie zwischen Goldbarren.«

Er gehörte auch nicht zu denen, die den Ausbruch des Ersten Weltkriegs bejubelten, er erkannte den Krieg als das, was er war – eine Katastrophe der Männlichkeit. In seiner Erzählung »Im stillen Winkel«, die von einem Buben handelt, dessen Vater schon in den ersten Kriegswochen fällt, berichtet er, wie die Stimmung damals so war in den Straßen von München: »Auf den Straßen wogte eine dichte Menschenmenge, allein es war nicht das gleichgültige geschäftige Treiben eines Großstadtwerktags. All diese Menschen hatten Zeit, waren müßig. Wenn sie einander begegneten, blieben sie stehen und sprachen miteinander, oder sie riefen sich die Nachrichten zu, oder sie standen still und warteten. Auch hier schien es, als kennten sich alle, als wären sie Hausgenossen eines riesigen Hauses. [...] Dann kamen Soldaten, lange Reihen in feldgrauer Uniform, Blumen an den Helmen und Gewehren, wie ein Festzug. Und die großen jungen Burschen lächelten ein befangnes, feierliches Lächeln. Zuweilen sangen sie, starke, raue Stimmen, gewohnt, auf Berge und Täler hinauszuschreien. Andächtig hörten die Umstehenden zu, wie einem Kirchengesange.«

Und das Bild von Corinth? Was er dazu sagte, vor allem zu der Tatsache, dass nicht wirklich eine Schönheit darstellt, wer einem da im Bilderrahmen gegenübersitzt? Keyserling soll, wie ein Bekannter kolportierte, auf seine typische Keyserling-Art gesagt haben, als er das Werk zum ersten Mal sah: »Es mag, trotz der Brutalität, die drin steckt, gut jemalt sein, und gut unterhalten hat er [also Corinth] mich dabei. So aussehn aber möcht ich lieber nich.«

Er, Jahrgang 1855, starb 1918. Er wusste: »Abrechnungen stimmen zuweilen, aber das Leben stimmt nicht; wo es aufhört zu stimmen, da fängt das Leben an.«

Eduard Graf von Keyserling, Jahrgang 1855, lebte von 1894 bis zu seinem Tod 1918 in München. Die Geschichte, warum er nach Wien gegangen war, bot immer wieder Anlass für Spekulationen und wurde zuletzt von Klaus Modick zu einem Roman verarbeitet. Das Porträt von ihm, das Corinth gemalt hat, ist im Besitz der Bayerischen Staatsgemäldesammlungen.

Alfred Kubin

»Gespenstertiere«

Der Maler, Schriftsteller und Philosoph Alfred Kubin, geboren in Böhmen, ist 1898 nach München gekommen. Zwei Jahre nach Rainer Maria Rilke, zeitgleich mit Paul Klee. 1906 zog er mit seiner Frau, die er über Karl Wolfskehl, also in München, kennengelernt hatte, nach Oberösterreich. Ins verwunschene, etwas abgelegene, oberhalb von Wernstein befindliche Schlösschen Zwickledt, wo er wohnen blieb bis zu seinem Tod 1959.

Die Tafel, die an seinem letzten Wohnsitz hängt, den er in München hatte, berichtet lediglich, dass er hier, in der Mandlstraße 26 in Schwabing, gewohnt hat. Zweieinhalb Jahre lang. Damit fällt unter den Tisch, dass es ja München war, wo Kubin zum Künstler geworden ist. Und dass in München zum Teil auch der Roman spielt, den er dann in Oberösterreich mehr aus dem Ärmel geschüttelt als geschrieben hat.

Ebenso wenig wird erwähnt, wie sehr Kubin Zeit seines Lebens mit inneren Dämonen gerungen hat und dass seine Zeichnungen genau von diesen Dämonen handeln. Die Angst war sein ständiger Begleiter und als es für ihn, der eine Doppelbegabung war, im Schlösschen ans Sterben ging, soll er seinem Arzt gesagt haben: »Nehmen Sie mir nicht die Angst, sie ist das einzige Kapital, das ich habe.«

Kubin war aufgewachsen als Kind einer freundlichen, zugewandten, künstlerisch veranlagten Mutter und eines strengen Vaters, der ihn auch schlug, und das Unglück seines Lebens bestand darin, dass es die Mutter war, die früh starb. Der Vater steckte ihn in ein Internat, wo es ihm nicht gut ging, und alles, was er nach der Schule anfing, brach er wieder ab. Ein Selbstmordversuch am Grab der Mutter misslang nur deshalb, weil die Pistole klemmte.

Nach München kam er, der immer gezeichnet hatte, um sich endlich mit dem zu befassen, was ihn eigentlich ausmachte – der Kunst nämlich. Er wurde an der Akademie aufgenommen, in die Klasse von Nikolaus Gysis, und im begeisterungsfähigen Schwabing, wo er im »Café Stefanie« die Tische vollkritzelte und in den Pinakotheken Max Klinger, Edvard Munch, Odilon Redon und Goya für sich entdeckte, galt er schon als zeichnender Literat oder Künstlerphilosoph, da hatte er noch kaum was vorzuweisen.

1903 wurden Arbeiten von ihm in Berlin gezeigt, in München organisierte Kandinsky drei Jahre später eine erste Ausstellung seiner Werke in der progressiven Künstlervereinigung Phalanx. Um den Dreh herum lernte Kubin, der den Tod seiner vormaligen Freundin verwinden hatte müssen, aber kaum verwinden hatte können, seine Frau kennen, Hedwig Gründler, die auch das nötige Kleingeld mitbrachte, um das »Schlössl« in Oberösterreich erwerben zu können.

In seiner Kunst war Kubin, ein leidenschaftlicher Sammler von Grafiken, ein ebenso leidenschaftlicher Leser mit Riesenbibliothek, direkt angebunden ans Unbewusste. Seine Zeichnungen bilden ab, was im Seelengrund des Menschen so lauert, er brachte die Albträume zu Papier, die die meisten von uns manchmal haben, die Kinderängste, die einen plagen, wenn man klein ist und die einen umgebende, vermeintlich Monster-haltige Welt groß. Seltsame Wesen, »Gespenstertiere«, Fische, Robben, Schlangen, Schlangen mit Raubtierköpfen (»Die große Boa«), gefesselte Frauen, geköpfte Chinesen, und immer wieder der Tod in verschiedener Gestalt bevölkern seine Arbeiten. Einige der Wesen, die zuhause waren in seiner Kunst, hielt er sich auch im Schlösschen, hatte er auch schon in Schwabing gehabt: immer wieder Schlangen, außerdem den Affen Giovanni, den er eines Tages, nachdem er ihn gegen dessen Willen gebadet hatte, aus Versehen erschlug, mit einem Holzscheit. Er liebte Raben. Er war zuhause in einer Zwischenwelt, die wir alle kennen, aber nicht alle kennen wollen.

Den ehemaligen Freunden und Wegbegleitern, den Künstlern und Lebenskünstlern aus dem »Stefanie« hielt er zeitlebens die Treue. Er war dabei gewesen, als Wassily Kandinsky, Alexej von Jawlensky, Adolf Erbslöh, Gabriele Münter, Marianne von Werefkin und Karl Hofer 1909 mit der Neuen Künstlervereinigung München an die Öffentlichkeit traten. Und verließ die Künstlervereinigung München bald wieder zusammen mit denen, die dann den Blauen Reiter erfanden. Mit einigen grafischen Arbeiten war er, wie auch Paul Klee, den er früh sammelte, bei der zweiten Blauen Reiter-Ausstellung 1912 vertreten.

Seinen Roman »Die andere Seite« hatte Kubin in wenigen Monaten heruntergeschrieben, eigentlich, um eine Zeichenblockade zu überwinden. Das Buch ist lustigerweise eine Buch gewordene Kubin-Zeichnung – und spielt also in einer Traumwelt mit vielen dunklen Ecken.

Wenn es sich ergab, kam Kubin zum Arbeiten ab und an nach München zurück. 1931 etwa fertigte er das Bühnenbild für eine Produktion der Kammerspiele, manchmal ging er auch nur mit einer Freundin im Englischen Garten spazieren. Er hatte München immer gemocht, er hatte die Stadt zu ihrer besten Zeit kennengelernt. Sie war »meine Wahlheimat, und von zahlreichen Bodenständigen oder dort nur wohnenden ‚Münchnern' wurde mir soviel Freundlichkeit erwiesen, daß auch nach dieser Richtung hin meine Dankbarkeit nicht vergehen kann. Die undefinierbare Atmosphäre dieser Stadt zieht mich immer aufs neue noch an – obwohl ich mich schon lange nicht mehr als Städter fühle. So ist München unverwüstlich für mich.«

Alfred Kubin, 1877 geboren, lebte von 1898 bis 1906 in München. Er hat unheimlich viele Briefe geschrieben, 60 000 sind erhalten, die an 1500 Korrespondenzpartner gingen. Dabei hatte er eine kaum zu entziffernde Schrift, Hesse stellte den Schriftwechsel mit ihm deshalb irgendwann ein. Kubin illustrierte viele Bücher, darunter Werke der Weltliteratur von Dostojewski, Edgar Allan Poe, Elias Canetti, auch das Buch »Daniel« aus dem Alten Testament. Er starb 1959. Das Schlössl im Innviertel ist heute Museum und kann besichtigt werden: www.alfredkubin.at/Zwickledt.htm

Die NS-Zeit überdauerte Kubin, der schon 1933 die »braunen Kolonnen« gezeichnet und als Gefahr erkannt hatte, in seinem Schlösschen. Immer wieder veröffentlichte er allerdings Zeichnungen im gleichgeschalteten »Simplicissimus«, 1941/1942 auch in der »Krakauer Zeitung«, dem Propagandablatt des Generalgouvernements. Auch von ihm wurden 63 Werke als entartet diffamiert und eingezogen. Mit einem Ausstellungsverbot wurde er jedoch nicht belegt.

»Der alberne Platz«

Der Schriftsteller und Nobelpreisträger Thomas Mann, aufgewachsen in Lübeck, lebte sein halbes Leben in München. Seine Mutter war mit den jüngeren Geschwistern nach dem Tod des Vaters hergezogen, er machte noch die Schule fertig und kam nach. Es war München, wo er zum Schriftsteller wurde, wo er die »Buddenbrooks« schrieb in verschiedenen Wohnungen. Wo er die Nachricht bekam, den Nobelpreis zu erhalten.

Das steht so nicht ganz auf den insgesamt fünf Plaketten, die ihm in München gewidmet worden sind. Und die ihm nicht deshalb in dieser Fülle gewidmet worden sind, weil er so berühmt ist. Sondern deshalb, weil er ständig umgezogen ist. Und man einzelne Häuser einzelnen Werken von ihm zuordnen kann – was auf den Schildern auch passiert. In der inzwischen denkmalgeschützten Konradstraße hat er »Gladius Dei« geschrieben, die »Buddenbrooks« brachte er am 18. Juli 1900 in der Feilitzschstraße 32 zu Ende, und die Novelle »Tod in Venedig« entstand in der Mauerkircherstraße. Während die Rambergstraße

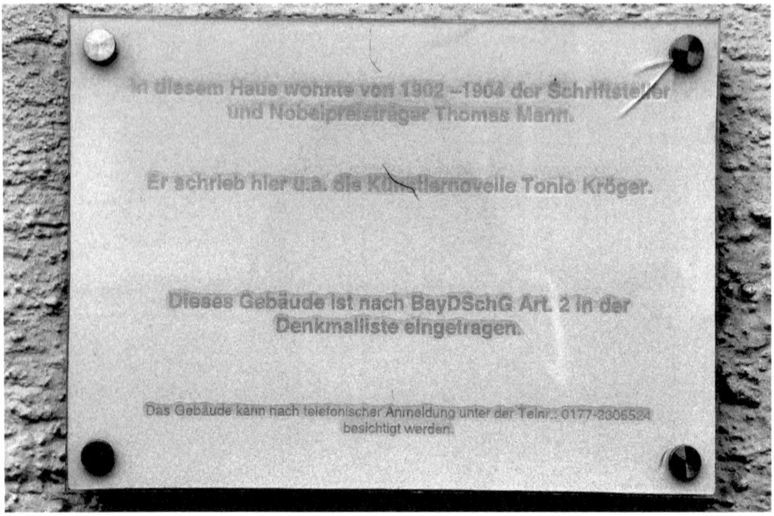

im »Doktor Faustus« vorkommt, seinem Alterswerk. Die ausführlichste Tafel hängt an der Gartenmauer der »Poschi«, des Hauses also, das er und Katia, seine Frau, geborene Pringsheim, sich bauen haben lassen, als sie schon vier Kinder hatten. Zwei würden sie noch bekommen. Auf dieser Tafel in der Poschingerstraße in Bogenhausen (heute Thomas-Mann-Allee 10) steht, dass die Familie des sehr disziplinierten Schriftstellers, der übrigens auch eine Weile gebraucht hatte, um seine politische Haltung zu finden und im Ersten Weltkrieg noch kein Pazifist war, hier von 1914 bis 1933 gewohnt hat. Dass das Haus von der Polizei 1933 beschlagnahmt wurde und die Manns 1937 enteignet worden sind. Dass Thomas Mann die Villa, die ohnehin komplett verwüstet war, in den 1950er-Jahren abreißen ließ und das Grundstück verkaufte. Er wollte ja auf keinen Fall zurück nach Deutschland. Auf dem Schild steht ausnahmsweise nicht, was Thomas Mann in der »Poschi« geschrieben hat – den »Zauberberg« nämlich. Unterbrochen hat er die Arbeit am Roman über das Lungensanatorium in Davos für die »Betrachtungen eines Unpolitischen«, die er am liebsten, nachdem sie längst beim Verlag lagen, wieder zurückgezogen hätte – da war das Buch aber schon gedruckt und wurde auch ausgeliefert.

Um noch die Zahl nachzuliefern: 13 Wohnsitze von Thomas Mann in München sind bekannt. Mal blieb er länger in einer Wohnung, mal nur ein paar Wochen, mal teilte er eine Wohnung mit seinem älteren

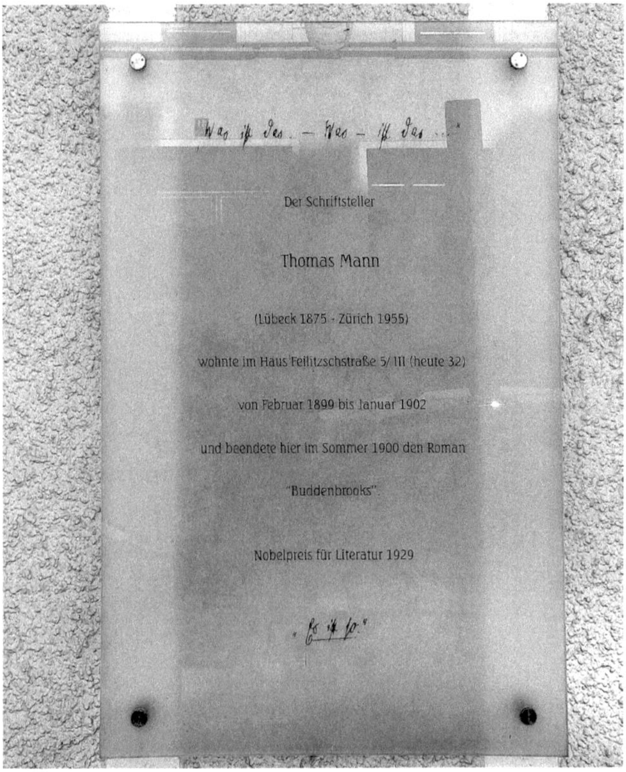

Bruder Heinrich, zu dem er in unheimlicher Konkurrenz stand, mal strich er, wie Dirk Heißerer in seinem Schwabing-Buch »Wo die Geister wandern« schreibt, die Möbel erdbeerrot an und bespannte die Wände mit grünen Tapeten. Mal nistete er sich für eine kurze Zeit auch nur in einer Pension ein.

Was auf keinem Schild steht: dass Thomas Mann, als er dann seine politische Haltung gefunden hatte, ganz klar zu dieser Haltung stand und auch nie mehr von ihr abwich. Dass er versuchte, die Münchner von seiner Haltung zu überzeugen, was hieß, dass er die Münchner vor dem Nationalsozialismus warnte und ihnen aufzeigte, was der Nationalsozialismus bedeuten würde. Er sagte den Münchnern in einer Rede von 1926, es sei nun schon so weit, dass ihre Stadt eine »eigentlich dumme Stadt« genannt werde, Tenor: Ob sie nicht endlich was dagegen unternehmen wollten? Ihr Hirn einschalten – und die Politik vernünftig mitgestalten? Sie machten es aber nicht.

Thomas Mann, 1875 in Lübeck geboren, lebte von Ostern 1894 bis 1933 in München. Er starb 1955 in der Schweiz. Sein Wohnhaus in Pacific Palisades wurde 2016 von der Bundesregierung gekauft und dient als transatlantische Begegnungsstätte. Der ausgestopfte russische Braunbär, den die Manns zur Hochzeit bekommen haben und der auch in den »Buddenbrooks« vorkommt, steht heute im obersten Stockwerk des Literaturhauses am Salvatorplatz.
Die Passage der Rede, in der er am 30. November 1926 bei einer DDP-Veranstaltung aufrief zum »Kampf um München als Kulturzentrum«, lautet so: »Wir haben uns des renitenten Pessimismus geschämt, der von München aus der politischen Einsicht Berlins […] entgegengesetzt wurde; […]. *Wir mussten es erleben, daß München in Deutschland und darüber hinaus als Hort der Reaktion, als Sitz aller Verstocktheit und Widerspenstigkeit gegen den Willen der Zeit verschrien war, mußten hören, daß man es eine dumme, die eigentlich dumme Stadt nannte.«*
Die Novelle »Gladius Dei« mit dem berühmten ersten Satz beginnt so: »München leuchtete. Über den festlichen Plätzen und weißen Säulentempeln, den antikisierenden Monumenten und Barockkirchen, den springenden Brunnen, Palästen und Gartenanlagen der Residenz spannte sich strahlend ein Himmel von blauer Seide, und ihre breiten und lichten, umgrünten und wohlberechneten Perspektiven lagen in dem Sonnendunst eines ersten, schönen Junitags.«

Natürlich hatte Thomas Mann auch in seiner Literatur versucht, die Münchner quasi lesend an die Realität heranzuführen. In der Novelle »Gladius Dei«, nach deren erstem Satz »München leuchtete«, falsch zitiert, eine München-Auszeichnung benannt ist, wird München vorgeführt als Kunststadt, die sich mit Dekorativem begnügt, mit Nachbildungen, dem schönen Schein, wie man so sagt. Der Schriftsteller wusste: »Diese Stadt ist völlig unliterarisch, die Literatur hat hier keinen Boden.« Gut, das sei der Gerechtigkeit halber auch noch erwähnt: In der Novelle »Herr und Hund«, die auch in München entstanden ist, vergleicht er die Isar mit dem Meer – ein schöneres Kompliment kann ein Fluss wohl kaum bekommen.

1930 hielt Thomas Mann noch einmal eine Ansprache, in der er klar Stellung bezog und versuchte, etwas zu bewirken in den Köpfen seiner Mitmünchner. Aber auch die »Deutsche Ansprache – ein Appell an die Vernunft« bewirkte letztlich nichts, auf jeden Fall zu wenig. 1936, schon seit drei Jahren im Exil, nachdem er von einer Vortragsreise nicht mehr zurückgekommen war, nachdem die »Richard-Wagner-Stadt« München Unterschriften gegen ihn gesammelt hatte, erschien in der »Neuen Zürcher Zeitung« eine klare Absage von Thomas Mann ans nationalsozialistische Deutschland – diesen Beitrag hatte er auch auf Drängen seiner sehr politischen Tochter Erika verfasst.

Thomas Mann mochte sich nie wieder mit München versöhnen, er konnte sich nicht mehr mit Deutschland versöhnen, er gab den Deutschen eine Kollektivschuld an den größten Verbrechen, die in der Geschichte je begangen worden sind. Im Tagebuch notierte er 1942 im Exil in Pacific Palisades: »Bombardierung Münchens mit zweihundert Flugzeugen und größten Kalibern. Die Explosionen bis in die Schweiz hörbar, die Erde viele Meilen weit erschüttert. Der alberne Platz hat es geschichtlich verdient.«

»Papa Benz«

Vater der Boheme

Schwabing hat viele Persönlichkeiten angezogen und auch selbst hervorgebracht, und einer derer, die »Wahnmoching«, wie Fanny zu Reventlow das Areal nördlich vom Siegestor nannte, mitgeprägt haben, war »Papa Benz«. Eigentlich Josef Friedrich Benz. Selbst Musiker, genauer: Opernsänger, genauer: Tenor, und als solcher etwa in Colmar, Regensburg, Hannover, Hamburg zu sehen, zu hören, zu erleben. 1899 kam er dann an die Isar, eigentlich, um auch hier zu singen, nämlich den »Zigeunerbaron« im Theater am Gärtnerplatz. Er blieb – aber nicht, um weiterhin selbst aufzutreten, sondern um jetzt andere auftreten zu lassen. 1900 machte er sein »Café Benz« beziehungsweise die »Benz-Kleinkunstbühne« auf in der Leopoldstraße 50, wo unter anderem der Valentin und die Karlstadt Programm machten, aber auch unbekanntere Autoren wie Elise und Julius Beck. Und manchmal gab »Papa Benz« doch noch die großen Arien seiner Karriere zum Besten.

Das steht so schon gar nicht mehr auf der Tafel, die in der Leopoldstraße angebracht wurde und sich ja auch auf die Einrichtung bezieht und nicht auf deren Gründer. Von 1900 bis 1939, kann man erfahren, hat die Kabarettbühne bestanden, die demnach vor dem Zweiten Weltkrieg geschlossen und wahrscheinlich von den Nationalsozialisten schon vor dem Krieg in ihrer Freiheit massiv eingeschränkt worden war.

Wie sein Spitzname »Papa Benz« schon sagt, war Benz der Vater der Boheme in München. Verheiratet war er übrigens auch mit einer Musikerin, mit der Sängerin Mathilde Benz nämlich, die beiden bekamen dann eine Tochter, die auch Künstlerin wurde – aber Schauspielerin. Sie hieß Lee Parry.

Ein sehr besonderer Moment in der Geschichte des »Cafés Benz« war sicher Mitte der 1930er-Jahre, als der große irische Schriftsteller Samuel Beckett, der sich damals länger in München aufhielt, eine Vorstellung mit Liesl Karstadt und Karl Valentin besuchte. Beckett bewunderte Valentin, er besuchte ihn auch mal und wurde empfangen von Valentin, der seinen »Winterzahnstocher«, einen mit Pelz besetzten Zahnstocher, in der Hand hielt. In seinem Tagebuch vermerkte Beckett, der Abend im »Benz« mit den beiden sei »really crazy«, also einigermaßen wahnsinnig, gewesen.

Valentin war 1902 erstmals bei »Papa Benz« auf der Bühne zu sehen gewesen, er schrieb, er trat dort auf »und gleich nach dem Auftreten sofort wieder ab«. 1911 war er wieder in der Leopoldstraße engagiert, ärgerte sich dann aber, weil er die große Trommel nicht auf die Bühne mitnehmen durfte. Auch im Ersten Weltkrieg war der große Münchner Komiker, der Größte seines Fachs, im Schwabinger Kleinkunstlokal zu erleben, er habe dann »ernste Sachen« zeigen müssen, »so unter anderem eine Kriegsmoritat«.

Ansonsten? Schrieb Valentin über den Künstler und Unternehmer und »Künstlerpapa« Benz: Der sei eine »originelle Persönlichkeit« gewesen, »klein, dick, körperlich auf der Höhe, nur einen geistigen Defekt hatte er aufzuweisen, er hatte den Umbaufimmel. 30 Jahre lang wurde umgebaut, mal außen, mal innen, bald war die Bühne in der Ecke, dann wieder in der Mitte, bald spielte die Musikkapelle rechts der Bühne, dann wieder links davon. [...] Wenigstens spielten die Artisten und Künstler auf der Bühne und die Musik vor der Bühne, das war wenigstens noch normal. [...] Der Zuschauerraum wurde so oft renoviert und umgebaut, daß die Geschäftsleute wie Maurer, Maler, Schreiner, Dekorateure usw. vom Haus Benz allein eine Existenz hatten und ich rechne mit Bestimmtheit, wenn die Nachkommen heute dieses Geld auf einem Haufen beisammen hätten, was diese vielen Umbauten gekostet haben, so könnten diese als Privatiers wohlgemut in die Zukunft schauen.« Und Valentin fand 1938: »Tatsächlich hatte das Haus Benz in ganz Deutschland einen Weltruf.«

Josef Friedrich »Papa« Benz, geboren 1863 im Schwarzwald, lebte ab 1899 in München – und blieb dann auch hier. Sein Café war Deutschlands erste Künstlerkneipe. Er starb 1928, seine Kleinkunstbühne bestand noch elf Jahre weiter.

Ludwig Quidde

»Römischer Cäsarenwahnsinn«

Dass Ludwig Quidde eine Gedenkplatte hat in München, kann man nur begrüßen – der Pazifist, Historiker und Publizist, der unermüdlich warnte erst vor preußischem Militarismus, dann vor den Nationalsozialisten, ist ein wenig in Vergessenheit geraten. Quidde war in Bremen aufgewachsen, hatte dann in Frankfurt und Königsberg gelebt, im Januar 1890 siedelte er mit seiner Frau Margarethe, die Künstlerin und Musikerin war, nach München. 1933 musste er aus München emigrieren, weil er hier seines Lebens nicht mehr sicher sein konnte.

Das steht natürlich schon nicht mehr auf dem Schild, das für ihn 2011 angebracht worden ist an der Gedonstraße 4, wo er und Margarethe immerhin 27 Jahre gewohnt haben. Ihre erste Bleibe in München war in der Kaulbachstraße gewesen.

Auf dem Schild fällt zum einen auch noch unter den Tisch, wie unheimlich produktiv und vielfältig engagiert Quidde in allem war, was er machte. Und seine publizistischen Aktivitäten kommen auf der Plakette gar nicht vor – dabei hat der Mann mit dem weißen Bart, den Geheimratsecken und den wachen Augen eine Historikerzeitschrift gegründet und war später sechs Jahre Verleger einer Tageszeitung in München. Sein Leben lang hat er zudem immer auch selbst geschrieben, und zwar schrieb er immer: was war. Das wurde nicht gern gehört, zu keiner Zeit.

Damit wären wir schon bei dem, was freilich auch keine Berücksichtigung findet auf dem Schild, aber darauf unbedingt erwähnt werden hätte müssen: dass Quidde für seine Überzeugungen in München ins Gefängnis wanderte. Drei Monate saß er, Spross eines wohlhabenden Kaufmannshaushalts, in Stadelheim ein – wegen Majestätsbeleidigung. Also, wegen Beleidigung von Kaiser Wilhelm II. Er hat außerdem dafür, weiter gegen den Militarismus von Wilhelm II. anschreiben zu können, seine Karriere als Historiker geopfert. Ein Mensch mit Haltung, wie man so sagt.

Gelohnt hat sich das Ganze für ihn, auch wenn das wohl nie sein Bestreben gewesen sein dürfte, insofern, als wenigstens das Ausland anerkannte, was er leistete: 1927, das steht wieder auf der Gedenktafel, wurde ihm zusammen mit Ferdinand Buisson der Friedensnobelpreis überreicht. Er war nach Gustav Stresemann im Vorjahr der zweite Deutsche, der diese Auszeichnung bekam.

Als Quidde nach München zog, war er auf dem besten Weg, ein anerkannter Wissenschaftler zu werden. Er war im zweiten Anlauf in die Historische Kommission der Bayerischen Akademie der Wissenschaften gewählt worden, er hatte 1888 seine »Deutsche Zeitschrift für Geschichtswissenschaft« gegründet, die vor allem dazu diente, sich international auszutauschen. Eine Berufung zum außerordentlichen Professor in Kiel hatte er abgelehnt, und in dem Jahr, in dem er nach München ging, nahm er dann doch das Angebot an, in Rom für das Preußische Historische Institut tätig zu werden. Weil unterdessen seine Ehe ins Wackeln geraten war, kam er 1892 im Juni wieder zurück.

Organisierte dann 1893 in München den ersten Deutschen Historikertag – und begann damit, sich zu aktuellen politischen Themen zu äußern. Veröffentlichte auch 1893, in dem Fall anonym, eine »Anklageschrift«, den »Militarismus im heutigen deutschen Reich« betreffend. Im Folgejahr ging dann ein Aufsatz von ihm praktisch durch die Decke, in dem er über Caligula und den »römischen Cäsarenwahnsinn« schrieb, aber Wilhelm II. meinte. Der Essay wurde der meistgelesene Essay in der Wilhelminischen Zeit, mit über 30 Auflagen. Die Historikerkollegen rückten bereits angstvoll ab von ihm, da bekundete er, es sei eine »Lächerlichkeit und politische Unverschämtheit«, dem deutschen Kaiser eine Gedenkmedaille zu stiften – was damals eben genau passierte. Es folgten: die Anklage wegen Majestätsbeleidigung, die drei Monate in Stadelheim. Seine Zeitschrift war 1895 damit am Ende. Wie auch die Karriere als Historiker. Er hatte ja keine feste Stelle gehabt.

Einschüchtern hat sich Ludwig Quidde nie lassen. Er ging jetzt in die Politik, intensivierte sein Engagement in der Friedensarbeit. Schon 1894 hatte er den Friedensverein in München gegründet, im selben Jahr begann er, die »Münchner Freie Presse« herauszugeben, die unter anderem mit einer Serie über »Arme Leute in Krankenhäusern« auf sich aufmerksam machte. Er verlegte die Tageszeitung sechs Jahre. Dank eines Erbes war er finanziell einigermaßen unabhängig. Unter anderem sorgte er für die Teilnahme Deutschlands an der Ersten Haager Friedenskonferenz 1899, im selben Jahr übernahm er die Leitung der deutschen Delegation bei den Weltfriedenskongressen, organisierte 1907 diesen Weltfriedenskongress dann in München. Arbeitete fürs Internationale Friedensbüro in Bern und wurde 1914 Vorsitzender der von Bertha von Suttner gegründeten Friedensgesellschaft.

Gleichzeitig saß er ab 1902 für die linksliberale Deutsche Volkspartei, später Deutsche Demokratische Partei, im Stadtrat, fünf Jahre später wurde er auch in den Landtag gewählt. Als dann 1918 Kurt Eisner den Freistaat ausrief, stellte er sich, obwohl er mit Eisner wenig, mit den Arbeiter- und Soldatenräten nichts anfangen konnte, der Revolution als Vizepräsident des Provisorischen Nationalrats zur Verfügung. Schließlich war er Mitglied der Weimarer Nationalversammlung und votierte gegen die Unterzeichnung des Versailler Vertrags. Ab 1921 war er Vorsitzender der pazifistischen Dachorganisation »Deutsches Friedenskartell«.

Und er schrieb weiter, 1924, sechs Jahre nach Ende des Ersten Weltkriegs, machte er die vertragswidrigen Rüstungsaktivitäten in Deutschland öffentlich. Wurde erneut verhaftet, diesmal wegen Landesverrats, und kam nur frei, weil sich hinter den Kulissen Gustav Stresemann für ihn einsetzte.

In Stockholm, anlässlich der Verleihung des Friedensnobelpreises, sagte er: »Wir müssen erkennen lernen, dass Europa nur die Wahl hat zwischen der totalen Verwüstung, die ein künftiger Krieg mit Gas und anderen modernen Kriegsmitteln mit sich bringen wird, und einem rechtsstaatlich gesicherten Frieden.«

Es dauerte nicht mehr lang und es waren die Nationalsozialisten, die gegen ihn hetzten, ihn »Vaterlandsverräter« schimpften und im »Völkischen Beobachter« seine Adresse veröffentlichten. Damit war klar, dass er fliehen musste. Am 18. März 1933 emigrierte er mit seiner Lebensgefährtin Charlotte Kleinschmidt und der gemeinsamen Tochter in die Schweiz. Sein Erbe hatte er längst aufgebraucht, er musste, um sich über Wasser zu halten, in Genf auch Gartenarbeiten übernehmen.

Geschrieben hat er weiterhin, 1938 etwa nach dem sogenannten Anschluss Österreichs an NS-Deutschland: »Es ist ein gewaltiger Unterschied, ob anständige Leute mit den Mitteln schärfster Propaganda ein Land in eine Gemeinschaft der Freiheit und des Rechts überführen wollen oder ob eine Bande von Verbrechern, Mördern, Räubern, Brandstiftern und [...] bestialischen Folterknechten [...] mit schamlosem Rechtsbruch dieses Land einem Zustand brutalster Unterdrückung jeder Freiheit einzugliedern unternehmen.« Dieser Satz, der so hellsichtig war, hätte sich auf der Plakette ihm zu Ehren mehr als gut gemacht.

Ludwig Quidde, Jahrgang 1858, lebte mit eineinhalbjähriger Unterbrechung von 1890 bis 1933 in München. In Genf baute er eine Hilfsorganisation auf für Pazifisten, die vor den Nationalsozialisten fliehen hatten müssen. Er starb 1941. Seit 2012 vergibt die Ludwig Quidde-Stiftung den Ludwig Quidde-Preis für friedenswissenschaftliche Forschung.

Franziska zu Reventlow

Alles für die Maus

Die Leopoldstraße 41 war ab 1909 die letzte von sehr vielen Wohnungen, die Franziska Gräfin zu Reventlow in München bezogen hat. Manchmal blieb sie in einer Unterkunft nur genau einen Tag und oft suchte sie sich deshalb eine neue Bleibe, weil sie die alte nicht mehr bezahlen konnte. Manchmal machte sie aber auch Experimente – und gründete zum Beispiel mit dem polnischen Kunstmaler Bogdahn von Suchocki, mit dem sie damals zusammen war, und Franz Hessel eine WG in der Kaulbachstraße 63. Die dann immerhin drei Jahre bestand und offenbar auch funktionierte. Es gibt ein lustiges Foto von der Küche dort, an deren Wänden kunterbunt durcheinander Kupfertöpfe und Fayencengeschirr hängen. Sie nannten die Küche ihr »Museum«. Letztlich ist Fanny zu Reventlow, die in Lübeck ein höchst bequemes Leben hätte führen können, in München 24-mal umgezogen, sie hatte 25 verschiedene Adressen.

Das alles steht natürlich nicht in der Ausführlichkeit auf dem Schild, das an einem tristen Gebäude mit einem Klamottendiscounter im Erdgeschoss an sie erinnert; und ebenso wenig kann man darauf nachlesen, wie beschwerlich der Alltag in München für sie mitunter war. Dass sie im Winter immer fror. Dass sie immer Geldsorgen hatte und wenn dann mal Geld da war, war es schnell ausgegeben. Oder sie warf es in der Wohnung herum, weil sie dachte, sie freut sich, wenn sie es irgendwann wiederfindet, unverhofft.

Erst recht wird auf der Plakette die bittere Tatsache verschwiegen, dass die kluge Gräfin, die von Übersetzungen lebte, von den Übersetzungen allein eben nicht leben konnte. Manchmal gab es für sie keinen Ausweg, als sich von Männern aushalten zu lassen – worüber sie im Tagebuch nur Andeutungen machte.

Mit 100 geliehenen Mark war sie, gerade volljährig, im Frühjahr 1893 aus Lübeck nach München gesiedelt, um der viel zu strengen, kaltherzigen Mutter zu entfliehen, die sie, also Fanny, »unbrauchbar« fand und die ihr später nicht mal erlaubte, den sterbenden Vater zu besuchen. Sie war damals verlobt – mit Walter Lübke, einem Gerichtsassessor, den sie aus dem Ibsen-Club kannte und irgendwie auch liebte.

Aber hier, an der Isar, verliebte sie sich dann so richtig Reventlow-mäßig in einen Künstler. Sie hatte ja angefangen zu malen, es war ihr eigentlicher Traum gewesen, Malerin zu werden. Der Witz ist, dass sie in München dann Schriftstellerin wurde. Der Künstler, in den sie sich verliebte, hieß Herstein, sie wurde von ihm schwanger, sie heiratete dann Walter trotzdem (Mai 1894), lebte wieder in Lübeck, verlor das Kind, beichtete komischerweise im Nachhinein alles, Walter ließ sich scheiden. Vielleicht hatte sie ja genau das auch gewollt, schließlich hatte sie schon als 19-Jährige in einem Brief an einen Freund gemeint: »Wie mir diese ganze Aristokratensippe zuwider ist. Ich will und muss einmal frei sein.«

Franziska zu Reventlow, so elend es ihr auch manchmal ging, schaffte es immer, das Elend wegzudrängen. Wie keine Zweite, und das fehlt ja auch auf der Plakette, stand sie für die besten Jahre, die Schwabing je gesehen hat. Nie wieder war München so quicklebendig wie zu der Zeit, in der sie in München wohnte. Und: Wohl wenige Menschen dürften je bereit gewesen sein, für die persönliche Freiheit so viel zu opfern wie sie, die sagte, schon die »kleinste Fessel« würde sie »unerträglich drücken«. »So möcht ich's immer«, notierte sie nach einem gelungenen Abend im Tagebuch, »Einsamkeit und dazwischen ein schöner Rausch«.

Die Lebensdaten von Fanny Liane Wilhelmine Sophie Auguste Adrienne Gräfin zu Reventlow sind identisch mit den Daten des deutschen Kaiserreichs: Sie wurde 1871 geboren und starb 1918. Von 1895 bis 1910 lebte sie in München. Über die Zeit sagte sie: »Und doch ist dieses Künstler-Bohèmeleben das Beste von meinem ganzen bisherigen Leben gewesen. Es ist wenigstens frei, ganz frei […]. *« Nach Ascona ging sie, um dort einen Baron zu heiraten, den Erich Mühsam ihr vermittelt hatte – um endlich die Geldsorgen loszuwerden. Als der Baron starb, erbte sie dessen Geld zwar, verlor es aber gleich wieder – weil die Bank, auf der es lag, pleite machte. In der Kaulbachstraße, wo sie die WG hatte, stehen inzwischen Luxuswohnungen.*

Und, ja, sie liebte viele, und viele liebten sie, auch Rilke, der ihr eine Zeit lang jeden Tag ein Gedicht in den Briefkasten warf. Eines dieser Gedichte faltete sie klein zusammen und verwahrte es in einem Medaillon ihrer Mutter. Sie war damals wieder schwanger, hatte sowieso kein Geld, sie wohnte in der Heßstraße 46.

Ihren Sohn Rolf, den sie 1897 bekam, genannt »die Maus« oder auch »Göttertier«, zog sie allein groß und verriet auch niemandem, wer eigentlich der Vater war. Sie sagte: »Alles hängt an ihm, all meine Liebe und all mein Leben, und die Welt ist wieder herrlich für mich geworden […].« Später erlitt sie noch einmal eine Fehlgeburt und 1906 brachte sie Zwillinge zur Welt, zwei Mädchen, die Frühgeburten waren und nicht überlebten. Deren Vater war Suchocki.

Zu der Zeit hatte sie schon zu schreiben begonnen, 1893 konnte sie erste Sachen in Zeitschriften veröffentlichen, um 1900 begann sie außerdem, an ihrem autobiografischen Roman »Ellen Olestjerne« zu arbeiten – der letztlich in fünf verschiedenen Wohnungen entstand, beendet hat sie ihn in der Schellingstraße 92. Gleichzeitig nahm sie Schauspielunterricht. 1903 gründete sie die WG in der Kaulbachstraße, über die sie zu Karl Wolfskehl sagte: »Mit dem, was Hessel besitzt und Such verdient, kommen wir so heraus, daß ich ganz umsonst lebe und nichts zu tun brauche, wie dem Haushalt etwas auf die Finger zu sehen.«

Schwabing, auch das hatte sie mal gesagt, sei kein Stadtteil, sondern ein »Zustand«. Ihrem »Wahnmoching« widmete sie einen Roman, den sie in Ascona, wohin sie 1910 gesiedelt war, zu Papier brachte. Titel:

»Herrn Dames Aufzeichnungen oder Begebenheiten aus einem merkwürdigen Stadtteil«.

Nach ihrem letzten Umzug in München, dem in die Leopoldstraße 41, wo das Schild hängt, notierte sie: »Wir [also die Maus und sie] freuen uns an der neuen Wohnung mit der roten Jubeltapete. Erste Woche vergeht mit Einrichten, die zweite mit Gläsern.« Mit »Gläsern« waren Gläser gemeint, die Suchocki und sie bemalt hatten und die sie verkaufen wollte, unter anderem in Oberammergau, bei den Passionsspielen. Aber das klappte nicht so gut, weshalb sie die Gläser dann entweder im Kleinhesseloher See versenkte oder gerade versenken wollte, dann jedoch daran gehindert wurde. Von der Geschichte gibt es beide Varianten.

Max Weber

Groß, ruppig, gewandt, männlich

In der Seestraße 16, ehemals 3c, hat Max Weber, Begründer der Soziologie und einer der großen liberalen Intellektuellen an der Wende zum 20. Jahrhundert, genau ein Jahr und zwei Tage verbracht. Er war am 12. Juni 1919 in München eingetroffen, um an der Universität den Lehrstuhl für Gesellschaftswissenschaft, Wirtschaftsgeschichte und Nationalökonomie zu übernehmen und starb überraschend am 14. Juni 1920, wahrscheinlich an einer Lungenentzündung. Und eben nicht an der Spanischen Grippe, wie es oft heißt. Das steht so ungefähr auch auf dem Gedenkstein, der am Haus in Höhe des ersten Stocks an ihn erinnert.

Was man darauf aber nicht nachlesen kann, ist zum einen die Tatsache, dass Weber die Festanstellung in München nur deshalb überhaupt in Betracht gezogen hatte, weil er finanziell drauf angewiesen war – er, der den Ersten Weltkrieg zunächst begrüßt hatte (»dieser Krieg ist bei aller Scheußlichkeit doch groß und wunderbar, es lohnt sich ihn zu erleben«), hatte mit dem Kauf von Kriegsanleihen sein Vermögen (und das seiner Mutter) in den Sand gesetzt.

Ebenfalls fällt auf der Plakette unter den Tisch, dass Weber, der vorher in Wien gelehrt hatte und auch nach Bonn hätte gehen können, nicht wegen München nach München wechselte, sondern deshalb, weil hier seine Geliebte zuhause war: Else Jaffé-von Richthofen, die bei ihm in Heidelberg promoviert hatte und manchmal auch teilnahm am »Sonntagskreis« bei Webers zuhause. Als er dann am 12. Juni 1919 an der Isar eintraf mit einem Koffer voller Manuskripte und, wie es aussieht, ohne seine Frau Marianne, teilte er Else mit: »Ich bin jetzt Münchener, Bayer, Beamter Deiner Regierung.« Er war 55. Und hatte ein unheimliches Renommee.

Schon vorher war er mehrfach in München gewesen, hatte hier, jeweils in der Buchhandlung Steinike, seine zwei berühmtesten Vorträge gehalten über »Wissenschaft als Beruf« (November 1917) und »Politik als Beruf« (Januar 1919). In »Wissenschaft als Beruf« prägt er den Begriff der »Entzauberung der Welt«, fußend auf Intellektualisierung und Rationalisierung. Den zweiten Vortrag, der darum geht, in der Politik den Lebensunterhalt zu verdienen, unter Umständen Lebensinhalt zu finden, was auch er selbst zwischenzeitlich versuchte, hatte er eigentlich gar nicht mehr halten wollen. Er machte es dann vor allem, weil er mitbekommen hatte, dass die Veranstalter, der Freistudentische Bund, sonst Kurt Eisner als Referenten anfragen würden. Und Kurt Eisner, seiner Ansicht nach ein »linker Spinner«, konnte Weber, der sich zeitlebens seiner bürgerlichen Herkunft verpflichtet fühlte, nicht ausstehen. In dem Vortrag kommt der Satz vor: »Die Politik bedeutet ein starkes langsames Bohren von harten Brettern mit Leidenschaft und Augenmaß zugleich« – vermutlich der Satz, der von Weber am häufigsten zitiert wird.

Kurz vor Beginn der Revolution im November 1918 war Weber zudem im »Hotel Wagner« aufgetreten – um für die parlamentarische Monarchie als mögliche Staatsform zu werben. Der Schriftsteller Oskar Maria Graf erlebte ihn dort, später erinnerte er sich: »Groß, ruppig, mit einem Bratenrock, solid und badisch-demokratisch stand der hochgewachsene Mann da. Gewandt und männlich parierte er die Zwischenrufe.«

Max Weber war ein Mensch, der sich nicht leicht einordnen lässt. Irgendwann war er, der ausgiebiger feiern konnte als man meinen möchte und überhaupt, was er machte, extrem machte, etwa an den Monte Verità gereist, wo Künstler, Reformer, Schriftsteller neue Lebensformen ausprobierten. Er hatte eigentlich nur abnehmen wollen, aber er brachte durchaus einige der alternativen Ideen mit nach Hause, nahm dann in Heidelberg bei der Schweizer Pianistin Mina Tobler Klavierunterricht – und fing mit ihr, der 16 Jahre Jüngeren, ein Verhältnis an.

Weber hatte 1918 an der Weimarer Reichsverfassung mitgeschrieben, im Winter 1918/1919 kandidierte er auf der Liste der DDP für den Reichstag, wurde aber nicht gewählt. Er war Teil der Sachverständigendelegation in Versailles, wandte sich gegen einen allein von den Siegern diktierten Frieden und plädierte für eine »Politik des Rechts«. Und obwohl er natürlich die Münchner Revolution abgetan hatte als »Karneval«, setzte er sich nach ihrer Niederschlagung dafür ein, dass einer der Beteiligten, der Schriftsteller Ernst Toller, mit einer Haftstrafe davonkam. Und er war schwer dagegen, dass Graf von Arco auf Valley, der Mörder von Kurt Eisner, begnadigt werden würde – was aber dann genau passierte.

In seiner Münchner Zeit, die ja nur ein Münchner Jahr war, konzentrierte sich Weber – auch das hätte man noch vermerken können in der Inschrift – auf die Drucklegung eins seiner wichtigsten Werke, die »Gesammelten Aufsätze zur Religionssoziologie«. Im Herbst nahm er leicht verspätet die Lehrtätigkeit auf, und sein »Abriß der universalen Sozial- und Wirtschaftsgeschichte« im Wintersemester 1919/1920 wurde zum universitären Ereignis, das sich auch Kollegen nicht entgehen ließen.

Lustig hört sich an, was Weber über die Sitzungen der Bayerischen Akademie der Wissenschaft, der er selbst angehörte, berichtete: »Daß es so etwas noch giebt, ist einfach fabelhaft. Eine zu 50% veritabel schlafende Gesellschaft von 40–50 Leuten um einen Tisch, während Einer eine Sache von 1–2 Stunden vorliest. Nein! es ist zu toll.« Ansonsten: dann doch viel Lob für München aus seinem Munde, das er trotz des »scheußlichen Klimas« als »schönste Stadt deutscher Zunge« bezeichnete.

Ach so, ja: Max Weber, ein unermüdlicher Arbeiter, den der Tod mitten aus seinem Gelehrtenleben gerissen hatte, scheute auch privat keine Komplexität. Er pflegte hier nicht nur die Liaison zum »Liebling« Else, sondern es war ja irgendwie dann auch Mina Tobler in der Stadt. An Else, die ihn in ihren Briefen freundlich »Grauli« nannte, schrieb er:

»[…] im Münchener Wind spüre ich immer, selbst wenn es kalt ist, irgendwie Deinen warmen Atem mit.« Mit Mina ging er zum Kaffeetrinken und in Konzerte.

Nach seinem Tod nahm Marianne, die für Weber immer mehr »hochherziger Kamerad« gewesen war als geliebte Frau, wieder selbstverständlich den Platz an seiner Seite ein. Sie war es, die die Trauerrede am Grab hielt und dann sein umfangreiches Werk, bestehend aus vielen, teils buchlangen Aufsätzen, ordnete. Sie schrieb auch eine Biografie über ihren Mann, die zum 700 Seiten dicken Ziegelstein geriet, in dem sie von sich selbst in der dritten Person spricht. Das Buch war lange Zeit die einzige Biografie, die es über Max Weber gab. Marianne Weber sagte: »Max Webers Schreibtisch ist nun mein Altar.«

Max Weber, geboren 1864 in Erfurt, hatte schon als Schüler Nietzsche und Kant gelesen. Den Kapitalismus bezeichnete er als »schicksalsvollste Macht unseres modernen Lebens«, er erkannte Marx an als einen der wichtigsten Denker des 19. Jahrhunderts. Er wohnte vom 12. Juni 1919 bis zu seinem Tod fast genau ein Jahr später in München.

Karl Wolfskehl

»Das Behagen ist verschwunden,
ich glaub, für immer«

Der Schriftsteller und Übersetzer und Antike-Fan Karl Wolfskehl wurde 1869 als Sohn einer angesehenen jüdischen Patrizierfamilie in Darmstadt geboren, die ihre Wurzeln zurückverfolgen konnte bis zur Zeit Karls des Großen. 1893 kam er nach München, wo er 40 Jahre lang blieb, immer mal wieder unterbrochen von Reisen. 1933 musste er vor den Nationalsozialisten fliehen und kam nicht zurück.

Das Schild, das an ihn erinnert, hängt in der Römerstraße 16, wo er ab etwa 1909 gewohnt hat, mit seiner Frau Hanna. Im Dachgeschoss durfte sich Stefan George einquartieren, mit dem Wolfskehl sein Leben lang befreundet war, mit dem er einen Kreis von parareligiösen Intellektuellen um sich scharte, die sich mit alten Riten befassten, ein bisschen komisch waren und auch der Reventlow irgendwann unheimlich wurden. Die schlaue Gräfin durfte nämlich auch dabei sein beim Kosmiker-Kreis, der sich »Herrenrunde mit Gräfin« nannte. Sie konnte nicht besonders gut mit George, für den sie den lustigen Spitznamen »Weihenstefan« erfand, aber mit Wolfskehl war sie mal zusammen. Von ihm sind 250 Briefe an sie, die unabhängige Schriftstellerin, erhalten.

Auf dem Schild, das an Wolfskehl erinnert, steht, er habe in der Römerstraße die »Repräsentanten des Schwabinger Geisteslebens« um sich geschart. Das stimmt, Wolfskehl war ein Kommunikationsgenie, ein Meister darin, Menschen zusammenzubringen, er war nett und klug. Für den Grafiker und Bühnenbildner Emil Preetorius war er bis lang nach dem Ersten Weltkrieg »eine der markantesten geistigen Figuren Münchens, […] keine Festlichkeit von Belang, denen seine allbestaunte, allbeliebte […] Person nicht ein beschwingendes Mehr gebracht«. Wolfskehl veranstaltete regelmäßige »Jours« mit den Geistesgrößen der Stadt, er lud zu »Lingualorgien«, zu Lesungen, zu legendären Festen, bei denen er, wegen seiner Körpergröße auch »Zeus von Schwabing« genannt, dann als Weingott Dionysos auftrat. Während Stefan George Cäsar spielte, in weißer Toga.

Nicht auf dem Schild erwähnt wird hingegen, dass der nicht nur körperlich große Wolfskehl wie kaum ein Zweiter München geliebt hat und in Anbetracht der Entwicklung, die München nahm und die dazu führte, dass er München verlassen musste, regelrecht verzweifelte an dieser Liebe. Er emigrierte am Ende nach Neuseeland, er wollte »so weit weg […]. als dies überhaupt auf diesem Kleinplanet möglich ist«, aber sein Heimweh holte ihn überall ein. Er hatte mal gefunden: »München ist und bleibt nun einmal die menschlichste Stadt, wo Einzelner und Gesamtheit, Natur und Geschichte sich innig durchdringen und dauernd gegenseitig befruchten. Das Gewesene ist hier nicht vergangen, es wirkt weiter, bleibt uns in seinen Zeugnissen und Denkmälern vertraut […].« Aber schon 1930 bemerkte er in der Stadt »ein Zittern in der Luft und eine Ungewißheit […]. Das schöne, lächelnde Behagen von früher ist verschwunden, verschwunden ich glaub für immer«.

Drei Jahre später, einen Tag nach dem Reichstagsbrand, emigrierte er in die Schweiz, von dort aus dann weiter nach Italien. Seine »Sehnsucht nach München« hielt an, 1933, inzwischen in Orselina, schrieb er dem Lektor des Münchner Beck-Verlages, August Albers: »Die Einsamkeit ist gut, aber die Sehnsucht nach München ist doch unstillbar.« Zwei

Jahre später dann an Oswald Spengler: »Nach München zieht es mich mit allen Fasern, und ich hoffe gewiß, wenigstens auf eine Zeit während des Winters hinzukommen [...].«

Damit wurde es dann nichts, mit einer Rückkehr wurde es nie wieder was, aber auch, als er ab 1938 in Neuseeland lebte, auch dort Freunde fand – er konnte München aus seinem Herzen einfach nicht wegradieren: Noch immer spüre er »Liebe zu der Heimat, die mich selber verstieß, die nichts mehr von mir weiß. Und in ihr, und als lebendigstes Symbol der Heimat, die Liebe, die Verbundenheit mit dem München unsrer Jugend, unsrer Fröhlichkeit, unsres Werks, dem einzigen München!«

Wolfskehl war im Alter fast blind, er, der während der Inflation viel Geld verloren hatte, der eine wertvolle Bibliothek besessen hatte, die er gegen eine Leibrente verkauft hatte, war verarmt. Und kreiste immer weiter um das Thema seines Lebens, den Verlust eines geistigen und auch realen Zuhauses. 1948, kurz vor seinem Tod, schrieb er dem »Zorn« zum Trotz, den er auch immer verspürt hatte, an Emil Preetorius: »Ich habe alles verloren, nämlich die Heimat. Weißt Du, was das heißt für einen Dichter! Die Heimat habe ich verloren, darin mein Geschlecht seit Karl dem Großen ansaß. Aber mehr noch habe ich verloren: München, die Stätte, wo ich gewirkt ein langes Menschenalter, Stätte der Arbeit, der Freundschaft, der Liebe, des Überschwangs.«

Antisemitismus hatte er übrigens schon lang vorher kennengelernt, im geliebten München. Denn auch unter den Kosmikern waren einige, denen man diesbezüglich nicht über den Weg trauen konnte. Ludwig Klages und Ludwig Derleth etwa – was dazu führte, dass der Kosmiker-Kreis schon 1904 zerbrach.

Karl Wolfskehl, Jahrgang 1869, kam 1893 nach München und blieb bis 1933. Seine »Feier des Altertums« 1903 war ein Ereignis, das auch Fanny zu Reventlow in ihrem Schwabing-Roman (»Herrn Dames Aufzeichnungen«) beschreibt. Er starb 1948 in Auckland.

Ludwigvorstadt und der Westen

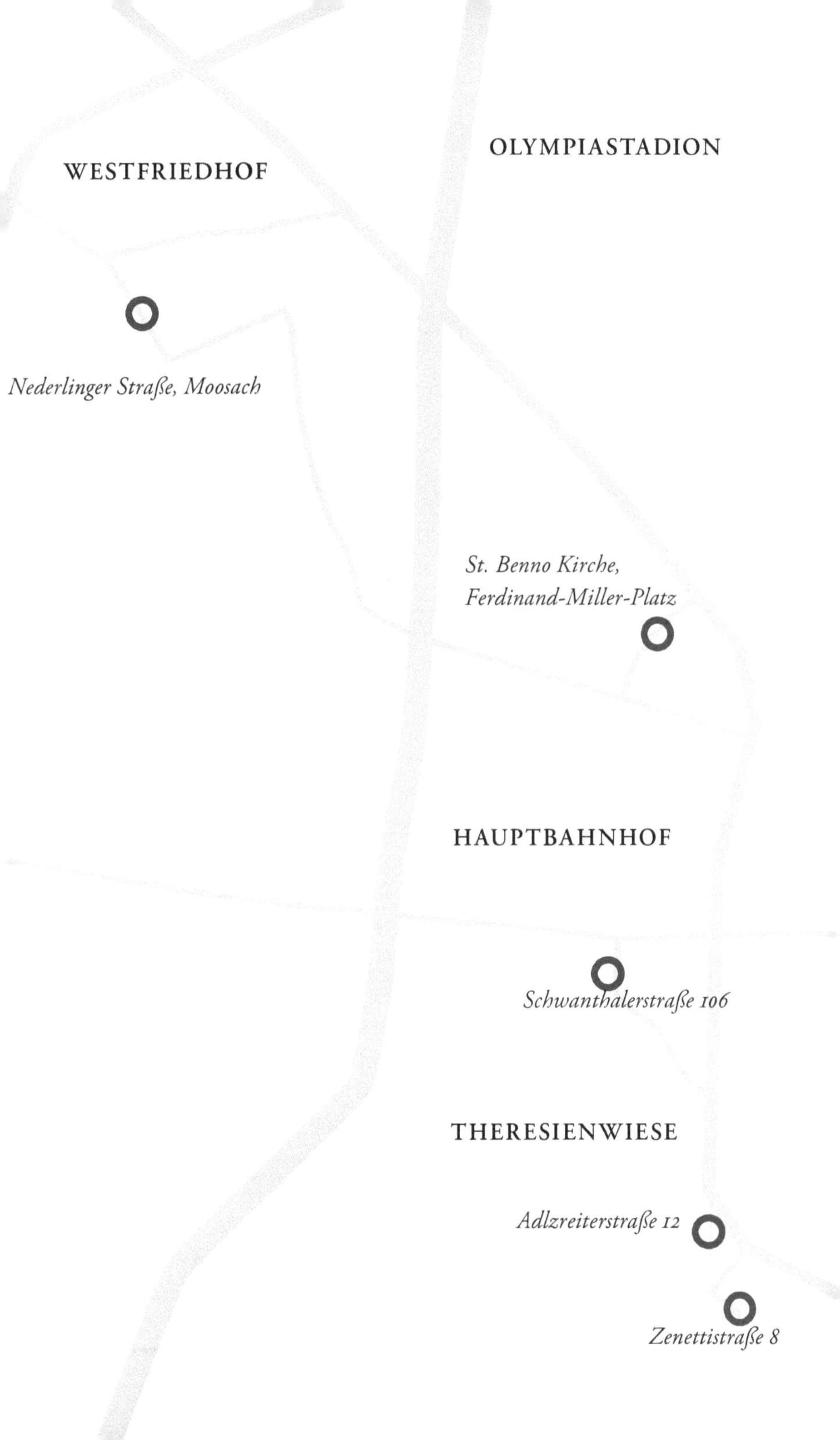

OLYMPIASTADION
WESTFRIEDHOF
Nederlinger Straße, Moosach
St. Benno Kirche,
Ferdinand-Miller-Platz
HAUPTBAHNHOF
Schwanthalerstraße 106
THERESIENWIESE
Adlzreiterstraße 12
Zenettistraße 8

Albert Einstein

»Lehrer wie Feldwebel«

Albert Einstein ist in München aufgewachsen. Seine Eltern zogen hierher, als er ein Jahr alt war. Er lernte in München sprechen (was er offenbar spät tat), in München erklärte ihm der Vater den Kompass, was ihn begeisterte: »Da musste etwas hinter den Dingen sein, das tief verborgen war«, schrieb er später. Sein Vater und sein Onkel hatten an der Isar eine Firma aufgezogen für elektrische Geräte und Elektrizitätsanlagen, die erst ihren Sitz in der Müllerstraße 3 hatte, 1885 aber umzog auf ein Gelände in der Lindwurmstraße, wo die Familien dann auch wohnten. Das Grundstück reichte in die Adlzreiterstraße hinein, Albert und seine Schwester Maja nannten das, was sich zwischen Firmengebäude und Wohnhaus erstreckte, ihren »Englischen Garten«. Am Haus an der Adlzreiterstraße 12 hängt heute eine Plakette, die daran erinnert, dass die Familie des berühmtesten Physikers der Welt hier von 1885 bis 1894 gewohnt hat.

Was man auf dem Schild allerdings nicht nachlesen kann, ist die nicht unerhebliche Tatsache, dass Einstein sein Leben lang mit Schrecken an seine Schulzeit in München zurückgedacht hat. Die Lehrer an der »Elementarschule« seien wie Feldwebel gewesen, schrieb er, »die Lehrer am Gymnasium wie Leutnants«. Auf dem Heimweg von der katholischen Sankt-Peters-Schule in der Blumenstraße wurde er mehrfach verprügelt, einmal zeigte der Religionslehrer den Kindern im Unterricht einen Riesennagel und erklärte, mit einem solchen Nagel sei Jesus ans Kreuz geschlagen worden. Von den Juden. Albert war das einzige jüdische Kind in der Klasse, und alle wussten es. Er habe sich dann, sagte er rückblickend, selbst auch in den Glauben an Christus geflüchtet, aber die »Nichtigkeit des Hoffens und Strebens« kam ihm schnell lebhaft »zum Bewußstein«.

Derweil prophezeiten ihm die Lehrer am Luitpold-Gymnasium, auf das er gewechselt war und das 1965 nach ihm benannt wurde, er werde es nie zu etwas bringen. Ein Lehrer sagte zu ihm: »Ihre blosse Anwesenheit verdirbt mir den Respekt in der Klasse.« Einstein brach dann die Schule ab. Die Eltern wohnten zu der Zeit schon nicht mehr in München, auch sie hatten die Stadt enttäuscht verlassen. Die Firma »Einstein & Cie.« hatte 1886 das erste Zelt auf der Wiesn elektrisch beleuchtet, wobei unter Umständen vielleicht sogar der siebenjährige Albert beim Reinschrauben der Glühbirnen half. Weiter wurde das Unternehmen mit immerhin 200 Mitarbeitern auch noch damit beauftragt, Schwabing mit elektrischem Licht zu versorgen. Aber als es dann darum ging, auch die restlichen Stadtteile zu illuminieren und die Einstein-Brüder sich natürlich um den Auftrag bewarben, wurden sie nicht mehr berücksichtigt. 1894 zogen Alberts Eltern mit Maja nach Italien, und als Albert die Schule geschmissen hatte, kam er nach. Obwohl er hier eigentlich das Gymnasium beenden hätte sollen.

Abitur machte er dann in der Schweiz, an der liberal geführten Kantonsschule in Aarau verbrachte er offenbar ein glückliches Schuljahr. Zeitlebens betrachtete er die Schweiz als seine eigentliche Heimat, und immer wieder machte sich der Nobelpreisträger, Inbegriff des Genies, auf den die berühmteste Formel der Physik zurückgeht, später Gedanken über Erziehung und darüber, wie Erziehung und Demokratie zusammenhängen. Er kam zu dem Ergebnis: »Durch Vergleich mit sechs Jahren Schulung an einem deutschen, autoritär geführten Gymnasium wurde mir eindringlich bewußt, wie sehr die Erziehung zu freiem Handeln und Selbstverantwortlichkeit jener Erziehung überlegen ist, die sich auf Drill, äußere Autorität und Ehrgeiz stützt. Echte Demokratie ist kein leerer Wahn.«

Hin und wieder kam er nach München zurück, einmal besuchte er sogar einen ehemaligen Lehrer, den er ganz gern gemocht hatte. Einen Altphilologen. Der aber habe ihn, der damals schon Professor war, nicht mehr erkannt.

Im Dezember 1932 emigrierte Albert Einstein, inzwischen wohnhaft in Berlin, aus Deutschland, und er kehrte nie mehr zurück. »Nachdem die Deutschen meine jüdischen Brüder in Europa hingemordet haben«, sagte er, »will ich nichts mehr mit Deutschen zu tun haben […].« Sein und Majas »Englischer Garten« wurde übrigens bereits zugebaut, als die Familie noch in Italien war.

Albert Einstein, geboren 1879 in Ulm, lebte vom 21. Juni 1880 bis zum 29. Dezember 1894 in München. Im »Wunderjahr« 1905 veröffentlichte er vier nobelpreiswürdige Theorien, darunter auch die Spezielle Relativitätstheorie. Die Nachricht vom Nobelpreis 1922 erreichte ihn während einer Vortragsreise in Japan. Politisch hat er sich sein Leben lang eingemischt, bekannt ist sein Briefwechsel mit Sigmund Freud über die Frage, ob »die psychische Entwicklung der Menschheit« so geleitet werden könne, »daß sie den Psychosen des Hasses […] *gegenüber widerstandsfähiger werden«. Freuds Antwort, kurzgefasst: nein. Einstein starb 1955 in Princeton. Von ihm steht eine Büste in der Walhalla bei Regensburg.*

Georg von Hauberrisser

Zum Licht

Georg Ritter von Hauberrisser war ein österreichischer Architekt, der, wie man auf der Plakette an seinem ehemaligen Wohnhaus auf der Schwanthalerhöhe nachlesen kann, das neue Münchner Rathaus und die Paulskirche erbaut hat. Was nicht auf dem Schild steht, ist, dass Hauberrisser, der, um es mal vorsichtig auszudrücken, dem Stil der Gotik zuneigte, seine nähere und weitere Umgebung fast gnadenlos mit neugotischen Gebäuden ausstattete (um es nicht mehr vorsichtig auszudrücken). Zwei dieser neugotischen Gebäude sind das Neue Münchner Rathaus und die Paulskirche, und als er den Zuschlag fürs Rathaus bekam, war er gerade mal 25.

Ebenfalls verschweigt die Plakette, dass sich der Münchner Stadtrat nicht leicht tat mit der Entscheidung, den Marienplatz, an dem einst Verbrecher gehängt worden waren, der lange Marktplatz und damit das Herz der Stadt gewesen war, mit dem Entwurf zuzustellen, der vor Giebeln und Spitzbögen und Ornamenten nur so strotzte. Und dem freilich ein architektonischer Kahlschlag vorausgegangen war: Dem Neubau mussten 21 Bürgerhäuser mit Laubengängen und Stuckfassaden weichen. Wochenlang wurde diskutiert, zur Entscheidung für Hauberrisser, der in Graz geboren worden war, dürfte beigetragen haben, dass Ferdinand von Miller sich für ihn einsetzte. An sich hätte der Stadtrat lieber ein Rathaus gehabt im Stil der Neurenaissance.

Hauberrisser war der Sohn eines Baumeisters, und es war auch sein Vater, der ihn anhielt, dazu, Architektur zu studieren. Das machte er dann, erst in Graz, seiner Heimatstadt, später in München, wo Gottfried von Neureuther, Georg Friedrich Ziebland und Ludwig Lange zu seinen Lehrern gehörten, schließlich in Wien auf der Akademie, wo Friedrich von Schmidt in dem jungen Studenten die Begeisterung für die Gotik entfachte. Für ein Bauen, das nach dem Motto »Gott ist Licht« nach oben strebt. Historismus war ohnehin angesagt, er lag damit also durchaus im Trend der Zeit.

Unermüdlich soll Hauberrisser, der auch im Alter noch schlank war, einen Vollbart hatte und mit Fez-ähnlichen Kopfbedeckungen auftrat, Giebel, Gewölbe, Kapitelle und Ornamente gezeichnet haben, den Eltern schrieb er 1864: »Ich arbeite täglich von 8–4 ½ Uhr auf der Akademie, wo ich bloß über gothische Sachen arbeite und einstweilen nichts entwerfe, bevor ich nicht in den Stil eingeweiht bin. Ich mache eben Studien vom Kölner Dom, wovon ich einen der großen Strebepfeiler mit Baldachin zeichne, wobei ich sehr viel profittire«.

1866 verlegte er dann seinen Wohnsitz komplett nach München und beteiligte sich gleich im selben Jahr am Wettbewerb, den die Stadt ausgeschrieben hatte für ihr Neues Rathaus. Ein Jahr später war im August dann die Grundsteinlegung, errichtet wurde der wuchtige Neubau, dessen Fassade Allegorien von bürgerlichen Tugenden zeigt, in drei Bauabschnitten, bis 1909.

Hauberrisser erlangte einige Berühmtheit und wurde auch von anderen Städten angefragt als Architekt, die er dann konsequent mit historisierenden Rathäusern überzog, die bevorzugt neugotisch aussahen, wie in Kaufbeuren und Saarbrücken. In Wiesbaden baute er im Stil der Neorenaissance. Anfang der 1880er-Jahre stellte er in Graz die neugotische Herz-Jesu-Kirche auf eine vormals vermutlich grüne Wiese und natürlich errichtete er in München, einen Steinwurf von seinem Wohnhaus, ebenfalls freilich Marke Eigenbau, entfernt, auch die Paulskirche im neugotischen Stil.

Der »Gotik-Gigerl«, wie ihn die Münchner mit leichtem Spott nannten, hatte 1868 geheiratet, mit seiner Frau Maria Wessely bekam er acht Kinder. Den Familiensitz in der Schwanthalerstraße 106–108, an dem heute die Plakette hängt, umgab zu seiner Zeit ein tiefer Graben, wer zu ihm wollte, musste eine Zugbrücke passieren, die allabendlich hochgezogen wurde. Er trug gern, erinnerte sich Grete Jehly, später die Frau von Olaf Gulbransson, die in dem Haus aufgewachsen ist, »einen Samttalar« und ging in seinen Renaissanceräumlichkeiten umher »wie ein stolzbewußter Künstler großer Zeiten«.

Georg von Hauberrisser, geboren 1841 in Graz, kam 1862 zum Studium nach München, ab 1866 verlegte er seinen Wohnsitz dauerhaft an die Isar. Er starb 1922. Im Rathaus darf man sich einmal im Jahr beim Tag der offenen Tür genauer umsehen, es gibt dort 400 Amtszimmer.

Jella Lepman

Ein Schloss voller Geschichten

München nach dem Krieg war nicht nur ein Trümmerfeld, sondern natürlich auch kulturell eine einzige Wüste. Wer sich das Denken nicht abgewöhnen hatte wollen, war abgetaucht oder aus Deutschland geflohen. Und trotzdem war es dann München, wo 1949 eine weltweit einzigartige Einrichtung eröffnen konnte: die Internationale Jugendbibliothek, die für die Kinder und Heranwachsenden Lektüre bereithielt aus aller Herren Länder. Die neue Gedanken, Gedanken von Freiheit und Toleranz, von Demokratie und Völkerverständigung in die Köpfe der mehr oder weniger kleinen Leserinnen und Leser pflanzen wollte. Gegründet hat diese Bibliothek, die erst in einem Gartenhaus in der Kaulbachstraße untergebracht war, dann, nach 34 Jahren, in die Blutenburg zog, ein Schlösschen in Obermenzing, Jella Lepman. Und für sie hängt schönerweise, was aber irgendwie auch Ehrensache ist, eine Gedenktafel neben dem Eingang zum Schloss.

Auf der Tafel steht nur, dass Lepman die Gründerin der Einrichtung ist. Es steht nicht darauf, dass sie eigentlich Journalistin, Autorin, Übersetzerin war. Als Autorin schrieb sie Kinderbücher und Theaterstücke, als Journalistin war sie für beste Medien tätig. Was aber vor allem nicht auf dem Schild berücksichtigt wurde, ist die Information, dass Lepman in eine jüdische Familie hineingeboren worden war in Stuttgart. Dass sie deshalb 1936 Deutschland verlassen musste während der NS-Zeit, was ihr Gott sei Dank auch gelungen ist. Sie hatte zwei Kinder, ihr Mann lebte damals schon nicht mehr, sie hatte sich lang allein durchgeschlagen als erste Redakteurin des »Stuttgarter Neuen Tagblatts«.

Ebenso wenig wird auf der Plakette ihr zu Ehren erwähnt, dass sie lang überlegt hat, ob sie nach dem Krieg wirklich zurückgehen sollte, in die zerstörte ehemalige Heimat. Sie lebte in London, sie arbeitete für die BBC und einen US-Sender. Die amerikanische Militärregierung bat sie, als Beraterin in Frauen- und Jugendfragen im Rahmen des Reeducation-Programms tätig zu werden. Jella Lepman nahm dann doch an. Irgendwann wurde sie von irgendwem gesehen, in der Majorsuniform der Vereinigten Staaten, wie sie im Trümmerstaub stand, den der Wind durch die leeren Straßen fegte, mit einem Kinderbuch in der Hand.

Es scheint ihr schnell oder vielleicht auch schon von Anfang an klar gewesen zu sein, dass Umerziehung am besten oder halt gut über Bücher funktionieren kann, aber sie machte sich auch keine Illusionen darüber, dass bei Erwachsenen in der Beziehung noch viel zu bewirken wäre. Sie traute den deutschen Erwachsenen ohnehin nicht: »Schwarz war nicht schwarz, und weiß nicht weiß. Es gab ungezählte und ungeahnte Zwischentöne.« Aber sie fand eben schon, dass wenigstens die Kinder gerettet werden mussten, dass den Kindern die Welt eröffnet werden musste, die Welt in Form von Büchern, von unabhängigem Denken, von schönen Geschichten. »Lassen Sie uns bei den Kindern anfangen, um diese gänzlich verwirrte Welt langsam wieder ins Lot zu bringen. Die Kinder werden den Erwachsenen den Weg zeigen«, das war ihre Hoffnung.

Jella Lepman war erst in Bad Homburg eingesetzt gewesen, dann siedelte sie nach München um. Eine erste Internationale Ausstellung, die sie hier dann organisierte, war natürlich eine Bücherausstellung, sie generierte dafür 4000 Bücher, die ihr Verlage aus 20 Ländern geschickt hatten. Gezeigt wurden die Titel im Haus der Kunst, dem »Heidentempel«, aus dem sie die »schlechten Geister« hoffte, mit den »guten Geistern« der präsentierten Geschichten vertreiben zu können. »Völkerverständigung im Kleinen« hatte sie im Sinn.

Die Ausstellung wanderte noch nach Stuttgart, Frankfurt und Berlin, und irgendwo, in einer dieser Städte, ist mal ein Mädchen die Stufen raufgerannt, hat sich umgesehen, voller Staunen, und zweimal hintereinander ausgerufen: »Da ist ja Friede!« Lepman selbst hat diese Situation später mal geschildert, sie dürfte sie ermuntert haben, weiterzumachen. Denn leicht war es nicht immer, sie musste um alles kämpfen, um Geld, um das Gartenhaus, das sie in München 1949 schließlich beziehen durfte mit der Literatur für Kinder, die ja immer umfangreicher wurde. Die Internationale Jugendbibliothek war damals ein unerhört freier Ort, die Besucher durften sich die Bücher selbst aus den Regalen nehmen, sie durften mit den Büchern auch zwischen den Regalen auf dem Boden flegeln und mit aufgestützten Ellbogen in der sich vor ihnen entfaltenden Geschichte verschwinden. »Erste Boten des Friedens«, sagte Lepman, seien diese Bücher, »Nahrung für die Seele« der Leser.

Gedacht hatte sie ihre Einrichtung von Anfang an auch als Ort der Forschung, als Anlaufstelle für Verleger, Autoren, Illustratoren. Sie ließen sich nicht lange bitten. Erich Kästner war ohnehin Stammgast im Gartenhaus – er hatte es ja nicht weit von seiner Wohnung in Schwabing. Er hatte auch die Festrede gehalten bei der Eröffnung. Aber auch Carl Zuckmayer, Erika Mann, Thornton Wilder, Ortega y Gasset schauten immer mal wieder hier vorbei.

Als ihr »Luftschloss« hat Jella Lepman, die schon mit 17, damals noch in Stuttgart, damals noch im Frieden, eine »Lesestube« aufgemacht hatte für die ausländischen Kinder von Fabrikarbeitern, ihre Internationale Bibliothek bezeichnet. Bis 1957 stand sie diesem Luftschloss selbst vor, dann ging sie nochmal auf Reisen, immer im Dienst am Buch – und siedelte schließlich in die Schweiz. Dort ist sie 1970 gestorben. Den Umzug ihres Traums von einem Gebäude, das den Büchern und ihren Lesern gehört, in ein richtiges Schlösschen, die Blutenburg eben, hat sie nicht mehr erlebt – er fand 1983 statt.

Jella Lepman, Jahrgang 1891, lebte von 1945 bis 1957 in München. Max Horkheimer war ihr Cousin. Unterstützung für ihr Projekt erfuhr sie von Eleanor Roosevelt, der Rockefeller Foundation und der Vereinigung der »Freunde der Bibliothek«, zu denen Hildegard Hamm-Brücher und der Münchner Stadtrat Anton Fingerle zählten. Sie starb 1970 in der Schweiz. Der Autor Andreas Steinhöfel hat über sie eine Dokumentation gedreht, die hoffentlich 2024 ins Fernsehen kommt. Der Film heißt »Gebt uns Bücher, gebt uns Flügel!«

Ferdinand von Miller

St. Benno Kirche, Ferdinand-Miller-Platz

Jubel-, Freuden-, Ehrentage

Die Plakette, die in München an Ferdinand von Miller erinnert, befindet sich in der Kirche St. Benno in Neuhausen, für die er den heute auch nach ihm benannten Bauplatz gestiftet hatte. »Sein Opfermut half uns erbaun dies Gotteshaus«, ist darauf zu lesen.

Das ist bestimmt richtig, allerdings bleibt damit unerwähnt, was Ferdinand von Miller, Vater des hochberühmten Bauingenieurs Oskar von Miller, sonst so gemacht hat. Er war nämlich zu seiner Zeit vermutlich der bekannteste Erzgießer der Welt.

Miller goss die Bavaria, die Ludwig von Schwanthaler für die Ruhmeshalle oberhalb der Theresienwiese entworfen hatte, die größte Metallstatue der Welt seit der Antike. Die Arbeiten an der Riesenfigur, die einige technische Herausforderungen beinhalteten, etwa das Schwert, das eben nicht auf dem Löwen aufsitzt, sondern freischwebt, zogen sich über sechs Jahre hin. Und als die 18,52 Meter hohe Bavaria dann fertig war, also als ihre Einzelteile, die dann erst vor Ort zusammengesetzt wurden, gegossen waren, da fuhr man den Kopf der Skulptur, die zum Wahrzeichen Bayerns wurde, auf einem Wagen durch die Stadt.

Ferdinand von Miller war in Fürstenfeldbruck aufgewachsen, als Ältestes von acht Kindern eines Uhrmachers. Angeblich ist er schon im zarten Alter von neun Jahren nach München geschickt worden, hier machte er die Schule fertig, schloss eine Goldschmiedelehre an, ehe er dann beim Onkel anfing zu arbeiten. Der Onkel war Johann Baptist Stiglmaier, der in der königlichen Erzgießerei in der Erzgießereistraße in Neuhausen dabei war, die Kunst des Gießens von monumentalen Statuen wiederzubeleben. Offenbar stellte sich Ferdinand geschickt an, Stiglmaier meinte, es würde sich lohnen, ihn auf die Kunstakademie zu schicken, außerdem noch nach Paris, wovon sich der Onkel erhoffte, sein Neffe würde auch das Geheimnis der Feuervergoldung mit nach Hause bringen und überdies herausfinden, welche Tricks die Franzosen beim Gießen von größeren Skulpturen noch anwandten. Beides gelang ihm.

In Paris lernte er außerdem Alexander von Humboldt kennen, der, wie mancherorts nachzulesen ist, dem Münchner erzählt haben soll, dass König Ludwig sich mit dem Gedanken trage, eine Kolossalstatue in Auftrag zu geben. Daraufhin sei er heimgereist, wobei er die Heimreise über London, Ostende, Antwerpen ein wenig ausdehnte. Es war der Beginn der Industrialisierung.

Ob das mit Alexander von Humboldt nun stimmt oder nicht – 1837 war er jedenfalls zurück an der Isar, zurück beim Onkel, der dann 1842 starb, Ferdinand übernahm den Betrieb. Zwei Jahre später begannen die Arbeiten an der Bavaria.

Als Erstes wurde von der riesigen Bayerin, deren Gesichtszüge Ludwig von Schwanthaler übrigens einer unglücklichen Liebe nachempfunden haben soll, die ausgerechnet Preußin war, der Kopf gegossen. Für den wiederum eingeschmolzene türkische Kanonen hergenommen wurden, an die König Otto im Nachgang des griechischen Befreiungskampfs wie auch immer gekommen war. Letztlich wurde die Bavaria, in die 87,36 Tonnen Erz flossen, in vier Teilen gefertigt, und aufgestellt wurde sie im Rahmen des Oktoberfestes 1850; wie gesagt, der Aufstellung ging voraus, dass der Kopf in einer Mischung aus Triumphzug- und Salome-Manier von 20 Pferden durch die Stadt gezogen wurde.

Ferdinand von Miller, geboren 1813 in Fürstenfeldbruck, kam 1832 nach München. Vom Paris-Aufenthalt kehrte er 1937 zurück, dann blieb er in der Stadt. Er starb 1887. Man kommt in München an seinen Arbeiten gar nicht vorbei, unter anderem hat er am Promenadeplatz in Bronze Orlando di Lasso, Max Emanuel, Christoph Willibald Gluck und Lorenz von Westenrieder verewigt. In die Bavaria kann man hinein- und hinaufgehen, um dann durch ihre Augenöffnungen zu sehen, was sie sieht. In seinem Geburtsort zu besichtigen: der Kopf der Bavaria als verkleinerte Nachbildung, 3,2 Meter hoch, im Museum. Vor dem Geburtshaus von Miller, Hauptstraße 15, ist ein Bronzeguss des kleinen Fingers der Statue zu sehen. Infos zur Familiengeschichte können abgerufen werden unter: www.museumffb.de/ffb-museum/web.nsf/id/pa_de_startseite.html

Während die Aufstellung selbst dann eins der spektakulärsten Ereignisse gewesen sein soll, die im 19. Jahrhundert überhaupt über die Bühne gingen. Was heißt: Das Ganze wurde gebührend gefeiert, wobei freilich traurig war, dass zum einen Schwanthaler nicht mit von der Partie sein konnte, da zwei Jahre zuvor verstorben, zum anderen zu dem Zeitpunkt auch Ludwig schon nicht mehr König war, da über die Geschichte mit Lola Montez gestolpert. In der »Allgemeinen Deutschen Biographie« wird anschaulich beschrieben, wie an diesem 3. Oktober »die bisher das ganze Standbild überragende Bretterwand [fiel] und die im Sonnenschein glänzende ‚Bavaria' […] von der tausendstimmigen Volksmenge mit Musik, Gesang und Reden inaugurirt« wurde. Alles zusammen: »ein Jubel-, Freuden- und Ehrentag für den königlichen Mäcen und seine treuen Künstler!«

Ferdinand von Miller hatte erst gefürchtet, Ludwig würde vielleicht nicht mehr zahlen, was er ihm für die Statue noch schuldig war, aber diese Angst erwies sich als unbegründet – der Ex-König beglich seine Schulden aus der Privatkasse. Auf 16 000 Gulden Produktionskosten blieb der Erzgießer trotzdem sitzen.

Aber er war jetzt berühmt, und als Berühmtheit, die er war, reiste er im Jahr drauf selbstbewusst zur ersten Weltausstellung nach London – in Begleitung eines der Löwen, die er für die Quadriga auf dem Siegestor geschaffen hatte, sowie zweier weiterer Statuen. Das war ebenfalls finanziell, aber auch logistisch ein Riesenaufwand gewesen, der sich auszahlte – er bekam in London eine Auszeichnung und in Folge viele

Aufträge aus wirklich aller Welt. Die Medaille wurde ihm allerdings nicht besonders feierlich übergeben, sondern laut »Allgemeiner Deutscher Biographie« schlicht überbracht von einem »gewöhnlichen, blaubeschurzten, zipfelkappigen Ausgeher«.

Als Erstes orderte Amerika bei ihm ein 22 Fuß hohes Reiterstandbild von George Washington, das unzerlegt transportiert wurde, was hieß, dass teils eigene Wege gebaut werden mussten um zu enge Stadttore herum und Miller am Ende sogar ein eigenes Schiff kaufte, um die Statue selbst nach Bremen zu schaffen. Viele weitere Aufträge aus den USA folgten, unter anderem ein 43 Fuß hoher Brunnen für Cincinnati, den Millers Söhne Fritz und Ferdinand, beide Bildhauer, entworfen hatten. Auch das Goethe-Schiller-Denkmal in Weimar wurde von Ferdinand von Miller gegossen, Reiterstatuen gingen aus der Erzgießereistraße in München nach Lima und Caracas. Und seine Heimatstadt hat der bekannte Unternehmer, in dessen Werkstatt Ludwig I., als er noch Ludwig I., also König, war, immer wieder mal spontan vorbeigeschaut hatte, ohnehin bestückt mit Skulpturen wie kein Zweiter.

Trotz aller Weltläufigkeit ging es im Betrieb immer familiär zu, dort habe jeder, berichtete später Oskar von Miller, der jüngste Sohn der 14 Kinder von Ferdinand von Miller, für den anderen einstehen müssen – und das Miteinander kam auch sonst nicht zu kurz : »[…] und war nach heißer Arbeit ein Guß geglückt, so wurde gemeinschaftlich ein frohes Fest gefeiert. Meister und Familie, Künstler und Gesellen, hohe Beamte, ja sogar der König selbst versammelten sich zum ‚Gußbier', welches alle in froher Festesstimmung vereinte.« Fertige Skulpturen wurden in Begleitung »vieler froher Wünsche« auf Wagen ausgeliefert, die, wie auch die Pferde, die sie zogen, geschmückt waren mit »bunten Fahnen und farbigen Tüchern«.

Philipp Röth

Freiluftmaler

Gedenkplatten, die in München an berühmte Münchner oder Zwischendurch-Münchner erinnern, sind gemeinhin an Gebäuden angebracht, an Wohn- oder Wirtshäusern. Manche wurden auch in Kirchenmauern eingelassen, und es gibt frei stehende Erinnerungstafeln wie die, die für Hans-Jochen Vogel im Olympiapark aufgestellt worden ist. Und eine Platte gibt es in München, die hängt an einem Baum, und zwar an einer Winterlinde in Gern, und sie erinnert an Philipp Röth, einen Landschaftsmaler, der im 19. Jahrhundert lebte und zur Linde ein besonderes Verhältnis hatte.

Auf dem Schild steht: »Röthlinde – dem begeisterten Schilderer der deutschen Landschaft Professor Philipp Röth.« Damit ist manches gesagt, aber nicht alles. Keine Erwähnung findet auf der Plakette, dass auch der Baum, an dem sie hängt, eine Berühmtheit ist. Die Winterlinde, 23 Meter hoch, Stammumfang 6,24 Meter, ist nämlich der älteste Baum Münchens, vor 300 bis 350 Jahren begann sie, an der Kreuzung Nederlinger- und Baldurstraße Wurzeln zu schlagen. Ebenso wenig ist auf der Plakette nachzulesen, dass die Röthlinde, wie sie netterweise auch genannt wird, ein Naturdenkmal ist – eins von 83, die es in München gibt. Dass sich inzwischen ein Spezialteam, beauftragt von der Unteren Naturschutzbehörde, um sie kümmert. Und wenn man nett gewesen wäre, hätte man in den Text auch noch eingeflochten, dass man dem Baum sein Alter eigentlich gar nicht ansieht – wenn man die Seile, die den einen oder anderen Ast sichern und die Krücke, die einen Arm hält, mal außer Acht lässt.

Freilich hätte auch zu Röth noch einiges auf die Plakette gehört, und zwar zu Röth im Zusammenhang mit München, und dann natürlich auch zu Röth im Zusammenhang mit der Linde. Denn es war die Landeshauptstadt, in der Röth, der 50 Jahre hier verbrachte, zur künstlerischen Reife gelangte. Hier entwickelte er den Stil, der sein Spätwerk kennzeichnete, die fast schon impressionistische Landschaftsmalerei mit dickerem Pinselstrich. Und: Die Landschaft, die er malte, war eben auch immer wieder die Landschaft rund um die Linde. Manchmal saß er unter ihren Zweigen, um die Landschaft zu skizzieren. Mal saß er vor der Linde, um die Linde in der Landschaft festzuhalten. Ein Gemälde von ihm hat einen Schäfer mit Schafherde zum Inhalt, der unter der Linde vorbeizieht.

Schon in den 1860er-Jahren war Röth, geboren 1841 in Darmstadt, ausgebildet in Darmstadt und Karlsruhe, immer wieder im Sommer nach Bayern gekommen. Um rund um Dachau, Fürstenfeldbruck, Bernried und Berchtesgaden die Ideallandschaft zu finden, die er in immer neuen Variationen festhielt auf der Leinwand.

Ganz an die Isar verschlagen hat es ihn dann 1871, inzwischen war er verheiratet mit Pauline Weber. Es ist nicht ganz klar, wann Röth nach Gern kam und damit die Linde für sich und seine Arbeit entdeckte, aber spätestens war das ab 1892 der Fall. Weil er in dem Jahr ein Reiheneckhaus in Gern bezog, in der dortigen Villenkolonie. In der Böcklinstraße 29 arbeitete er auch, malte unter anderem den Blick auf die zunehmend weniger bäuerliche Landschaft vor dem Fenster. Und spazierte immer wieder zu seinem Lieblingsbaum. Der zu dem Zeitpunkt schon jede Menge er- und überlebt hatte, den Spanischen Erbfolgekrieg, den Siegeszug Napoleons durch Europa, die Revolution 1848.

Röth, der in seiner Kunst die Alten Meister kopierte und als einer der bedeutendsten Freiluftmaler der »Paysage intime« in Deutschland gilt, fand in München Anerkennung und ein Auskommen. Er wurde Jurymitglied der Künstlergenossenschaft, er hatte Anschluss gefunden in Lenbachs Allotria, war regelmäßig mit Arbeiten bei Ausstellungen im Glaspalast vertreten, und seine idyllischen Flusslandschaften, angereichert mit den Elementen Brücken / Tiere / Gehöfte / Baumgruppen, verkauften sich gut.

Zum 60. Geburtstag richteten ihm Freunde ein Fest im Künstlerhaus aus, zwei Jahre später, 1903, wurde er von Prinzregent Luitpold mit einer Ehrenprofessur gewürdigt. Im Alter verlegte sich der Traditionalist auf Zeichnungen, Aquarelle, kleine Ölskizzen. Drei Jahre vor seinem Tod erblindete er, und sein Radius wurde kleiner und kleiner, beinhaltete aber schönerweise weiterhin die Linde.

Röth, der seinem Stil immer treu blieb, ist 1921 in München gestorben. Man schreibt es nicht gern hin – aber: Sollte die Linde eines Tages nicht mehr sein, könnte man ja in der Böcklinstraße an den Landschaftsmaler erinnern. Auf einer Plakette, an seinem Wohnhaus befestigt.

Philipp Röth wurde 1841 in Darmstadt geboren. Er kam 1871 nach München und blieb hier bis zu seinem Tod 1921. Die Dachauer Gemäldegalerie besitzt einige seiner Bilder: https://dachauer-galerien-museen.de/category/aktuelles

Arnold Zenetti

Umtriebiger Stadtbaurath

Das Schild, das an Arnold Zenetti, den Architekten, Mitbegründer der Freiwilligen Feuerwehr in München, Vorstand des Münchner Stadtbauamtes, erinnert, hängt in der Zenettistraße. Am Schlacht- und Viehhof, was deshalb passt, weil er den ja selbst gebaut hat. In den Jahren 1876 bis 1878, wie der Plakette zu entnehmen ist.

Zenetti, Jahrgang 1824, ist in Speyer geboren – und mit der Familie nach München gekommen. Der Vater war ein bayerischer Staatsbeamter. 1843 begann Zenetti hier, Architektur und Ingenieurwissenschaften an der Kunstakademie zu studieren, im Mai 1850, mit 26 also, fing er bei der Stadt an.

Was nun nicht auf der Plakette steht, aber durchaus wert gewesen wäre, erwähnt zu werden, ist vielleicht, dass er ab 1867 Stadtbaurat war.

Aber vor allem, dass er mehrere Krankenhäuser errichtet hat, unter Beachtung der modernsten Hygienestandards, darunter die Haunersche Kinderklinik, das Garnisonslazarett Neuhausen, heute Herzzentrum. Und: Zenetti hat die Stadt kanalisiert.

Ebenfalls von ihm ist der Alte Nördliche Friedhof. Und ehe er dann den Schlacht- und Viehhof aufs Papier warf und dann vom Papier umsetzen ließ in der später sogenannten Schlachthofgegend, bereiste er mit einer Fachkommission verschiedene europäische Großstädte, um herauszufinden, wie denen ihre Schlacht- und Viehhöfe so aussahen. Was ebenfalls auf der Plakette überhaupt keine Berücksichtigung findet, ist die Tatsache, dass Zenetti die Freiwillige Feuerwehr München mitgegründet hat, der er von 1879 bis 1891 dann auch selbst vorstand. Er organisierte das gesamte städtische Löschwesen.

Als Architekt war er vielseitig und breit aufgestellt. Er hat die Schrannenhalle ebenso entworfen wie die Frauengebäranstalt in der Sonnenstraße, die heute unter Denkmalschutz steht und in der zwischendurch die Post war, außerdem ist / war von ihm die Maximiliansbrücke, die Armenversorgungs- und Beschäftigungsanstalt am Gasteig – ein Gebäude, das nicht mehr steht. Für den Bronzegießer Ferdinand von Miller errichtete er eine Villa (»Quellenheim«) in Niederpöcking. Auch andere, durchaus repräsentative Privatwohnsitze im pittoresken Regional-Nationalstil in den neuen Villensiedlungen in der Starnberger-See-Gegend gehen auf ihn zurück.

Arnold Zenetti, der den Schnurrbart in Kombi mit Backenbart trug, wurde zu Lebzeiten mehrfach geehrt. Zum 25-jährigen Dienstjubiläum erhielt er das Ritterkreuz 1. Klasse des Verdienstordens vom Heiligen Michael. Und als er dann 40 Jahre in der Stadtverwaltung auf dem Buckel hatte, als einer der führenden Architekten der Zeit, da fand er, es sei nun Zeit für die Rente. Bei der Gelegenheit wurde er mit dem Zivilverdienstorden der Bayerischen Krone ausgezeichnet, mit dem der persönliche Adelstitel als »Ritter« verbunden war. Die Goldene Bürgermedaille kriegte er dann auch noch.

Arnold Zenetti, 1824 in Speyer geboren, kam in seiner Jugend nach München und verbrachte hier sein Restleben. Er starb 1891. Bis 2007 war der Schlacht- und Viehhof noch Umschlagplatz für Lebendvieh.

RESIDENZ
MARIENPLATZ
Zeppelinstraße 41
Mariahilfplatz 12

Händelstraße 1

Händelstraße, gegenüber Nr. 7

ISAR

Maria-Theresia-Straße 11

Johannisplatz 10

Rechts der Isar

OSTBAHNHOF

Karolina Gerhardinger

»Traut euch groß denken!«

Der inzwischen seliggesprochenen Karolina Gerhardinger ist das Kunststück gelungen, eine Plakette zu bekommen an einem Haus, in dem sie gerade mal zwei Tage gewohnt hat. Vom 7. bis zum 9. Dezember 1839 nämlich. Das Haus befindet sich in der Au am Mariahilfplatz 12.

»Traut euch groß denken in dem, was ihr wollt!«, lautete das Motto ihres segensreichen Lebens und getreu diesem Motto gründete sie den einzigen Orden, der auf bayerischem Boden entstanden ist. Die Kongregation der Armen Schulschwestern von unserer Lieben Frau nämlich. Und die erste bayerische Lehrerinnenbildungsanstalt hat sie auch errichtet. Auf dem Schild steht über sie, sie sei auf Bitten von Pfarrer Hermann Rabl in die Au gekommen und habe ihr »segensreiches Wirken für die Mädchenerziehung« begonnen. Die Tafel wurde 1985 angebracht. Die von ihr gegründete Schule gibt es noch immer, und alles, was man über die Schule hört, klingt danach, als würden die Schülerinnen dort gut behütet.

Karolina Gerhardinger war die Tochter eines Schiffsmeisters aus Stadtamhof bei Regensburg, schon als Schülerin war sie aufgeweckt. Auf Anregung des Regensburger Dompfarrers wurden sie und zwei andere Mädchen zu Hilfslehrerinnen ausgebildet, mit 15 unterrichtete sie bereits als »königlich-bayerische Lehrerin« an Mädchenschulen. Zehn Jahre später, mit 25, beschloss sie, Ordensschwester zu werden – was alles auf der Plakette schon nicht mehr erwähnt wird.

Ihr Wirken in München bestand nun, nachdem sie 1833 mit zwei Gefährtinnen die Armen Schulschwestern gegründet, 1835 in Regensburg ihr Gelübde abgelegt (und den Namen »Maria Theresia von Jesus« angenommen) hatte, darin, 1839 eine Niederlassung des Ordens in der Au zu gründen. 1843 bekamen die Armen Schulschwestern dann die Gebäude des ehemaligen Klarissinnenklosters St. Jakob am Anger als Mutterhaus zugewiesen von Ludwig I.

Dort errichteten die Schwestern eine Schule und die erste Lehrerinnenbildungsanstalt in Bayern, heute eine Fachakademie. Auch Münchens erster Hort entstand unter Maria Theresias Ägide am Mariahilfplatz. In der Schule sollten vor allem auch ärmere Mädchen zu Bildung kommen, und dafür hatte Karolina Gerhardinger neue Unterrichtsmethoden entwickelt. Sie kümmerte sich auch um frühkindliche Förderung und schrieb 1850 einen »Leitfaden für Kinderbewahranstalten«. 1848/1849 reiste sie dann (auf Bitten Ludwigs) mit fünf Schwestern nach Nordamerika, wo sie teils mit dem Ochsenkarren 4000 Kilometer zurücklegte und acht Schulgründungen vorbereitete.

1865, nach jahrzehntelangem Ringen um die Ordensregeln, die ja die Leitung durch eine Frau vorsahen, erkannte Papst Pius IX. die Satzung

Karolina Gerhardinger ist 1797 bei Regensburg geboren. 1839 kam sie nach München, wo sie 1879 starb. Zum Zeitpunkt ihres Todes gab es 166 Niederlassungen ihres Ordens in Europa, weitere 125 in Nordamerika. Insgesamt wirkten in diesen Orden 3000 Schulschwestern. Während der Zeit des Nationalsozialismus wurden in Deutschland fast alle Schulen des Ordens geschlossen, viele Schwestern emigrierten. Die Gebeine von Karolina Gerhardinger wurden 1985 in Zusammenhang mit der Seligsprechung in die Grabkapelle der Institutskirche St. Jakob am Anger übertragen. Sie hat eine Büste in der Walhalla bei Regensburg.

an und bestellte Maria Theresia zur Generaloberin auf Lebenszeit. Von 1869 wiederum stammt ein Text, in dem sie die Schwestern dazu aufforderte, Geduld mit den Kindern zu haben: »Tun wir uns demnach, liebe Schwestern, eine heilige Gewalt an; uns selbst zu überwinden, sanft zu werden, um durch liebevollen Ernst die rohen und leichtsinnigen Kinder im Zaume zu halten […].« 1885 wurde sie als »Pionierin der Frauenbildung in Bayern« seliggesprochen.

Karolina Gerhardinger wohnte zwar nur zwei Tage am Mariahilfplatz, in München war sie aber natürlich länger – allein schon deshalb, weil sich ja ab 1843 das Mutterhaus des Ordens an der Blumenstraße befand.

Georg Friedrich Händel

Händelstraße, gegenüber Nr. 7

Der Hallenser

Natürlich haben in München nur Menschen eine Gedenkplatte, die wenigstens eine Zeit lang in München gelebt haben, die sich in München in irgendeiner Form hervorgetan haben. Eine Tafel allerdings gibt es, die erinnert an jemanden, der nie in München gewesen ist, der sich hervorgetan hat, aber nicht an der Isar: Georg Friedrich Händel, der deutsch-britische Komponist des Barock, hat 1985, zum 300. Geburtstag, von der »Vereinigung ehemaliger Hallenser« eine Plakette bekommen in der nach ihm benannten Straße in Bogenhausen. Um eben genau darauf hinzuweisen: dass die Händelstraße nach ihm, dem Komponisten, heißt.

Bei der Gelegenheit wurde freilich nicht versäumt, den Geburtsort des Mannes zu nennen, der in seinem Leben mehr komponiert hat als Bach und Beethoven zusammen, also eine Art Kompositionsmaschine war. Händel ist ja Hallenser, geboren in Halle an der Saale. Darüber hinaus vermerkt die Tafel auch noch sein Geburtsjahr, das identisch ist mit dem vom Bach, was jedoch übergangen wird, außerdem sein

Sterbejahr und seinen Sterbeort (1759, London). Das war es dann auch schon.

Damit fällt unter den Tisch, warum Händel – kann man ja fragen – eigentlich in London gestorben ist, wo er doch in Halle auf die Welt gekommen war. Und sowieso bleibt unerwähnt, dass er überhaupt mit 18 schon weggezogen ist von der Saale – nach Hamburg. Er war dann auch mal in Lübeck, um unter Umständen die Nachfolge des Organisten Dietrich Buxtehude anzutreten, was er dann doch lieber nicht machte, weil der Job an die Bedingung geknüpft war, Buxtehudes Tochter zu heiraten. Händel blieb ja ledig, sein Leben lang.

Zweimal reiste Händel auch nach Italien, wobei er vielleicht durch München gekommen ist, vielleicht aber auch nicht. Man kennt zwar seine Reiseroute innerhalb Italiens, die im Zickzack verlaufen ist, aber nicht die Strecke, auf der er dorthin gelangt beziehungsweise von dort zurückgefahren ist. Und Ende 1710 ging er eben nach England, obwohl er eigentlich grade als Kapellmeister vom Kurfürsten von Hannover angestellt worden war, von dem er sich so ungefähr als erstes großzügige Urlaube einräumen hatte lassen. Er kam eineinhalb Jahre später nochmal zurück, machte mehr oder weniger aber auf dem Absatz wieder kehrt, Reiseziel: England. Wo er dann von der Nachricht überrascht wurde, dass Georg Ludwig, also sein Kurfürst, jetzt König von England werden würde. Es ging aber alles gut aus, George I., wie er jetzt hieß, erwies sich als nicht nachtragend und sonnte sich lieber im Ruhm von Händel. Und machte ihn zum Staatskomponisten.

Die Plakette erwähnt auch nicht, dass Händel ein Hitzkopf war, der, wo er sich aufhielt, gern Staub aufwirbelte. Und sie geht ebenso wenig auf die eine klitzekleine und einzige Geschichte ein, die es doch mit ihm im Zusammenhang, wenn schon nicht mit München, so doch mit Bayern gibt. Wie es aussieht, hat sich Händel nämlich hier malen lassen, von einem Künstler, der aus Bozen kam, in Passau lebte. Um 1710 herum hat der, Christoph Platzer, jedenfalls ein Porträt angefertigt, das Händel ziemlich ähnlich sieht. Entstanden sein könnte es auf der Rückfahrt der ersten Italienreise – das würde zeitlich genau passen. Es gelangte in den Besitz des Händel-Hauses in Halle, wurde aber dort, vielleicht der Grund, warum davon nichts auf der Tafel steht, 1948 entwendet. Es war gefasst gewesen in einem diamantenbesetzten Rahmen.

Das Gemälde ist nie wieder aufgetaucht, eine Replik konnte anhand eines Fotos angefertigt werden.

Die Italiener, in deren Breitengraden sich Händel insgesamt viereinhalb Jahre musikalisch hervortat, wobei er auch da kaum an sich hielt und einmal einem Musiker die Geige wegriss, um ihm zu zeigen, wie eine Passage gespielt gehört, nannten ihn »il Sassone«. Also: den Sachsen. Komisch, dass die Hallenser das nicht erwähnt haben auf ihrer lustigen Plakette.

Georg Friedrich Händel (1685–1759) war wohl nie in München und auch in Bayern höchstens so lange, wie der Porträtmaler Christoph Platzer für sein Bild gebraucht hat. Einmal hielt er sich noch in Ansbach auf, um dort einen Studienfreund aus Halle zu treffen, der dann mit ihm nach England ging. Die Nationalsozialisten haben Händel später vereinnahmt für ihre Propaganda und seine Opern arisiert.

Carlamaria Heim

Anwältin der einfachen Leute

Carlamaria Heim war eine Münchner Schauspielerin und Autorin. Sie schrieb gern über die einfachen Leute und ihre einfachen Leben. Auch über ihre Mutter Josefa Halbinger, die 1900 über dem Saustall eines Bischofs als Tochter eines Maurers zur Welt gekommen war, die in München dann zwei Kriege er- und überlebte und eine Revolution, hat sie einen Roman verfasst. Carlamaria Heim ist in München geboren und gestorben, und die Plakette, die an sie erinnert und die 2001 von Sofia Hössle gefertigt worden ist, hängt an dem Haus, in dem sie ihr Leben lang wohnte: in Haidhausen.

Schon das steht nicht mehr alles auf dem Schild, das sich wie üblich auf das Allernötigste beschränkt. Wenigstens wird die hübsche Schauspielerin darauf im Halbrelief abgebildet. Unter den Tisch fällt damit allerdings schon mal, dass sie für das Buch über ihre Mutter, verfasst in der ersten Person nach Tonbandaufzeichnungen, 1983 mit dem Tukan-

Preis der Stadt München ausgezeichnet worden ist. Und ebenso wenig erwähnt wird auf der Gedenkplatte, dass Carlamaria Heim, als sie ein Jahr später starb, dies genau so gewollt hatte – sie hat sich das Leben genommen.

Die Schauspielerin und Schriftstellerin, die sehr lebendig schreiben konnte und auf Fotos verschmitzt lächelt, war verheiratet. Sie und ihr Mann Joachim Hackethal, der Schauspieler und Kabarettist war, hatten viele Freunde. Einer von ihnen, der Schauspieler Claus Obalski, war es dann auch, der weitere Lebensberichte von ihr versammelte zu einem weiteren Buch, das »Aus der Jugendzeit« heißt und posthum herauskam.

Carlamaria Heim, Jahrgang 1932, die gern studiert hätte, was aber mangels Geldes nicht möglich war, arbeitete zunächst im öffentlichen Dienst. Ihr Vater war im Krieg gefallen, die Mutter hielt sich mit Gelegenheitsarbeiten über Wasser. Carlamaria nahm nebenher Schauspielunterricht, irgendwann wurde der Bayerische Rundfunk auf sie aufmerksam. In der ersten Staffel von »Meister Eder und sein Pumuckl« ist sie, die nur 1,52 Meter groß war, die schrullige Ehefrau des Bernbacher Schorsch. In »Die Wiesingers« war sie als Köchin Babett zu erleben, und als Helmut Dietl sie erst für die »Münchner Geschichten« engagierte und später auch für eine Rolle im »Monaco Franze«, war sie längst berühmt. Carlamaria Heim, die einen Schmerz mit sich herumgetragen haben muss, den andere ihr nicht ansehen konnten, spielte außerdem mit beim »Kommissar«, aber sie war auch im Theater zu erleben, etwa im »Düsseldorfer Kom(m)ödchen«.

Gleichzeitig engagierte sie sich ab 1972 auch politisch, bis 1980 gehörte sie dem Bezirksausschuss Haidhausen an, wo sie auch Vorsitzende des Sanierungsbeirats war. Sie vertrat in dieser Funktion die Interessen der Haidhauser gegen Spekulanten – ein Job, der heute nötiger wäre denn je. Aber auch für Minderheiten setzte sie sich immer wieder ein. In ihrem Buch »Aus der Jugendzeit« schreibt sie über Prinzessinnen ebenso wie über Arbeitslose und eine Sinti-Frau. Sie wurde nur 52 Jahre alt.

Carlamaria Heim (1932–1984) war Münchnerin und wohnte auch immer in München. Haidhausen, wo sie aufwuchs und lebte, war ehemals ein Arbeiterviertel – und ist längst gentrifiziert.

Annette Kolb

Tochter zweier Vaterländer

Die Schriftstellerin Annette Kolb, geboren 1870 in München, aufgewachsen in München, musste schon im Lauf des Ersten Weltkriegs aus München emigrieren. Sie hatte sich zu weit aus dem Fenster gelehnt mit ihren pazifistischen Meinungsäußerungen. Zurückgekehrt in ihre Geburtsstadt ist sie nach Jahrzehnten des Umherirrens im europäischen und amerikanischen Exil erst 1961 – und auch nur deshalb, weil Freunde sie dazu überredet hatten. Sie war zu dem Zeitpunkt schon 91. Und wohnte dann noch sechs Jahre in der Händelstraße 1 in Bogenhausen, wo heute eine sehr schön gestaltete Plakette an sie erinnert.

Die berichtet freilich völlig neutral und ganz plakettentypisch lediglich, wie lange Annette Kolb in der Händelstraße 1 als Bewohnerin noch ein- und ausgegangen ist. Und blendet damit sämtliche Schwierigkeiten aus, die Kolb schon früh mit München bekommen hatte. Die Schriftstellerin, die auch über ihr Aufwachsen geschrieben hat, war die Tochter eines königlich-bayerischen Gartenarchitekten, der vielleicht einer der vielen unehelich geborenen Wittelsbacher gewesen ist, und einer

Pianistin aus Paris – die sich nie wirklich zuhause gefühlt hat in München. Erst recht natürlich nicht nach dem deutsch-französischen Krieg 1870/1871, in den Bismarck die Franzosen auf trickreiche Art gelockt hatte. Die Familie Kolb wohnte damals in der Sophienstraße 7 in der Maxvorstadt, Annette fand, wie sie geschrieben hat, mit drei Jahren: »Das Leben ist schön.«

Die Zerrissenheit, die die Eltern umtrieb, wurde dann das Lebensthema von Annette Kolb. Sie fühlte sich als »Tochter zweier Vaterländer« und zeitlebens setzte sie sich ein für die deutsch-französische Freundschaft. Ihre Stimme hatte durchaus Gewicht. Im Salon ihrer Mutter war sie hineingewachsen in die Münchner Gesellschaft, in der auch sie bald selbstverständlich verkehrte. Und Annette Kolb, die gern mit lustigen Kopfbedeckungen und Zigarettenspitze auftrat, war äußerst neugierig und hatte überhaupt keine Berührungsängste. Sie war mit Frank Wedekind und Rainer Maria Rilke und Erich Mühsam bekannt, mit der Familie Mann war sie befreundet, bis sie sich später mit Thomas Mann überwarf, weil der sie ein bisschen gemein porträtiert hatte in einem seiner Romane. Mit Romain Rolland schrieb sie sich und als sie 1919 einem Sozialistenkongress beiwohnte, suchte sie natürlich auch das Gespräch mit Kurt Eisner. Weil sie dann ja immer unterwegs war, schrieb sie viel, ihr Nachlass, der in der Monacensia in München liegt, umfasst neben 150 Manuskripten rund 1800 Briefe. Die in ihr die Weltbürgerin, die sie gewesen ist, erkennen lassen – was übrigens ein Begriff ist, der sich gut auf dem Schild gemacht hätte.

Annette Kolb hatte im Zusammenhang mit dem Ersten Weltkrieg schnell mitbekommen, wie sich in München plötzlich die Stimmung änderte. Sie schrieb: »[…] man sah gutgekleidete Damen, die stets sanft und friedliebend erschienen waren, die sich jetzt mit erschütterter Miene ganz wilde Geschichten erzählten, […] Deutschland verwandelte sich in einen riesigen Käfig, dessen Gitter immer enger wurden.« Sie dachte anders, sie wollte ihr Denken nicht hinter Gitterstäbe pferchen lassen, und weil sie keine war, die mit ihrer Meinung hinter dem Berg hielt, löste sie 1915 in Dresden einen Tumult aus – nur weil sie in einem Vortrag Journalisten kritisiert hatte, die die übliche üble Kriegshetze betrieben. Dabei war sie damals schon ziemlich bekannt, ihr erster, mit dem Fontane-Preis ausgezeichneter Roman »Das Exemplar« war 1913 erschienen.

1916 ließ sie dann, im fast schon verzweifelten Versuch, der um sich

Annette Kolb, 1870 geboren in München, blieb bis 1916 in der Stadt – und kehrte im hohen Alter, mit 91, an die Isar zurück. Sie starb hier 1967. In ihrem Roman »Die Schaukel« beschreibt sie die Kindheit in München, »Daphne Herbst« und »Das Exemplar« drehen sich dann eher um ihre Jugend. Der Konflikt mit Thomas Mann konnte nicht mehr aufgelöst werden. Mann hatte sie als Vorbild hergenommen für seine Jeanette Scheurl im »Doktor Faustus«, die reichlich lächerlich beschrieben wird, nämlich so: »Von mondäner Häßlichkeit, mit elegantem Schafsgesicht, darin sich das Bäuerliche mit dem Aristokratischen mischte, […] war sie außerordentlich intelligent und zugleich gehüllt in die naiv nachfragende Ahnungslosigkeit des alternden Mädchens. Ihr Geist hatte etwas Flatterndes, drollig Konfuses, worüber sie selbst aufs herzlichste lachte.« Annette Kolb war deshalb gekränkt, was Thomas Mann beschäftigt haben soll, aber er starb, ehe er sich entschuldigen konnte.

greifenden Betriebsblindheit etwas entgegenzusetzen, ihre völkerverbindenden »Briefe einer Deutsch-Französin« publizieren. Was zur Folge hatte, dass sie in Bayern mit Schreibverbot belegt wurde, dass man ihr – steht alles nicht auf der Plakette – die Ausreise untersagte und auch die Post, die sie erhielt, abfing. Die Flucht gelang ihr, die ausreichend Kontakte hatte, trotzdem – 1917 ging sie nach Bern.

1919 kehrte Annette Kolb nach Deutschland, nicht nach München, zurück – in Badenweiler im südlichen Schwarzwald fand sie vorübergehend ein Zuhause. Schrieb viel für Zeitungen, wobei bekannt ist, dass ihr das Schreiben nie leicht von der Hand ging. Erneut musste sie mit der Machtübernahme durch die Nationalsozialisten zurücklassen, was sie sich aufgebaut hatte. Ihre Zeit im Exil: ein rastloses Hetzen durch Europa, von der Schweiz über Luxemburg, Frankreich, Irland nach Paris, 1941 emigrierte sie, da war sie schon 70 Jahre alt, schließlich in die USA. Immer begleitet von Geldsorgen.

Ein einziges Mal ist Annette Kolb eingeknickt den Nationalsozialisten gegenüber. Als die verlangt hatten, dass in ihrem autobiografischen Roman »Die Schaukel« eine judenfreundliche Fußnote zu streichen sei, sollte das Buch eine Neuauflage bekommen, willigte sie schließlich ein.

Als sie nach München zurückkehrte, war sie vielfach ausgezeichnet und geehrt worden, unter anderem auch mit dem Kunstpreis ihrer Geburtsstadt. Das Reisen, das Unterwegssein, gab sie, als sie wieder hier war, nicht auf. 1967, im selben Jahr, in dem sie im Dezember dann starb, war sie, schlappe 97 Jahre alt, noch einmal in Israel.

In »Die Schaukel« hatte sie über ihre Geburtsstadt geschrieben: »München war die individuellste Stadt der Welt. Die Menschen sind dort nicht besser und nicht schlechter als anderswo. Aber der Boden war für das Ausgefallene weit aufnahmebereiter als andernorts.«

Wilhelm Conrad Röntgen

»Ekelhaftes Faschingsleben«

Wilhelm Conrad Röntgen, der bedeutendste europäische experimentelle Physiker vor 1900, zog recht spät, mit 55 nämlich, nach München. Gleich in eine gute Gegend, er war ja natürlich beruflich längst etabliert, um nicht zu sagen weltberühmt, und würde im Jahr drauf mit dem ersten Nobelpreis für Physik ausgezeichnet werden. Sein Haus war die Villa von Prinz Alfons in der Prinzregentenstraße 61, wo er dann 19 Jahre wohnen blieb. Die Plakette, die an ihn erinnert, hängt in der Maria-Theresia-Straße 11, in die er 1919 umzog, dort verbrachte er seine vier letzten Lebensjahre.

Die Plakette zeigt ein Halbrelief des Forschers mit dem dunklen Rauschebart und bezeichnet ihn als »Entdecker der nach ihm benannten Strahlen«, außerdem als »Professor für Experimentalphysik an der Universität München von 1900 bis 1923«. Stimmt natürlich alles, sagt aber nicht alles.

Was fehlt, ist zum Beispiel die Tatsache, dass ihm die neue Heimat, also München, erstmal nicht besonders gut gefiel. Ihm und seiner Frau Bertha ging Würzburg ab, wo sie vorher gewohnt hatten. Bertha schrieb am 27. Dezember 1902, nach immerhin schon zwei Jahren an der Isar, in einem Brief: »Es waren doch schöne Zeiten in Würzburg. Hier läßt mich noch so ziemlich alles kalt.« Röntgen wiederum war mit den Zuständen an der Universität, wo er seit dem 1. April 1900 ja unterrichtete als Direktor des Physikalischen Instituts, nicht wirklich happy, den zuständigen Kultusminister hielt er für einen »Bürokraten«. Und über die Kollegen urteilte er am 31. März 1905: »In München könnte so vieles so schön und gut sein, wenn nur nicht so manche Leute da wären, die hauptsächlich von ihrer eigenen Bedeutung so sehr überzeugt sind, ohne daß sie dazu einen genügenden Grund haben.« Wirklich umgänglich scheint er nicht gewesen zu sein. Schlampereien gegenüber war er unerbittlich, wer seinen Arbeitsplatz unordentlich verlassen hatte, wurde des Instituts verwiesen. Er geriet manchmal aus nichtigen Anlässen in Zorn.

Er selbst lebte in den »etwas düster-prunkvollen Gesellschaftsräumen« der Prinzregentenstraße eher spartanisch und hielt auch die arme Bertha zu strengen Sparmaßnahmen an. Vor allem während des Krieges, den die beiden ja in München erlebten – und den Röntgen insofern unterstützte, als er Mitunterzeichner des »Manifests der 93« war, das die deutsche Kriegsführung verteidigt. Sie durfte auf keinen Fall zu viel Essen auftischen, er wog ihr sogar manchmal die Lebensmittel ab, aus denen sie dann was kochen durfte. Rohrnudeln, eher kein Festtagsgericht, wurden seine Leibspeise. Ihm war, auch darauf verzichtet die Tafel hinzuweisen, Luxus schon immer verhasst gewesen, und mit dem Münchner Faschingstreiben, etwa 1922, konnte er überhaupt nichts anfangen: »Von dem verschwenderischen, durch Aufputz und Benehmen ekelhaften Faschingsleben hier können Sie sich keinen Begriff machen«, ätzte er im Brief an eine Bekannte, er fügte an: »Und dabei leiden so viel, viel Menschen Not. Es ist furchtbar traurig.« Damit lebte Röntgen quasi das Gegenteil von Schwabing. Gesellschaften, Feiern, Diskussionsabende fanden bei ihm daheim kaum statt. Die Freizeit verbrachte er damit, Musik zu hören, Würfelspiele zu spielen oder er fuhr gleich raus mit der Bahn nach Weilheim, wo er ein Jagdhaus besaß. Nicht umsonst hatte er ja auch das Preisgeld, das mit dem Nobelpreis verbunden war, immerhin 50 000 Kronen, der Universität Würzburg gespendet zur Förderung des wissenschaftlichen Nachwuchses.

Irgendwann schaffte er einen Welte-Mignon-Flügel an, ein selbstspielendes Instrument, von dem er und Bertha sich dann Brahms oder Beethoven vorspielen ließen. »Der alte Einsiedler«, als den er sich selbst erkannt hatte, geriet, als in München dann Revolution war, einmal in einen Demonstrationszug. Er fürchtete, was jetzt alles werden würde (»Armes armes Deutschland, was wird aus dir werden?«), und er fürchtete, in der Beziehung wieder äußerst wach, den aufkommenden Antisemitismus. »Daß anständige Menschen von minderwertigen Personen so offen schwer gekränkt werden können, ist ein trauriges Zeichen«, schrieb er in einem Brief. Den Umzug in die Maria-Theresia-Straße 11 machte seine Frau noch mit, die Prinzregentenstraße hatten sie für den Eigentümer, einen Cousin des Königs, räumen müssen. Aber gelebt hat Röntgen seine letzten vier Lebensjahre allein, Bertha starb am 31. Oktober 1919. Er war einsam.

Immerhin, einen Platz gab es in München, den mochte Wilhelm Röntgen richtig gern: den Wasserfall des Isarwehrs nämlich: »Hierher komme ich jetzt manchmal, und wenn ich die Augen schließe, ist mir beim Rauschen des Wassers, als sei ich wieder in den geliebten Schweizer Bergen und höre das Tosen eines Gebirgsfalles.«

Wilhelm Conrad Röntgen, geboren 1845 in Lennep bei Remscheid, lebte von 1900 bis 1923 in München. Den Nobelpreis für Physik, der der Erste war, der vergeben wurde, erhielt er 1901. Im Deutschen Museum sind in der Atomphysikabteilung einige Original-Röntgen-Röhren zu besichtigen, außerdem Aufnahmen, die er damit gemacht hat – auch die, die die Hand seiner Frau Bertha mit dem Ehering zeigt. Von Röntgen stehen Büsten im Lichthof der Universität München und in der Walhalla bei Regensburg.

Karl Valentin

»Das große Gewesensein«

Karl Valentin ist einer der größten Künstler, wenn nicht überhaupt der Größte, den München je hervorgebracht hat. Auch ihm ist eine Plakette gewidmet, sie hängt an seinem Geburtshaus in der Au, die noch Vorstadt war, bewohnt von einfachen Leuten mit ihren Nutztieren, als er hier aufwuchs. Aber seltsamerweise muss der große Valentin, der seine Heimatstadt unheimlich liebte, der ein Synonym für München geworden ist als Komiker, Musiker, Filmemacher, Volkssänger, Erfinder und Autor, die Platte teilen mit noch zwei weiteren Protagonisten. Der eine ist der Karosseriebauer Ludwig Weinberger, der, so der Text, 1932 im hinteren Teil des Anwesens das »schönste Auto der Welt« erfunden hat, nämlich den Bugatti Royal. Der andere heißt Klaus Schmidt und hat 1996 das nette Häuschen, stammend aus Zeiten, in denen in München noch kleiner gewohnt wurde, damals dem Verfall nahe, für 888 888,88 Mark gekauft, um es dann zu sanieren. Gut, das kann man vielleicht sagen: Die Summe, die er zahlte, hätte Valentin unter Umständen gefallen.

Damit fehlt auf der Plakette aber halt trotzdem so gut wie alles über Valentin. Es kommt darauf nicht zur Sprache, dass er, der eigentlich Valentin Ludwig Fey hieß, behütet aufgewachsen ist, aber wahnsinnigerweise starben, als er, der Jüngste von Vieren, schon auf der Welt war, seine drei älteren Geschwister, keins von ihnen erreichte das Erwachsenenalter. Ebenso wenig wird erwähnt, dass auch der Vater früh starb und dass es Valentin zusammen mit seiner Mutter nicht gelang, dessen Unternehmen, eine Möbelspedition, zu halten. Dass sie dann »unser schönes Anwesen [...] wegen Hypothekenlast so hergeben [mussten], daß uns beiden fast nichts mehr blieb«. Seine Mutter ging dann zurück nach Zwickau in Sachsen, wo sie herkam, und er stand »als armer magerer Teufel allein in München, wohnte vier Jahre lang im Handwerksburschenkasino Gasthof Stubenvoll – Fremdenbett à 30 Pfennig pro Nacht«.

Die Plakette lässt dann eben auch aus, wie aus ihm, dem »armen Teufel«, der immer klapperdürr geblieben ist, schon Anfang der 1910er-Jahre einer der populärsten Komiker Münchens wurde, dass er, wieder zehn Jahre später, mit Bert Brecht zusammenarbeitete, dass Samuel Beckett ihn besuchte, dass er Beckett aufmachte, seinen pelzummantelten »Winterzahnstocher« in der Hand, wie Beckett sich darüber wunderte. Dass Brecht ihn mit Charlie Chaplin verglich. Dass er auch in Berlin Erfolg hatte, wie sich die Kritiker überschlugen in dem, was sie über ihn schrieben. Dass er überhaupt Gastspielreisen machte, auch nach Zürich und Wien, obwohl Reisen für ihn zum Schlimmsten gehörte, weil er immer befürchtete, es könne was passieren.

Aber vor allem fällt auf dem Schild, das an Karl Valentin erinnert, unter den Tisch, dass die Münchner, als nach dem Krieg von ihrer Stadt nichts mehr übrig war, von Karl Valentin, dem größten Anwalt des alten Münchens, nichts mehr wissen wollten. Er trat wieder auf mit seiner kongenialen Partnerin Liesl Karlstadt, ab 1947, er schrieb an den Oberbürgermeister Karl Scharnagl, er beklagte sich in Briefen, er bekam eine Radiosendung, die dann nach vier Folgen wieder eingestellt wurde. Die Zuhörer wollten den »Schmarrn« angeblich nicht hören.

Die Schule in München war für ihn eine »Zuchthausstrafe« gewesen, die er sieben Jahre lang absaß. Schon mit zwölf, das wäre auch eine nette

Valentin Ludwig Fey (1882–1948) ist in München geboren und, weil er Reisen hasste und ihm schon die Zugfahrt nach Zürich zu viel war, meist in der Stadt geblieben. Den Zweiten Weltkrieg überdauerte er in Planegg. Seit 1953 gibt es einen Brunnen, der ihm gewidmet ist, auf dem Viktualienmarkt. 1959 eröffnete das »Valentin Musäum« im Münchner Isartor, dort ist auch der »Winterzahnstocher« zu sehen.

Information gewesen für die Plakette, hatte er im Möbelwagen vom Papa im Hof der Zeppelinstraße den »Faust« aufgeführt, er brauchte dafür zwölf Minuten. Er lernte Schreiner, beschloss aber, nicht als Schreiner sein Leben zu fristen, nachdem er mit seinem Zitherlehrer im »Kolosseum« Karl Maxstadt gesehen hatte, Liebling der Münchner unter den rund 800 registrierten Komikern, die damals die 47 Bierhallen mit Bühne bespielten. »Ich war so begeistert von ihm, dass ich beschloss, die Schreinerei an den Nagel zu hängen und in seine Fußstapfen zu treten.«

Jetzt war auch er einer der Couplésänger, Musikkünstler, »Vereinshumoristen«, die für ein Fuchzgerl pro Abend und ein warmes Essen ihr Publikum bespaßten. Die, im Fall von Valentin, von den Absurditäten erzählten, die das Leben, das man selbst einfach gedacht hatte, plötzlich sehr schwer machen. 1907 ließen sie ihn nach einer Volkssängervorstellung im »Baderwirt« an der Dachauer Straße ein »Stegreifsolo« machen, er erzählte eine Geschichte von einem Aquarium, »und hatte mit diesen eigenartigen Originalvorträgen einen nicht voraus geahnten Erfolg«.

Es folgten: ein Engagement im »Frankfurter Hof« in der Schillerstraße, das Zusammentreffen mit der Soubrette Elisabeth Wellano, die auch im »Frankfurter Hof« spielte, die von Valentin erfolgreich geleistete Überzeugungsarbeit der Wellano gegenüber, dass sie besser aufhören sollte mit dem Singen, um seine Partnerin zu werden. Erstmal auf der Bühne, später auch privat. »Ich entdeckte ihr komisches Talent, und wie sie die ersten Jahre meine Schülerin war, so wurde sie später meine Mitarbeiterin und Mitverfasserin meiner Stücke.«

Valentin war ein leidenschaftlicher Sammler unter anderem von München-Ansichten, er war ein unermüdlicher Erfinder, Tüftler, er litt ständig unter dem Föhn, auch wenn kein Föhn war, aber vor allem, schrieb der Journalist Ernst Hoferichter, mit dem er sich angefreundet hatte, litt Valentin an sich selbst. Er baute Musikapparate aus 20 Instrumenten zusammen, er nahm Platten auf, er produzierte Rundfunksendungen, und er stürzte sich ins Abenteuer Film, drehte teils im eigenen Studio 40 Kurzfilme, die durchaus auch ins Surreale, ins komplett Verrückte lappen – und musste doch immer wieder Rückschläge einstecken. Irgendwann war die Karl-Valentin-Filmproduktion einfach pleite, ebenso wie das Theater, das er 1931 aufmachte, nur wenige Tage offenblieb, wie die »Ritterspelunke«, in die er ab 1939, zu einem höchst ungünstigen Zeitpunkt also, die Münchner locken wollte, nur ein Jahr durchhielt und wie, das war das Schlimmste, das Raritätenkabinett »Panoptikum« nicht ankam, in das er und Karlstadt 1934 ihr ganzes Erspartes gesteckt hatten. Hoferichter sah die beiden damals im Café »Gröbner« sitzen, »wortlos in der hintersten Ecke, [...] und die Liesl [Karlstadt] heulte, daß man die Tränen auf das kleine Marmortischchen fallen sah«.

Ab 1940 trat Karl Valentin nicht mehr auf, die Nationalsozialisten hatten für seine Wortakrobatik, seinen absurden Witz überhaupt kein Verständnis. Er hatte erst noch ein paar Kalauer in seine Programme eingebaut, wie den, dass es doch gut sei, »dass der Führer nicht Kräuter heißt, sonst müsste man ihn mit ›Heil Kräuter‹ grüßen«. Er schrieb die unheimlich gute, sehr subversive Geschichte »Karl Valentins Olympia-Besuch 1936«, die davon handelt, dass er die Spiele sehen will, nach Berlin fährt, dort aber keine Wettkämpfe erleben kann, denn er kommt einen Tag zu spät, alles ist schon vorbei. »Meine einzige Unterhaltung war das ›Warten‹. Zuerst wartete ich langsam, dann immer schneller und schneller [...]« – bis er dann halt wieder aufbricht und die »die Stätte des großen ›Gewesenseins‹« verlässt. Derweil wurde sein Film »Die Erbschaft«, in dem einem Ehepaar nichts mehr geblieben ist als ein Kerzenstummel, wegen dargestellter »Verelendungstendenzen« von der Zensur verboten (auch 1936). Erst im Nachlass wurde seine Polemik »Die Laugenbrezel« entdeckt, die er 1941 im Stil einer Hitler-Rede geschrieben hatte. Laut einem Bericht im »Spiegel« und der Karlstadt-Biografie von Gunna Wendt hat er sich anscheinend, auch das gehört dazu, zweimal hinreißen lassen, denunzierende Äußerungen über Künstlerkollegen zu machen – beide blieben folgenlos.

Wie gesagt, nach dem Krieg gab es sein München nicht mehr, und auch sein Publikum war nicht mehr vorhanden. In seinem Brief an OB Scharnagl fragte er: »Was ist mit mir? Bin ich ganz vergessen […]. Ich bin nicht mehr Komiker, sondern Scherenschleifer in Planegg.«

Valentin starb dann bald, 1948 nämlich, und zwar starb er, wie eigentlich nur einer wie er sterben kann – nachdem er in einer unbeheizten Theatergarderobe übernachtet hatte. Weil er dort versehentlich eingesperrt worden war (Variante eins der Geschichte) beziehungsweise weil er den weiten Heimweg ins »Ausland« Planegg, wohin er 1941 vor dem Krieg geflüchtet war, scheute (Variante zwei). Wie auch immer – er holte sich in der Nacht eine Lungenentzündung, der er nicht gewachsen war. Einige Wochen vorher hatte er sich in einem Brief beklagt: »Ich habe meine lieben Bayern und speziell meine lieben Münchner genau kennengelernt. Alle anderen mit Ausnahme der Eskimos und Indianer haben mehr Interesse an mir als meine ›Landsleute‹.«

Kein Vertreter der Stadt sprach bei seiner Beerdigung. Die Stadt machte dann auch keinerlei Anstalten, sich den Nachlass ihres »Wortstellers«, als den er sich selbst bezeichnet hatte, zu sichern. Der Bestand wurde für 7000 Mark von Carl Niessen erworben, einem Professor am Theaterwissenschaftlichen Institut in Köln.

Es dauerte noch eine ganze Weile, ehe Karl Valentin, den auch Alfred Kerr und Kurt Tucholsky bewundert hatten, der wegweisend wurde für Loriot, Gerhard Polt und Helge Schneider, als der wiederentdeckt wurde, der er war: einer der größten Clowns und Komiker des 20. Jahrhunderts.

Anhang

Alphabetische Liste der Protagonistinnen und Protagonisten mit ausgewählten Literaturempfehlungen

Ellen Ammann, Schraudolphstraße 1
Adelheid Schmidt-Thomé: Ellen Ammann. Frauenbewegte Katholikin. München, 2022.
Gustl Bayrhammer, Widenmayerstraße 2
Sybille Krafft: Bayerische Volksschauspieler. 12 persönliche Porträts. München, 2013.
Schalom Ben-Chorin, Zweibrückenstraße 8
Schalom Ben-Chorin: Jugend an der Isar. Gütersloh, 2001.
Heinz M. Bleicher: Der Mann, der Friede heißt. Gerlingen, 1983.
Josef Friedrich Benz, Leopoldstraße 50
www.literaturportal-bayern.de [zuletzt abgerufen am 28.2.2024].
Arnold Böcklin, Karlstraße 32
Gustav Floerke: Zehn Jahre mit Böcklin. München, 1902.
Hans Carossa, Theresienstraße 46
Hans Carossa: Ungleiche Welten. Wiesbaden, 1951.
Otto Betz: Hans Carossa. Eine Annäherung. Passau, 2010.
Joseph Anton von Destouches, Windenmacherstraße
Sein Buch über die »Haupt- und Residenz-Stadt München und ihre Umgebungen« ist online abrufbar unter: www.digitale-sammlungen.de/de/view/bsb10372534?
Albert Einstein, Adlzreiterstraße 12
Albert Einstein und Sigmund Freud: Warum Krieg? Ein Briefwechsel. Zürich, 1972.
Armin Hermann: Einstein. Eine Biographie. Zürich, 2004.
Adolf Erbslöh, Königinstraße 85
Sandra Uhrig: Adolf Erbslöh: Maler, Freund und Förderer. Murnau, 2017.
Otto Falckenberg, Viktoriastraße 11
Otto Falckenberg. Mein Leben – Mein Theater. Nach Gesprächen und Dokumenten aufbereitet von Wolfgang Petzet. Leipzig, 1944.
Rainer Werner Fassbinder, Reichenbachstraße 14
Rainer Werner Fassbinder: Im Land des Apfelbaums, Gedichte und Prosa aus den Kölner Jahren 1962 / 63. München, 2005.
Jürgen Trimborn: Ein Tag ist ein Jahr ist ein Leben. Rainer Werner Fassbinder. Die Biografie. Berlin 2012.
Rosa von Praunheim hat einen Film über Fassbinder gemacht, Titel: »Für mich gab's nur noch Fassbinder«.

Lion Feuchtwanger, St.-Anna-Platz 2
Lion Feuchtwanger: Ein möglichst intensives Leben. Die Tagebücher. Berlin, 2018.
Marta Feuchtwanger: Nur eine Frau. Jahre. Tage. Stunden. München, 1983.
Joseph von Fraunhofer, Weinstraße 3, Thiereckgässchen
Der Briefwechsel Joseph von Fraunhofers, bearbeitet von Rolf Riekher. Leipzig, 2017 (für Technikbegeisterte).
Alto Brachner und Max Seeberger: Joseph von Fraunhofer 1787–1826, Ausstellungskatalog. München, 1976.
Hermann Frieb, Schellingstraße 78
Über Hermann und Paula Frieb im Widerstand hat BR2-Radio eine Sendung in der Reihe »Land und Leute« gemacht; das Manuskript von Arthur Dittlmann liegt in der Bayerischen Staatsbibliothek.
Karolina Gerhardinger, Mariahilfplatz 12
Karolina Gerhardinger: Vertrauen und Wagen: Worte in den Tag, herausgegeben vom Generalrat der Armen Schulschwestern von Unserer Lieben Frau, anlässlich der Seligsprechung am 17. November 1985. Regensburg, 1985.
Monika Grünewald: Maria Theresia Gerhardinger: Pädagogin des 19. Jahrhunderts. Kehl am Rhein, 2011.
Fritz Gerlich, Hofstatt / Ecke Färbergraben, Richard-Wagner-Straße 27, Mandlstraße 23, Ludwigstraße 14
Rudolf Morsey (Hg.): Fritz Gerlich. Ein Publizist gegen Hitler. Briefe und Akten 1930–1934. München, 2010.
Rudolf Morsey: Fritz Gerlich. Publizist, Prophet, Märtyrer. Köln, 1994.
Sehr informativ ist auch die Webseite www.gerlich.com [zuletzt abgerufen am 28.2.2024].
Oskar Maria Graf, Barer Straße 37
Oskar Maria Grafs Autobiografie umfasst zwei Bände: »Wir sind Gefangene« und »Gelächter von außen«. München, 2008 beziehungsweise 2009.
Ulrich Dittmann und Waldemar Fromm: Oskar Maria Graf – rebellischer Weltbürger. Regensburg, 2017.
Johann Baptist Gunetzrhainer, Promenadeplatz 13 / 15
Hanna Katharina Dornieden: Der kurbayerische Hofbaumeister Johann Gunezrhainer (1692–1763). Petersberg, 2019.
Georg Friedrich Händel, Händelstraße
Christopher Hogwood: Händel. Eine Biographie. Stuttgart, 1992.
Georg von Hauberrisser, Schwanthalerstraße 106
Birgitte Huber: Das neue Rathaus in München. Georg von Hauberrisser und sein Hauptwerk. München, 1959.
Carlamaria Heim, Johannisplatz 10
Carlamaria Heim: Johanna Halbinger, Jahrgang 1900. München, 1987.
Geschichten über ihre Mutter sind auch berücksichtigt in: Tworek, Elisabeth (Hg.): Bayerisches Lesebuch. München 1999, S. 128–133 und S. 309–319.
Heinrich Heine, Hackenstraße 7
Die »Reisebilder« gibt es auch online: www.projekt-gutenberg.org/heine/reisebld/reise111.html [zuletzt abgerufen am 28.2.2024].

Dirk Heißerer: Heinrich Heine in München, www.literaturportal-bayern.de [zuletzt abgerufen am 28.2.2024].

Werner Heisenberg, Hohenzollernstraße 110

Werner und Elisabeth Heisenberg: Meine liebe Li! Der Briefwechsel 1937–1946. St. Pölten, 2011.
Ernst Peter Fischer: Werner Heisenberg – ein Wanderer zwischen den Welten. Berlin / Heidelberg, 2015.

Johann Paulus Hirn, Frauenplatz 10

Franz Xaver Brantl: 1801–1901: zum hundertjährigen Jubiläum der optischen Werkstätte Buchner in München Frauenplatz 10 und zum Andenken an die Vorfahren und Begründer des Geschäftes und der Firma Johann Paulus Hirn. München, 1901.

Ernst Hoferichter, Mottlstraße 21

Ernst Hoferichter: Jahrmarkt meines Lebens. München, 1963.

Henrik Ibsen, Maximilianstraße 32

Robert Ferguson: Henrik Ibsen: eine Biographie. München, 1998.
Viele Anekdoten aus den Zeitungen finden sich online unter www.literaturportal-bayern.de [zuletzt abgerufen am 28.2.2024].

Friedrich August von Kaulbach, Kaulbachstraße 15

Brigitte Salmen: Ich kann wirklich ganz gut malen, Friedrich August von Kaulbach – Max Beckmann. Ausstellungskatalog, Murnau, 2002.

Gottfried Keller, Neuhauser Straße 35

Gottfried Keller: Der grüne Heinrich. Berlin, 2007.
Viele seiner Briefe unter www.literaturportal-bayern.de [zuletzt abgerufen am 28.2.2024].

Eduard von Keyserling, Ainmillerstraße 19

Eduard von Keyserling: Kostbarkeiten des Lebens. Gesammelte Feuilletons und Prosa. München, 2021.
Klaus Modick: Keyserlings Geheimnis. Köln, 2018.

Kaiserin Elisabeth von Österreich, Ludwigstraße 13

Sisi poems. Wien, 2017.
Karen Duve: Sisi. Roman. Berlin, 2022.

Sebastian Kneipp, Professor-Huber-Platz

Sebastian Kneipp: So sollt ihr leben. Online verfügbar beim Projekt Gutenberg.
Harald Klofat: Sebastian Kneipp. Annäherung an eine faszinierende Persönlichkeit. Mindelheim, 2020.

Kathi Kobus, Türkenstraße 57

An Kathi Kobus und ihren »Simpl« erinnern sich so gut wie alle Literaten, die bei ihr ein- und ausgegangen sind, voller Wehmut.
Lesenswert: Dirk Heißerer: Eine Wirtin und ihr Hausdichter, in: Dirk Heißerer, Wo die Geister wandern. München, 1993, S. 85–99.
Marietta di Monaco: Kathi Kobus vom Simplicissimus, in: Literarisches Bayern. Ein Lesebuch, herausgegeben von Elisabeth Tworek. München, 2013, S. 118
Réné Prévot: Kathi Kobus und der »Simpl«, in: Literarisches Bayern. Ein Lesebuch. Herausgegeben von Elisabeth Tworek. München, 2013, S. 133

Annette Kolb, Händelstraße 1

Annette Kolb: Die Schaukel. München, 2008.

Armin Strohmeyr: Annette Kolb. Dichterin zwischen den Völkern. München, 2002.
Alfred Kubin, Mandlstraße 26
Ulrich Riemerschmidt (Hg): Alfred Kubin. Aus meinem Leben. Gesammelte Prosa mit 73 Abbildungen. München, 1974.
Alfred Kubin – Bekenntnisse einer gequälten Seele, Ausstellungskatalog, Köln, 2022.
Franz Lachner, Maximilianstraße 24
Harald Johannes Mann: Franz Lachner – der Dirigent, der Komponist, der Mensch. Rain, 1990.
Gustav Landauer, Amalienstraße 36
Rita Steininger: Gustav Landauer. Ein Kämpfer für Freiheit und Menschlichkeit. München, 2020.
Orlando di Lasso, Platzl 4
Horst Leuchtmann: Orlando-di-Lasso-Jahr 1982: zum 450. Geburtstag. München, 1982.
Jella Lepman, Schloss Blutenburg
Jella Lepman: Die Kinderbuchbrücke. München, 2020.
Klaus Doderer: 100 Jahre Jella Lepman, Gründerin der Internationalen Jugendbibliothek. München, 1991.
Justus von Liebig, Liebigstraße 14
Emil Heuser (Hg.): Justus von Liebig und August Wilhelm Hofmann in ihren Briefen. Mannheim, 1988.
William H. Brock: Justus von Liebig. Eine Biographie des großen Wissenschaftlers und Europäers. Braunschweig, 1999.
Thomas Mann, Rambergstraße 2, Feilitzschstraße 32, Konradstraße 11, Mauerkircherstraße 13, Thomas-Mann-Allee 10
Thomas Mann: Tagebücher in zehn Bänden. Frankfurt, 1977 bis 1995.
Dirk Heißerer: In kleinen Junggesellenwohnungen. Wo Thomas Mann die Buddenbrooks schrieb, in: Dirk Heißerer, Wo die Geister wandern. München, 1993, S. 99–121.
Hans Mielich, Theatinerstraße 9
Gerald Dagit: Hans Mielich und die gefräßige Zeit. München, 2022.
Ferdinand von Miller, St. Benno
Eugen Stollreither (Hg.): Ferdinand von Miller erzählt. München, 1932.
Christoph Hölz (u. a.): Erz-Zeit: Ferdinand von Miller – zum 150. Geburtstag der Bavaria. München, 1999.
Maximilian Joseph Graf von Montgelas, Promenadeplatz
Franz Herre: Der allmächtige Minister: zum 150. Todestag des bayerischen Staatsbaumeisters Maximilian von Montgelas. München, 1988.
Wolfgang Amadeus Mozart, Burgstraße 7
Ludwig Schiedermair und Erich Valentin (Hg.): Die schönsten Mozart-Briefe. Wien, 1972.
Maynard Solomon: Mozart. Ein Leben. Stuttgart, 2005.
William von Occam, Franziskanerkloster St. Anna
Ludwig Quidde, Gedonstraße 4
Karl Holl (Hg.): Ludwig Quidde: Deutschlands Rückfall in die Barbarei. Texte des Exils 1933–1941. Bremen, 2009.
Karl Holl: Ludwig Quidde (1858–1941). Eine Biografie. Düsseldorf, 2007.

Joseph Alois Ratzinger, Professor-Huber-Platz
Joseph Ratzinger: Einführung in das Christentum. München, 2014.
Peter Seewald: Benedikt XVI. Der deutsche Papst. München, 2017.
Franziska zu Reventlow, Leopoldstraße 41
Jürgen Gutsch und Irene Weise (Hg.): F. Gräfin zu Reventlow: Wir sehen uns ins Auge, das Leben und ich. Tagebücher 1895–1910. Passau, 2006.
Gunna Wendt: Franziska zu Reventlow. Die anmutige Rebellin. Berlin, 2008.
Wilhelm Conrad Röntgen, Maria-Theresia-Straße 11
Das Röntgenmuseum in Remscheid ist dabei, die Korrespondenz von Röntgen zu digitalisieren. Schon ediert wurden Briefe von ihm von der Universitätsbibliothek Würzburg in einem Begleitheft zur Ausstellung im Röntgenjahr 1995. Würzburg, 1995.
Hans Leicht: Wilhelm Conrad Röntgen. Biographie. München, 1994.
Philipp Röth, Röthlinde, Nederlinger Straße
Elisabeth Boser und Bettina Best: Philipp Röth 1841–1921. Ein Romantiker unter den Landschaftsmalern, herausgegeben vom Zweckverband Dachauer Galerien und Museen. Dachau, 2019.
Ruth Schaumann, Kaulbachstraße 62a
Ruth Schaumann: Amei. Eine Kindheit. Heidelberg, 1949.
Johann Andreas Schmeller, Theresienstraße 9
Johann Andreas Schmeller: Tagebücher, in: Schriftenreihe zur bayerischen Landesgeschichte, herausgegeben von der Bayerischen Akademie der Wissenschaften, Band 48. München, 1956.
Ludwig Eichinger: Johann Andreas Schmeller und der Beginn der Germanistik. Berlin, 2019.
Gabriel von Seidl, Seidlstraße 18
Veronika Hofer (Hg.): Gabriel von Seidl. Architekt und Naturschützer. München, 2002.
Carl Spitzweg, Sebastiansplatz
Asta Scheib: Sonntag in meinem Herzen. Das Leben des Malers Carl Spitzweg. Hamburg, 2013.
Fjodor Iwanowitsch Tjutschew, Herzogspitalstraße 12
Fjodor Iwanowitsch Tjutschew: Im Meeresrauschen klingt ein Lied. Ausgewählte Gedichte. Russisch und Deutsch. Dresden, 2003.
Johanna Renate Döring: Fjodor Tjutschew, Politiker, Poet, Publizist, in: Von Puschkin bis Sorokin. Zwanzig russische Autoren im Porträt. Wien, 2013.
Karl Valentin, Zeppelinstraße 41
Monika Dimpfl: Valentin. Biografie. München, 2007.
Michael Lentz (Hg.): Karl Valentin. Das große Lesebuch. Frankfurt, 2019.
Richard Wagner, Brienner Straße 37
Richard Wagner: Mein Leben. Mainz 1989. Der erste Band ist auch online abrufbar unter: www. projekt-gutenberg.org/wagner/meinleb1/meinleb1.htm [zuletzt abgerufen am 4.3.2024].

Max Weber, Seestraße 16
Rita Aldenhoff-Hübinger und Edith Hanke (Hg.): Max Weber. Gelehrtenbriefe 1878–1920. Tübingen, 2020.
Joachim Radkau: Max Weber. Die Leidenschaft des Denkens. München, 2005.
Karl Wolfskehl, Römerstraße 16
Karl Wolfskehl: Eure Sprache ist auch meine. Gedichte aus dem italienischen Exil. Berlin, 2023.
Arnold Zenetti, Zenettistraße 8
Der Vieh- und Schlacht-Hof in München: im Auftrage der Stadtgemeinde in den Jahren 1876 und 1878 erbaut durch Arnold Zenetti; mit 16 Plänen. München, 1880.

Editorische Notiz

Die Gleichberechtigung aller Geschlechteridentitäten ist der Autorin eine Selbstverständlichkeit. Es wird daher davon abgesehen, diese Haltung zu betonen und zugunsten des Leseflusses auf Mehrfachnennungen verzichtet, um einzelne Geschlechter anzusprechen. Mit der Verwendung des generischen Maskulinums als neutrale, klassische Schreibweise sind alle Identitäten gemeint.

Dank

Ich bedanke mich bei: Ilona Jerger fürs beständige Mutmachen und natürlich für unsere AG, Joachim Jung für die ausführlichen Infos zu Paul Klee, auch wenn Klee dann am Ende nicht ins Buch gekommen ist, Jakob Kästle fürs genaue Nachfragen, Mitdenken, Mitlesen.

Vielen Dank auch an Nine Kästle, außerdem an Franz Kotteder für die immer hilfreichen Hinweise und das eine oder andere Buch. Inge Kraus danke ich für die geleistete Erste Hilfe beim Fotografieren der Plaketten, Sylvia und Gerhard Ottinger fürs Entdecken des Carossa-Zimmers in Passau und den schönen Ausflug ins Kubin-Museum. Außerdem Dank an die Franziskanerpatres von St. Anna, an Jane Wagner für unsere Spaziergänge und Hannes Wirsing für die aufmerksame Begleitung in verschiedene Museen.

Vielen Dank nicht zuletzt dem Team des Allitera Verlags für die freundliche, kundige, humorvolle Betreuung.